师范学前戏剧教育课程的理论与实践

段素菊 侯轶男 冯 英 编著

河北大学出版社
·保定·

图书在版编目（CIP）数据

师范学前戏剧教育课程的理论与实践 / 段素菊，侯铁男，冯英编著．-- 保定：河北大学出版社，2018.6
ISBN 978-7-5666-1393-6

Ⅰ．①师… Ⅱ．①段… ②侯… ③冯… Ⅲ．①戏剧教育－学前教育－教学研究 Ⅳ．①G613.5

中国版本图书馆CIP数据核字(2018)第116457号

师范学前戏剧教育课程的理论与实践

出 版 人：耿金龙
责任编辑：马　敏
装帧设计：张彦琪
责任印制：靳云飞
出版发行：河北大学出版社
地址：河北省保定市七一东路2666号　邮编：071000
电话：0312-5073033　0312-5073029
邮箱：hbdxcbs818@163.com　网址：www.hbdxcbs.com
印　　刷：保定市北方胶印有限公司
开　　本：170mm×240mm 1/16
印　　张：13.5
字　　数：180千字
版　　次：2018年6月第1版
印　　次：2018年6月第1次印刷
书　　号：ISBN 978-7-5666-1393-6
定　　价：48.00元

前　言

随着国家素质教育工程的推进，戏剧教育这种新的教育模式已经越来越受到学者、教师及家长的关注。这一源自英国的戏剧模式是一种将戏剧与教育融合的教育形式，利用互动式交流、游戏式渗透、启发式引导、参与式体验、音乐式调节等方式，让学生在戏剧艺术中欣赏美、在戏剧情境中感知美、在戏剧活动中体验美、在戏剧参与中创造美。实践证明，戏剧教育对儿童的发展具有重要价值。

首先，戏剧教育有利于儿童的身心发展。在戏剧表演过程中，儿童必须学会灵活地使用以及控制自己的身体，从而更真实、全面地表达自己内心的想法与感受，因为戏剧教育的核心就是通过肢体动作与语言进行表达与创造。

其次，戏剧教育能促进儿童的认知发展。通过观看甚至参与戏剧活动，儿童对生活、对周围环境的认知不断得到丰富、提炼与提升。所有这些源于生活的故事情境要发挥其对孩子认知发展的应有价值。

再次，戏剧教育有助于儿童艺术创造力的发展。事实证明，随着时间的推移、时代的进步，艺术教育越来越受到人们的重视，而我们需要思考的是什么样的内容、什么样的方式能够保护并挖掘儿童的艺术创造力与表现力。儿童戏剧教育无疑是最优的选择，它是艺术教育的一种形式同时又符合儿童的认知方式，并深得儿童的喜爱。儿童在戏剧活动中成长，在欣赏中思考，在游戏中创造，在参与中感受善良和爱。

最后，戏剧教育有利于儿童全人精神的培养。儿童戏剧是让幼儿真实体会丰富情感的有效载体，同时也是培养幼儿对真、善、美，伪、恶、丑辨别能力及合作精神的重要途径。在儿童戏剧表演活动中幼儿会在剧中扮演各种各样的社会角色，如美丽的公主、勇敢的战士、消防员、医生、活泼的小猴子、可爱的小猪或者是可恶的破坏者等。儿童在活动的过程中不但体验了各种角色的情绪，同时也锻炼了表达各种情绪的能力。儿童的情绪表达能力、情绪调控能力、同理心、合作精神都得到有效的提高。总而言之，儿童戏剧教育为儿童的全面发展搭建了锻炼与展示的平台，提供了探索与操作的机会，从而使儿童越来越自信，越来越勇敢，帮助他们更快、更有效地融入社会生活。

基于此，作为师范学前教育专业的学习者与工作者，我们有必要走进戏剧教育领域，掌握这一领域的基本框架，从而更从容地去研究幼儿、支持幼儿的发展。为此，我们在梳理当前国内外此领域研究成果基础上编写了本书。全书共分六章内容。

第一章从学前儿童戏剧教育的内涵与功能入手，具体讲述了儿童戏剧的概念、特点以及学前儿童戏剧教育的功能，并对学前儿童理论基础做了详细的介绍。阐明了到底儿童戏剧是什么，它对儿童的发展有什么价值。

第二章主要讲述学前儿童戏剧教育课程的目标。确定学前儿童戏剧教育课程的目标，首先需要了解学前儿童课程统整性的内涵，在此基础上，结合戏剧本身的综合性特点，找到二者之间的契合点，梳理出适合幼儿发展的课程目标。从而将儿童、戏剧、教育三者以一种和谐共生的状态联系起来，实现儿童学习活动与游戏活动的有机整合。

第三章是学前儿童戏剧教育课程的内容，戏剧表达、戏剧创作、戏剧表演作为学前儿童戏剧课程内容的重要组成部分，分别从不同视角、不同层面，就如何形成和谐的课程架构进行了讲解，并就学前儿童戏剧教育课程内容的主题来源及学前儿童戏剧课程内容与学前教育专业人才培养进行了阐述。

第四章以学前儿童戏剧教育课程实施本质而言，它应该是一个有计划、有目的的动态发展过程，在这个过程中既促进教师的专业成长，又帮助学生在认知、能力、情感方面获得整体发展，并最终实现预期的课程教育目标。本章从课程实施途径、实施策略、师幼关系等方面进行了阐述和说明，旨在于帮助读者了解戏剧教育的基本知识，理解儿童戏剧的教育价值，并注意结合幼儿园实际情况，制定儿童戏剧教育课程实施计划。

第五章讲述师范学前儿童戏剧课程评价，从儿童戏剧课程评价的内涵与功能入手，对学前儿童戏剧课程评价的目标与价值、原则与方法以及不同模式下的师范学前儿童戏剧课程评价进行阐述，了解学生是否掌握了学前儿童戏剧课程所要求的知识和技能。教师可以总结和梳理今后的教学重点和教学难点，更有效地帮助和引导学生达成课程目标，从而促进学生的全面发展。

第六章通过对儿童戏剧课程研究专家张金梅等关于儿童戏剧理论的介绍，以及对国内外大学学前戏剧课程开发与实践的情况的阐述，提出了关于师范大学学前戏剧课程开发的建议。截止到目前，我国已经出台了不少关于开展艺术教育的相关政策文件，政府相关部门正在努力推进戏剧教育的发展以及戏剧课程的开发。

本书由段素菊担任主编，侯轶男、冯英担任副主编。主编段素菊老师对全书体例及结构框架提出了思路与编写构想，并负责全书的编审和统稿。全书编写分工如下：侯轶男负责第一章、第三章；冯英负责第二章；段素菊负责第四章、第五章、第六章。

我们期待本书能给大家的学习与工作提供一定帮助。欢迎读者在使用中不吝赐教，多多提供宝贵意见与建议，非常感谢！

编　者

2018 年 4 月

目　录

第一章　学前儿童戏剧教育的内涵与功能

儿童戏剧是什么？看到这个问题，我们大脑中不禁会浮现出空幽梦幻的剧场、炫彩迷人的灯光、端庄优雅的服饰、精致形象的妆容、大气丰富的舞台布景以及专业的演员等。难道戏剧只有这一种表现形式吗？我们小时候玩的“过家家”“藏猫猫”，甚至偶尔偷穿大人的衣服，有模有样地模仿大人的动作是否也是一种不一样的戏剧呢？戏剧大师格洛托夫斯基曾说，即使没有化妆、没有专门的服装，没有绘制舞台布景的透视法，没有独立的舞台，没有音响和舞台效果，戏剧也依然可以存在，但如果没有观众与演员之间活生生的交流，戏剧便不存在。而戏剧大师彼特·布鲁克同样也提出自己的观点，他认为戏剧就是一个人在别人的注视下走过一个空间的全过程。到底儿童戏剧是什么，它对儿童的发展有什么价值，这些疑问都需要我们一一探寻。

第一节　学前儿童戏剧教育的内涵

戏剧起源于古希腊时期，最初为一种纯艺术表现形式。18 世纪，法国启蒙思想家、教育家卢梭在其著作《爱弥儿》中提出“做中学”与“由戏剧实践中学习”两个概念，开启了以戏剧作为教育手段的先河。19 世纪末，美国教育学家杜威提出，“装扮”“游戏”“模拟”等戏剧技巧都可以被运用到教学之中。20 世纪 20 年代，由于受到杜威等教育先驱有关教育实践应该与学生的社会生活经验紧密相连的教育理念的影响，许多西方教育工作者将戏剧这种艺术形式融于普通教育之中，戏剧教育最终得以确立。如今，戏剧教育这种新的教育模式已经越来越受到学者、教师及家长的关注，这一源自英国的戏剧模式是一种将戏剧与教育融合的教育形式，利用互动式交流、游戏式渗透、启发式引导、参与式体验、音乐式调节等方式，让学生在戏剧艺术中欣赏美、在戏剧情境中感知美、在戏剧活动中体验美、在戏剧参与中创造美。

一、儿童戏剧概念辨析

要厘清学前儿童戏剧教育的内涵首先要明确何为儿童戏剧，针对这一议题，不同学者有不同的看法。《辞海》中儿童戏剧的解释为："以儿童生活为题材或适合儿童接受能力、欣赏趣味的戏剧。它是儿童文学的一种重要题材，可取材于现实社会生活，也可以取材于童话、神话。它要求剧本的内容和表现方法适应儿童的生活经验和知识范围，适应少年儿童的理解水平和接受能力。"

李涵认为儿童戏剧与儿童剧通用，只要是写给、演给儿童看的戏剧都是儿童戏剧；判断某一戏剧是否为儿童剧的唯一标准是儿童剧的接受对象，而不是戏剧的表演者是否为儿童。①

程式如认为儿童戏剧可以分为两种：一是儿童自身参与的，儿童作为戏剧的表演者；一是专业剧团为儿童演出的，儿童作为戏剧的观众。②

西方国家关于儿童戏剧的类别公认的主要有四种。

（一）创造性戏剧

创造性戏剧，是指一种即兴的、非展示性的、非演出性的、以程序进行为中心的戏剧形式。其中，参与者在领导者的引导之下，去想象、实践并反映出人们的经验，以人类的激情与能力，表现其生存世界的概念，以使学生了解世界。美国儿童戏剧教育学家温妮弗瑞德·沃尔德强调创造性戏剧注重表演的过程，而不重视表演的结果，主张通过戏剧教育，儿童将文学性的作品利用戏剧的手段来进行想象并且表演，以此来促进儿童个性的发展，帮助儿童理解自我并提高对社会的认识。奈丽·麦凯瑟琳对于这一说法也是认同的，她也曾说："创造性戏剧从根本上说是学习的手段，它整合了认知的、情

① 参见李涵《中国儿童戏剧史》，第 196 页，中国戏剧出版社 2003 年版。

② 参见程式如《新世纪儿童戏剧的发展与反思》，《艺术评论》2008 年第 6 期。

感的、社会的和心理运动的等多方面能力。”①

（二）戏剧教学

戏剧教学的创始人，英国儿童戏剧学者多萝西·海滋考特认为，将戏剧作为课程教学的一种方法，以此来丰富儿童的观察力和想象力，帮助学生通过想象发现生活，发现现实社会，了解和发掘行为表面下所蕴含的深刻意义。② 戏剧教学主要是在戏剧教学过程中引导儿童通过角色扮演的方式，体验不同人物角色的情感，并深入体验学习的主题。多萝西·海滋考特强调戏剧教学的目的在于为学生提供反思与分析生活经验的舞台，让儿童在戏剧角色扮演过程中，认识自己、了解环境以及认知社会。戏剧教学与创造性戏剧的共同点在于，二者都强调即兴表演，以及儿童在戏剧角色扮演过程中自我内心的感受和反思。

（三）剧场教育

剧场教育关注的是戏剧本身的艺术特性，其融入了戏剧舞台的相关元素。同时剧场教育又区别于一般的儿童剧场，因为在剧场教育过程中，作为观众的儿童可以参与到舞台表演中，即与台上的演员进行互动，当然，互动的前提是保证戏剧情节不脱离既有的戏剧剧情。为满足戏剧的现场互动性，剧场教育通常需要对剧本进行多次调整，预设多种剧情走向，剧本创作的弹性较大。剧场教育的目的不仅仅是娱乐，更重要的是鼓励儿童在戏剧角色扮演过程中思考问题、体验各种情感。

（四）治疗性戏剧

心理研究表明，戏剧具有心理治疗的作用，可作为一种治疗方法。英国彼得·斯莱德——英国第一位戏剧治疗师再次证明了这一点。1979 年英国戏剧治疗师协会在其发行的《戏剧治疗》期刊中指出：戏剧治疗是一种手段，用以协助人们去了解与舒缓社会及心理上的难题，解决精神上的疾病与

---

① ［美］卡洛琳·爱德华兹：《儿童的一百种语言》，第 67 页，台湾心理出版社 1998 年版。

② 参见李涵《儿童戏剧艺术的魅力》，第 94 页，中国戏剧出版社 1997 年版。

障碍。①

虽然，不同学者对儿童戏剧概念的解释与阐述不尽相同，但彼此之间都有一些共通的内涵，都强调儿童戏剧应该立足儿童发展，透过儿童的视角，采用戏剧的表现形式，培养儿童对世界的感受与认知。在这个过程中，既可以强调儿童作为观众的戏剧的表演性，也可以侧重儿童作为参与者的戏剧的过程性，同时还可以兼顾二者的特性，从整合性的角度理解儿童戏剧的内涵。

二、学前儿童戏剧教育概念界定

目前关于何为儿童戏剧教育的直接论述较少，多借鉴国内外的相关概念。国内学者许卓娅认为，儿童戏剧教育要凸显戏剧的创造性，并提出创意戏剧的概念，她认为凡是儿童可以自己做的一定要让儿童自己去做，凡是儿童能够自己体验的一定要让儿童自己去体验；既不向幼儿提供只能欣赏的戏剧，也不向教师提供可现成排练演出的剧本，而是向教师和幼儿提供创作思路或原创工作框架。其目标是让教师与幼儿一起在编戏、排戏、演戏的过程中相互支持、共同成长。② 1930 年美国戏剧教育创始人温妮弗瑞德·沃尔德首次提出了创造性戏剧，1977 年美国儿童剧场联盟将其定义为“一种即兴的、非演出的、以过程为中心的戏剧形式，参与者在引导者的指导下想象、扮演和反思人类真实的经验或想象的体验”③。其内涵广泛地包括了儿童戏剧、戏剧性游戏、即兴式戏剧、非正式戏剧、创作性游戏表演。④

综上梳理可知，儿童戏剧教育最大特点即以儿童为中心，可以通过儿童戏剧唤醒深深植根于他们心中被忽视的部分，培养他们健全的人格。当一个害羞的儿童因为角色的需要表现出与其生活中截然不同的另一种姿态，找到和他人沟通、交流的方式，并且通过别人的反应重新寻找到自己的位置，那

---

① 转引自刘淦《儿童戏剧教育对儿童想象力开发的作用研究——以“上师大儿童戏剧教育进社区”实践活动为例》，上海师范大学硕士学位论文 2016 年。

② 参见许卓娅《创意戏剧教育的理论与实践探索》，《幼儿教育》2011 年第 7 期。

③ 张金梅：《美国儿童教育中的创造性戏剧教育》，《早期教育》2003 年第 10 期。

④ 参见林玫君编译《创作性儿童戏剧入门》，第 72 页，台湾心理出版社 1994 年版。

么儿童戏剧对这个孩子的影响就是非常有意义的。儿童戏剧教育活动是以戏剧为载体对儿童进行教育的一种方式与途径，主要体现在两个方面：一方面以儿童剧场的正式表演或以培养具有艺术技能的人才为主；另一方面则注重教学过程中教师与学生的创造性表达的创造性戏剧。前者注重活动结果的呈现，通常是由成人或儿童通过专门的训练，以舞台剧场的形式呈现给儿童观众，给儿童带来快乐和情感熏陶。这类戏剧活动的目的在于使儿童掌握表演的技能与技巧，注重戏剧艺术表演的结果。创造性戏剧是一种即兴的戏剧活动，是儿童围绕某一教学主题，通过角色扮演，将自己的生活与学习经验在虚拟的戏剧情境中进行重构，使其得以重塑与修正。在创造性戏剧教育活动过程中，儿童可以根据自己对主题的理解，遵从自己内心的感受，自由联想、自由选择、自由发挥。这类戏剧教育注重儿童自身内心的体验，强调戏剧教育活动的过程性价值，因此，创造性戏剧成了幼儿园、中小学领域学习的某种理想媒介，为整合教育理念的落实，为儿童的身心发展提供了宽广而优越的空间。① 学前儿童戏剧教育即针对 3—6 岁幼儿开展的创造性戏剧，旨在通过即兴创作的戏剧表达方式，引导幼儿认识自我、认识他人，以及理解自己与周围环境的关系，并进一步丰富幼儿的生活经验及情感体验的戏剧活动。

三、学前儿童戏剧教育的特点

儿童戏剧教育是一种互动的、愉悦的、创造性的教育方式，以儿童的想象力为基础，将儿童置于自发性的探究学习情境中，在宽松、愉悦、快乐的氛围中建立对自我与外界的良性认知。在我国，虽然戏曲在元代就已经非常繁盛，但专门为儿童服务，以儿童为主的戏剧则从“五四运动”之后才开始逐渐进入大众视野，然而要将儿童戏剧纳入学校学科建设，成为学科设计的一部分则仍处于尝试、探索阶段。② 在西方，戏剧教育是一种常见的儿童教学方式，甚至从幼儿园开始，孩子们就自己表演戏剧。英国小学教师约翰将课程主题戏剧化，并在建构主义理论的指导下将情境式教学运用到课堂教学中，

---

① 参见陈世明《儿童戏剧的多元透视》，第 16 页，复旦大学出版社 2015 年版。

② 参见郑薏苡等《儿童戏剧与学前教育》，第 1 页，浙江工商大学出版社 2012 年版。

被认为是第一位以戏剧活动的方式在教室内开展教学活动的教师。随后，受约翰的启发，在英美国家，很多人开始尝试把讲故事、戏剧扮演、即兴表演等丰富有趣的教学方式运用到课堂教学中去。20 世纪 60 年代，教育戏剧已经发展为一种普遍性的教学，英国大多数学校都有相应的科目；70 年代，英国戏剧教师多萝西·海滋考特与学者伯顿主张以戏剧作为媒介，学生要亲身经历过去的经验去探索学习，这种教学方法成了课堂内运用戏剧进行教学的主流理论；80 年代，英国、加拿大、澳大利亚及北欧一些国家的公立学校将戏剧纳入教学大纲；90 年代，众多国家通过包括戏剧学习在内的相关艺术教育法案。在我国，直到 2000 年以后，戏剧教育才逐渐进入了人们的视野并且持续升温。2001 年国家颁布的《全日制义务教育艺术课程标准（实验稿）》，首次将戏剧列入中小学艺术综合课程之范畴，并指出，“基础教育阶段的艺术课程日益走向综合，不仅音乐和美术开始交叉融合，戏剧、舞蹈等也要进入艺术课堂”。儿童戏剧这种特殊的教育方式已逐渐得到大家的认可，很多幼儿园都在探索如何将戏剧这一教学方式融入幼儿园课程建设之中，使幼儿园的课程既体现教育性、趣味性，又体现戏剧的艺术性。当前，戏剧教育之所以能得到众多幼儿教师的青睐，源于其活动主题的生活性、戏剧情节的冲突性、活动过程的游戏性、组织形式的多样性、学科领域的整合性及参与人员的互动性等特点。

（一）活动主题的生活性

20 世纪初，美国教育学家杜威提出“教育即生活、教育即生长、学校即社会”的教育理念，强调教育即儿童当前实实在在的生活过程，而不是为将来的生活做准备。他认为“生活就是发展，而不断发展，不断生长，就是生活”。因此，最好的教育就是从生活中学习、从经验中学习。此外，杜威认为学校就是社会生活的一种形式，强调学校应该“成为一个小型的社会，一个雏形的社会”。在学校里，应该把现实的社会生活简化到一个雏形的状态，应该呈现儿童现在的社会生活。我国教育家陶行知提出生活即教育，教育就蕴含在儿童每天的真实生活情境之中，教师要善于利用儿童的生活开展教育活动；陈鹤琴则提出大自然、大社会都是活教材，强调幼儿教育要取材于大自然、大社会，充分挖掘并利用生活中的环境资源促进幼儿的发展。在众多生活化教育理念的指导下，戏剧作为人类生活的再现形式，从最初的祭祀活动到现在成熟的戏剧演出，剧目内容无不来源于现实生活。戏剧中的情感、事件以及具体到细节都是生活的真实写照。

学前儿童戏剧教育活动作为戏剧的重要组成部分也是特殊的一支，其内容的生活性显而易见。生活化的东西更容易引起观众的兴趣与共鸣，也更容易被观众理解和接受，学前儿童戏剧活动内容的生活化主要体现在其内容选择贴近幼儿生活经验，甚至是幼儿生活经验的再现。以幼儿绘本戏剧《大卫不可以》为例，幼儿普遍对大卫没有收拾玩具就坐在地上看电视这一情节比较感兴趣，因为幼儿在阅读绘本的过程中发现，自己在生活中也经常会像大卫一样因为看动画片太投入而忘记收拾自己的玩具或物品，这个情节形象生动地反映了幼儿的真实生活，从而引起了幼儿谈论、交流的兴趣与欲望，也让幼儿之间有更多的共同话题。与之相反的是对大卫穿着乐队指挥的服饰，左手拿勺子，右手拿锅子的情节却很少有幼儿会停下来交流讨论，甚至幼儿讨论的内容与情节本身的内容相去甚远，这是因为该情节与幼儿的生活经验相分离，幼儿在解读绘本内容时无法调取已有生活经验帮助自己理解当前的故事情境，因而面对这一情节幼儿会出现无话可谈或不着边际地泛泛而谈的情况。基于此，我们不难发现生活化是学前儿童戏剧教育活动内容选择的重要依据，也是其区别于其他戏剧形式的重要特征，同时也是幼儿身心发展需求对儿童戏剧教育活动的内在要求。儿童戏剧教育活动体现了生活就是戏剧，人生就是舞台的戏剧理念，将幼儿园戏剧活动日常化、生活化，鼓励更多幼儿参与戏剧活动，他们可以在活动中大喊大叫、做鬼脸、宣泄各种情感，找到更多对世界的表达方式。

《3—6 岁儿童学习与发展指南》明确提出：“幼儿的学习是以直接经验为基础，在游戏和日常生活中进行的。要珍视游戏和生活的独特价值，创设丰富的教育环境，合理安排一日生活，最大限度地支持和满足幼儿通过直接感知、实际操作和亲身体验获取经验的需要。”基于此，学前儿童戏剧教育活动正是将戏剧艺术经验与儿童的生活经验相结合，注重二者的关联与契合。儿童戏剧教育活动源于生活但高于生活，是对幼儿生活经验的提炼与升华，幼儿可以在戏剧角色或情节中找到生活的影子，生活化的儿童戏剧教育活动一方面适宜于幼儿身心发展的现实需要，另一方面则突出戏剧活动指导幼儿生活实践的设计理念。

（二）戏剧情节的冲突性

最早注意到戏剧冲突的人是19世纪法国戏剧理论家布伦退尔，他在《戏剧规律》一书中提出“意志冲突”的概念，认为戏剧冲突就是人与人、人与社会、人与自我之间的意志冲突。英国戏剧理论家、剧作家亨利·阿瑟·琼斯认为对抗是戏剧的本质规律。英国戏剧理论家威廉·阿契尔在《剧作法》中写道，“冲突乃是生活中最富于戏剧性的成分之一”，认为戏剧的实质是激变。无论是意志冲突还是激变理论，都证明了戏剧冲突的重要性。没有冲突就没有戏剧，有冲突才有发展、才有进步，才能引起观众的思考与共鸣。学前儿童戏剧教育活动的情节冲突同样是戏剧活动的亮点，也是戏剧活动扣人心弦、吸引观众眼球的关键，一出完整的戏剧就是由一个个跌宕起伏的戏剧冲突串联起来的，但相较于专业的戏剧演出活动而言，幼儿园的戏剧教育活动则相对简单、质朴。学前儿童戏剧教育活动主张以最简单的方式展现戏剧艺术的本真特点与风格，追求原始艺术的那种自然天成的表现形式，努力表达直接朴素的思想。学前儿童戏剧教育活动以极朴素的表现形式反映生活或艺术作品中的原始色彩，使戏剧作品传递的价值观更贴近幼儿的真实生活，更符合幼儿的认知特点，从而更容易吸引幼儿的眼球。

质朴性强调学前儿童戏剧活动简单、本真及朴素的特点，戏剧情节的冲突要从幼儿的视角出发，情节冲突要简单、易执行，且能调动幼儿参与活动的主动性、积极性，以最简单的方式实现教育效果的最大化。如儿童戏剧《好消息，坏消息》讲述了这样一个故事：兔子兴冲冲地举着野餐篮邀请老鼠一起野餐，却没想到下起了大雨。兔子赶快拿出雨伞递给老鼠挡雨，结果老鼠和伞却被风吹走。老鼠被吹到一棵大树下终于停了下来，却被苹果打到。老鼠和兔子经历了一连串的倒霉事，虽然每次兔子都会努力去化解，但最后老鼠还是被这些遭遇气得发狂了。它愤怒地对着兔子大喊以发泄不满。兔子委屈得大哭起来，老鼠终于渐渐冷静下来，认识到一切都不是兔子的错。老鼠正想安慰兔子时发现天放晴了，太阳出来了，又是野餐的好天气了。于是它跑去取来野餐篮，邀请兔子一起野餐。两个刚经历种种磨难的好朋友，再次拥抱在了一起。这个故事以兔子和老鼠在处理问题的过程中意见相左作为冲突，每个故事情节中都在重现一个核心冲突，即遇到任何事情兔子总能看到事情好的一面，总会说，这真是个好消息；而小老鼠总是看到事情坏的一面，总会抱怨地说，这真是个坏消息。故事以野餐为线索，以野餐过程中发生的故事构建情节冲突，围绕“好消息，坏消息”的故事冲突设计了六个故事情境，直到最后剧情迎来高潮。

重复性是幼儿学习过程的重要特点，如幼儿经常会反复看一本书，然而每一次都会看得津津有味，因为每一次的重复对他们来说都是新的开始。同样在学前儿童戏剧教育中，也要体现戏剧核心冲突的重复性，在循环往复的情节冲突中，幼儿渐渐内化故事的核心价值观，并联系自己的生活实际来理解故事情节，在成人看来是多余的重复，然而在幼儿戏剧教育的实践中会发现正是这样简单突出的冲突，幼儿的兴趣才越高涨。简单冲突的反复出现能引导幼儿认识冲突，并根据自己的生活或知识经验有意识地解决冲突，在这个过程中幼儿获得成就感并增强自我效能感，有助于幼儿形成积极的、正面的认识。在戏剧教育活动中，幼儿扮演戏剧角色，体验戏剧冲突，认识冲突并想办法解决冲突，一方面有助于幼儿解决社会交往中遇到的困惑与冲突，如与同伴、家人及他人的交往冲突，锻炼幼儿解决问题的能力；另一方面戏剧冲突能满足幼儿的冲突心理，帮助其获得更好的发展。不论是儿童戏剧教育活动、剧场教育或成人戏剧，戏剧冲突都是其不可或缺的支撑点，是戏剧活动得以发展与延伸的关键，但学前儿童戏剧教育与其他形式的戏剧活动相比，其戏剧冲突线索清楚、情节简单、导向明确，且戏剧冲突重复性强，体现了戏剧艺术最原始的特点。

（三）活动过程的游戏性

游戏是幼儿园的基本活动，也是最适宜于幼儿的学习方式，而充满趣味性、游戏性、愉悦性的戏剧活动则将这一特点最大化。动静结合是幼儿园戏剧活动的典型特点。幼儿在活动过程中动则扮演角色，静则充当观众，动静结合的立体教学能够充分调动每个幼儿参与活动的积极性，能够让每个幼儿在参与活动的过程中充分发挥自己的优势。儿童在与同伴交流、互动的过程中能够学习他人的长处，弥补自己的不足。儿童戏剧活动能够实现人人可参与的理想教学状态。

学前儿童戏剧教育活动的游戏性主要体现在两方面：一方面体现在表演具有游戏性。幼儿在戏剧活动中要扮演不同的角色，体验不同角色的生活。在这个过程中，幼儿要创造性地表现角色的生活情景、角色的心理状态以及角色的情绪情感，如通过扮演角色、运用想象，创造性地反映个人生活印象的角色游戏；此外，幼儿还要运用自己的语言、表情、动作、声音等创造性地表达艺术作品中的角色、情节、情景以开展表演游戏。对幼儿来说戏剧表达、戏剧创作、戏剧表演的过程就是游戏的过程。另一方面则体现在游戏精神之中。杜威认为，游戏是儿童精神态度的完整性和统一性的标志，是儿童全部能力、思想、以具体化的和令人满意的形式表现的身体运动、他自己的引向和兴趣等的自由运用和相互作用。学前儿童戏剧教育活动不同于剧场戏剧及成人戏剧活动的关键在于，学前儿童戏剧教育活动更加注重幼儿在戏剧活动过程中游戏精神的激发，其目的在于将戏剧元素融入幼儿游戏活动之中，促进幼儿身体发展、智力和语言发展、良好情感发展以及社会性的全面和谐发展。喜欢游戏是幼儿的天性，学前儿童戏剧教育活动尊重幼儿的游戏天性，秉持游戏精神的理念，让幼儿在戏剧活动中快乐地学习，通过戏剧游戏的方式潜移默化地影响幼儿。张金梅在《论儿童戏剧综合活动》一文中指出，儿童戏剧活动具有游戏的某些特征，如模仿性、虚构性、特征性等。游戏是幼儿最喜爱的活动，也是幼儿生活的主要内容。世界上没有比游戏更简单的活动了，因为孩子天然就会，不需要教，也不需要努力去学。游戏与儿童戏剧教育活动有相同之处，如二者在活动过程中都需要幼儿扮演一定的角色，都有幼儿想象与创造的成分，同时，同一主题的游戏活动或戏剧活动，不同时间、不同幼儿参与都会有不同的呈现方式与特点。但戏剧活动与幼儿游戏活动又有不同之处，戏剧活动要凸显游戏的戏剧表演性，强调戏剧的基本艺术元素；而幼儿游戏活动则具有自主性、趣味性和虚构性，对戏剧成果的表演性没有特别的需求。因此，在一定程度上游戏是学前儿童戏剧教育活动的重要载体及实现戏剧教育目标的重要途径，戏剧活动是幼儿游戏的特殊形式，是游戏与戏剧有机融合的结果。

（四）组织形式的多样性

学前儿童戏剧教育活动立足于幼儿、服务于幼儿，以幼儿的发展为活动的中心，基于此，相较于其他形式的戏剧活动，幼儿园戏剧活动的组织形式则呈现出多样化的状态。当前幼儿园戏剧教育活动的组织形式主要有三种类型，即主题式、渗透式和区域式。

主题式戏剧教育活动是指围绕某一主题，随着儿童戏剧经验整合与提升的进程，由师幼共同建构一系列戏剧活动，从戏剧表达开始，到戏剧创作，最终形成完整的戏剧表演的一种儿童戏剧教育组织形式。主题式戏剧教育活动的主题来自三个方面：一是艺术作品（文学、音乐、美术、戏剧等）；二是儿童生活事件；三是儿童的想法。主题式戏剧教育活动中的系列戏剧活动因主题而联系在一起，并且使儿童的戏剧经验彼此产生联系，从而在戏剧表达、戏剧创作和戏剧表演三者之间建立起相互支持的通道。如幼儿园主题式戏剧教育活动“小鸭的故事”选自音乐作品《迷路的小花鸭》，整个系列戏剧主题活动的设计与实施以戏剧表达为开端，逐步增加戏剧创作的成分，最后通过音乐剧表演将在戏剧表达和戏剧创作中积累的戏剧经验统整起来，幼儿在这一过程中逐步学习相关的戏剧要素。

渗透式戏剧教育活动是指为了更好地实现某一具体教学活动的目标，将戏剧作为一种教学媒介（或手段、工具）融入某一具体教学活动中，同时达成戏剧教育目标的一种儿童戏剧教育活动组织形式。戏剧教学创始人、英国儿童戏剧学者多萝西·海滋考特认为，要将戏剧作为一种教学手段运用于教育教学过程，以此来提高儿童的觉察力，使他们能通过想象发现现实，发掘行为所隐含的深刻意义，如戏剧教学中的角色扮演活动，其目的不是为了让儿童创作剧本或扮演角色，而是为了让儿童深入体验学习主题。戏剧之所以能够作为教学媒介，是因为戏剧可以让儿童以角色的身份进入想象世界，通过体验、思考、行动，得到解决问题的经验，从而取得更好的教学效果。

区域式戏剧教育活动是指采用区角活动的组织与实施方式，在特定的、有表演材料的空间内，如表演区，由少数幼儿在教师直接或间接指导下，在扮演中自主地进行戏剧创作，体验戏剧创作与戏剧表演的愉悦与成就感的一种儿童戏剧教育活动组织形式。与主题式戏剧教育活动、渗透式戏剧教育活动相比，在区域式戏剧教育活动中，教师与幼儿、幼儿与幼儿之间互动的机会增多；教师更能充分与每个幼儿互动，彼此交流想法的机会增多；操作材料（道具和场景）由幼儿自主选择或制作，幼儿在与材料的互动中可以更加生动地扮演角色。如在表演区幼儿开展的“餐厅的故事”角色游戏，幼儿搬来两把椅子当门，放了一张长方形桌子和四把椅子当餐桌椅，拉来小吃店的货架当食品柜，找来活页夹做菜单，还在餐桌上摆了一瓶假花。服务员用围巾当围裙，厨师用浴帽当厨师帽，经理用皱纹纸给自己做了一个红领结。在这个案例中，幼儿对剧场表演环境的创设是建立在自身已有的生活经验基础之上，是对现实情景的模拟与再现。幼儿在游戏过程中学会用一些简单的替代物来创设情景和装扮自己，当他们在自己创设的情景中进行表演时，他们更加投入，参与的积极性更高。幼儿园区角活动一般都以教师间接指导为主，教师在各个区域进行巡回指导。但是对于区域式戏剧教育活动来说，教师的指导必不可少，否则幼儿往往会停留在角色分配或头饰、道具的装扮上，很难把戏剧活动进行下去。教师往往需要从直接指导逐步向间接指导过渡。教师可以采用角色介入，如角色扮演、“坐针毡”①“良心巷”② 等方式以及材料提供（如利用场景布置或提供某个特别的道具来确定表演的内容）、出示一个新的道具促进情节的发展等方式对幼儿戏剧教育活动进行指导。此外，教师还可以采用语言提示的方式介入幼儿区角戏剧活动，对其进行指导，如画轮廓图，即教师根据幼儿的描述用简笔画绘制生动的角色形象轮廓图；画故事地图，即幼儿根据教师的提问用绘画的方式呈现自己的想象；诱发问题，即教师努力营造一种问题情景，让幼儿循着自己的兴趣进行探索，继续戏剧活动。总体而言，区域式戏剧教育活动可以作为主题式戏剧教育活动或渗透式戏剧教育活动的延伸，完成它们所不能承担的任务。区域式戏剧教育活动作为一种延伸活动，其内容与主题或要渗透的领域是连续的，因此幼儿有更广

---

① 坐针毡：指某个人（教师或幼儿）扮演角色，接受其他人的询问。扮演者可以坐在特定位置，穿上某件衣服，或拿着某个物品来示意所扮演的角色。

② 良心巷：指全体参与者分成两列，中间留一个角色可以通过的空间，这个角色穿过这条“巷子”时，其他参与者以某角色或自己的身份提出意见和看法，或说出对该角色的想法。

阔的自主创造的空间。

（五）学科领域的整合性

学前儿童戏剧教育是一门综合性的艺术教育课程，融合了文学、音乐、美术、舞蹈、戏剧、戏曲、建筑的艺术元素，最终形成的能够促进幼儿身心全面和谐发展的课程。幼儿园综合课程注重在儿童自身生活经验与认知发展水平的基础上，教师根据幼儿的年龄、兴趣及生活经验设置课程主题，引导儿童积极参与教育教学活动，对主题进行深入细致的探究与分析，并将自己的研究结果与大家分享。一个良好的综合课程设计能够为幼儿认知的发展与经验的提升提供鹰架，以儿童可接受且有助于儿童理解周围世界之方式方法教给儿童知识。幼儿园戏剧活动作为一种综合性的教育活动充分体现了幼儿园综合课程的设计理念，因为幼儿园综合活动并不是各领域知识的简单罗列与堆砌，并非为综合而综合，而是根据各年龄段幼儿发展需求，合理地将各领域知识经验进行有机整合，使其成为一个连续的逻辑体系。

学前儿童戏剧教育活动是以整合性或综合性课程构建为出发点，其整合性首先体现在学科领域的有机整合。幼儿园的戏剧活动，不管是主题式、渗透式还是区域式，其开展过程都不可能只是单纯的语言活动、艺术活动或者社会活动，而是有机整合了五大领域的教育目标、教育内容与教育策略，将戏剧教育活动贯穿其中，将不同领域的教育要求串联起来，从而使幼儿能够获得综合、整体、全面的发展。其中最为典型的是主题式戏剧教育活动，在一定时间段内，围绕某一主题逐一深入，系统整合语言、社会、艺术、科学、健康等领域来促进幼儿戏剧表达、戏剧创作与戏剧表演能力的提升。如根据儿歌《蚂蚁搬豆》改编的儿童戏剧《聪明的蚂蚁》，在整个活动过程中，幼儿在教师的引导下，想出很多抬豆子的好办法，且能用自己的肢体动作创造性地表现推车、开公共汽车、骑摩托车等动作，同时在活动的结尾部分，不同小蚂蚁休息的姿态也各有不同，活动中幼儿不仅有着丰富的肢体表现，而且有着扩充故事内容的意识，积极思考，将自己的生活经验融入到了故事情节中。在此基础上，教师在戏剧原有情节中融入音乐《蚂蚁》和《蟋蟀》，语言活动“蚂蚁搬西瓜”等，幼儿在戏剧活动中不仅能很好地控制自己的肢体动作，还能根据自己对歌词及故事的理解对同伴说“加油！加油！”这种游戏性的主题式戏剧活动，不仅有助于幼儿艺术素养的提升、语言理解能力的提高，更有助于幼儿同伴交往能力的发展。

蚂蚁搬豆

一只蚂蚁在洞口，找到一粒豆；
用尽力气，搬不动，只是连摇头；
左思右想，好一会儿，想出好计谋；
回洞唤起小朋友，合力抬着走。

学前儿童戏剧教育活动的整合性还体现在幼儿自身能力的整合，因为在儿童戏剧教育活动中幼儿不仅可以扮演戏剧中的角色，作为演员将戏剧作品展现出来，还可以担任编剧、导演、灯光师、舞美师、道具师等角色。在每一个角色中，幼儿都需要充分调动已有工作或生活经验来指导当前的工作，在这个过程中，幼儿不仅习得了有关戏剧的基本知识，同时也使自己的经验储备得到有机整合与补充，从而促进幼儿自身能力得到纵向整合与提升。在各领域整合过程中，发现幼儿的已有经验，寻找与幼儿已有经验产生共鸣的关键点。幼儿园戏剧活动的整合性特征与促进幼儿全面发展的教育目标相契合，同时与幼儿多层次接受教育的动机相吻合。戏剧活动弱化了学科领域，作为一种综合课程，不仅能促进幼儿的表层能力发展，如语言、动作等，更能促进幼儿的深层智力与道德的发展。

（六）参与人员的互动性

不管是专门的儿童剧场中的戏剧演出还是幼儿园自行组织的戏剧教育活动，都非常强调观众与演员之间的互动。甚至有学者认为观众参与是儿童剧的独特特征。教育理念直接影响教育行为，开展儿童戏剧教育活动首先要摆脱传统教师教、学生学的教学模式，尊重幼儿的学习特点与规律，将戏剧活动融入幼儿园一日生活当中，从剧目选择、角色分配、制作道具、排练表演、宣传设计到剧目展演的全过程，都要充分发挥以幼儿为本的教育理念。“演什么”可以源于幼儿生活，也可以源于幼儿喜欢的故事，源于幼儿当前最感兴趣的内容；“谁来演”要充分尊重幼儿，可以通过角色选择意愿表的方式允许幼儿自主选择想要扮演的角色；“怎么演”可以让幼儿通过多次讨论商议的方式不断引发新问题、生成新课程，从而建构一种没有课堂、没有课本、没有说教、没有束缚，理想、灵动、多元、感性的空间环境，让戏剧表演成为孩子学习、感悟、理解和分享的过程，促进幼儿多元发展的过程，从而赋予儿童戏剧教育活动深刻的教育内涵。

学前儿童戏剧教育活动的互动性，首先体现在观众与演员之间的互动，因为幼儿天生喜欢模仿，喜欢扮演各种各样的角色，体验他人的生活情境，在儿童戏剧表演过程中，观众全身心地投入到戏剧活动中，并在自己内心深处对角色产生强烈的认同感与切身的感受。无论在现场表演过程中，演员与观众是否有台上或台下的直接互动，小观众的内心始终都跟随戏剧角色的情绪起起落落，与角色形成精神上的互动。更多时候，儿童戏剧教育活动会在现场与幼儿有直接的互动机会，如当幼儿看到《三只小猪》中的大灰狼时，会大声地喊“大灰狼来了，大灰狼来了”，甚至有些幼儿会着急地告诉小猪要赶紧逃跑，或者要想办法把大灰狼吓跑等。观众与演员之间的积极互动有效地推动着戏剧情节的发展，同时也引导着观众体验角色的心理状态与情绪情感。

其次，幼儿戏剧教育活动的互动性还体现在活动过程中幼儿与幼儿、幼儿与教师、幼儿与家长之间的互动。建构主义认为个体的发展是在与环境相互作用的过程中不断实现的，因此幼儿的语言、价值观、道德观等社会性知识，只能在与他人的交互作用中才能逐渐习得，已有众多研究表明，在早期的生命里，幼儿不仅需要事物、知识的刺激，更需要人与人之间的双向交流互动，幼儿是在与环境中的人、事、物相互作用的活动过程中不断得到发展。幼儿园戏剧教育活动正好为幼儿交往与互动的需求提供了现实的实践环境与机会，因为在戏剧教育活动中幼儿不同程度地要与同伴、教师、家长发生互动与交流。一方面，学前儿童戏剧教育活动由幼儿自己组织、策划、实施，每个幼儿可以根据自己的兴趣特点选择不同的戏剧剧本角色或戏剧组织过程中的角色，在一定程度上保证了每个幼儿的活动参与机会，在活动参与过程中幼儿与幼儿之间必然会发生很多联系与互动。维果斯基认为幼儿间的协作活动能够促使幼儿成长，年龄相近的幼儿能在彼此的最近发展区协作活动，表现出比单独行动时更高级的行动，戏剧教育活动的参与性与互动性帮助幼儿融入团体生活，学会与同伴协调合作完成任务。另一方面，则是教师与幼儿之间的互动。虽然学前儿童戏剧教育强调以幼儿为中心，强调幼儿的自主性、能动性与创造性，但教师的指导与引领作用仍不能忽视，师幼互动是幼儿园戏剧教育活动得以顺利开展的关键。除了同伴互动、师幼互动之外，亲子互动也是幼儿园戏剧教育活动不容忽视的工作，家长不仅可以为幼儿戏剧活动出谋划策，还可以充当幼儿戏剧活动的观众，给幼儿加油鼓劲，也可以饰演戏剧角色，与幼儿一起完成戏剧活动，这种互动形式有助于亲子关系的加强。我们以完整的幼儿剧目演出为例，分析幼儿戏剧教育的互动性特征。第一，活动准备阶段，幼儿之间对剧本内容的讨论以及教师带领幼儿熟悉剧目内容的过程都充分体现了互动性。第二，活动展开阶段，幼儿作为表演者与同台人员的语言沟通以及与观众的眼神交流等体现互动性特征。第三，活动评价阶段，幼儿的表演受到观众的肯定，赢得掌声，或教师在演出结束后给予幼儿的指导和表扬，这种全程的互动性，更有利于幼儿社会行为的发展。参与人员的互动性满足了幼儿的交往需要。幼儿参与戏剧活动与教师、同伴、家长间密切相关，各方面的讨论与交流更能帮助幼儿理解活动内容，提高幼儿参与活动的积极性。此外，这种互动性与幼儿的社会化需求不谋而合，交流机会的增多，交往技巧的习得，使得幼儿在现实生活中能够更灵活地处理人际关系。

教师在引导儿童创设幼儿园戏剧教育课程时，除了要体现儿童戏剧教育活动的特点，还要遵循一定的设计原则，如戏剧剧情要简单，主题要正确。主题方面，必须能导引儿童走向乐观、积极等正面方向；剧情方面，最好是简单的剧情，配上活泼的动作、表情及对白。戏剧活动过程要摒弃传统说教的教学方式，要以趣味、夸张的表演方式来推动剧情；戏剧冲突不宜过多，虽然戏剧是以冲突、危机为主要骨干，但在儿童戏剧中，冲突是不宜过多的，以免造成儿童过度紧张。因此在童话故事中，永远没有解决不了的事，必定会有仙子、仙女或强者来协助解决，目的就在减少心理威胁。教师选用的剧本篇幅不宜太长，儿童戏剧要讲求精简、清楚、紧凑、活泼，若是冗长、琐碎，儿童则易感到无聊。戏剧内容要有创意性，在儿童戏剧中可以为了凸显某些事物或人物，教师可以采用夸张、创意的设计来刺激儿童的想象力，创意设计除了角色的造型外，服装道具也是创意设计重要的一环。

第二节　学前儿童戏剧教育的功能

当前在幼儿园被广泛应用的戏剧教育或称为教育戏剧都是以戏剧作为教育手段，在戏剧主题的指引下，幼儿与教师采用即兴表演的方式用肢体动作、语言、表情、声音等表达角色的情境，解决角色遇到的问题（戏剧冲突），并在这个过程中获得自我内在与外在的和谐发展。除了幼儿园，即便在小学、初中，很多教师都愿意将戏剧教育这种带有艺术元素的方式引入课程建设中，增强学生学习的趣味性，帮助学生在戏剧活动中获得各种抽象的科学知识，并进一步形成科学的、批判性的反思能力。在戏剧教育中儿童可以体验到在愉悦的环境中学习的乐趣，并在这个过程中不断获得成就感，学会与他人沟通、交流与合作，同时提高自我身体的控制力等。关于学前儿童戏剧教育功能的议题，一直存在本质论与工具论的争议。本质论首先是将儿童戏剧看作一种艺术，既然作为艺术，教育活动中幼儿必然需要掌握基本的戏剧艺术的知识与技能，幼儿要作为一个艺术家的身份将戏剧表演给观众，并且要能够欣赏戏剧，这一取向强调儿童戏剧教育的结果。工具论则认为应当把戏剧作为儿童教育的一种方式、一种工具、一种载体，把戏剧作为一种教学媒介，其价值主要是帮助学生学习，使学生爱上学习，并在这个过程中扩展学生的生活经验，这一取向强调教育中的人性与情怀，关注学习者的过程体验。当我们将戏剧这一艺术元素运用到幼儿园的教育中时，我们需要秉持怎样的教育理念，如何在这两种价值取向之间做取舍，就需要我们将 3—6 岁的学前儿童与戏剧放在一起谈论，探讨戏剧教育在学前儿童认知、情感、社会性等方面有什么价值，戏剧又是如何促进学前儿童各方面发展的，如此才能帮助我们在实践教学中，探索出适合学前儿童学习特点的戏剧教育模式。

一、学前儿童戏剧教育与幼儿身心发展

（一）学前儿童戏剧教育对幼儿身心发展的影响

彼得·施莱德说："凡是有儿童游戏的地方，就有戏剧。"游戏是幼儿的基本活动，幼儿在游戏中学习、在游戏中成长，学前儿童的创造性戏剧活动与幼儿的游戏是密不可分的。1.5—2 岁的幼儿会在游戏中假装做一些动作，比如端着水壶做假装喝水的动作，2 岁以后学会了象征性游戏，如把手中的棍子想象成一把枪，坐在椅子上做出骑马的动作等，这是游戏，同时也是幼儿戏剧的最初表现。3 岁之后，幼儿具有了初步的角色扮演的意识，如会在游戏中扮演爸爸妈妈的角色；随着年龄的增长以及生活经验的丰富，幼儿的角色扮演游戏会变得更规律、更规范、更具制度化。如果表演需要观众，他们在玩的时候其他小朋友会充当观众，或者找成人当观众，表面上这是儿童在做游戏，实际上是戏剧表演的雏形。

在戏剧表演过程中，儿童必须学会灵活地控制自己的身体，从而更真实、全面地表达自己内心的想法与感受，因为戏剧教育的核心就是通过肢体动作与语言进行表达与创造。在各种各样的戏剧活动中，儿童其实是在尝试如何协调自己的肢体动作、如何在给定的空间自由活动，同时与同伴保持良好的空间关系以及身体动作的关系。通过反复的练习与创作，儿童对自己身体的控制能力逐渐提升。同时在戏剧活动过程中，儿童可以扮演不同的角色，体验不同的人生经历以及不同角色的情绪情感，这有助于幼儿对真、善、美的认识，有助于幼儿建立对自我、他人以及社会环境的积极认知。

（二）学前儿童戏剧教育对不同年龄段幼儿身心发展的影响

儿童戏剧创作的最大特点是戏剧的内容既要来源于生活又要高于生活，促进儿童思维、想象的发展。不同年龄段儿童对事物的认知方式不同，3—6 岁的幼儿处于直觉行动思维阶段，他们会更喜欢颜色鲜艳、生动活泼的画面。儿童戏剧能吸引儿童，首先戏剧的名字就充满了儿童化的意味，如《花仙子》《想吃苹果的鼠小弟》等，同时戏剧的内容生动形象，适宜于幼儿的认知范畴。6—7 岁的幼儿心理发展的特点是富于幻想、追求新奇、喜欢探险。如儿童戏剧《海盗船》运用拟人、夸张的手法，把老海龟人性化，表现了真、善、

美的形象，人们用善良支持了海娃，战胜了贪婪、凶狠的海盗女王，剧情紧扣儿童内心，将儿童带入角色的情感，儿童在紧张、愉快、神奇的场景中，心灵受到美与善良的洗礼，并将这种内心体悟融入日常生活之中，督促自己做一个善良、正直的人。随着年龄的增长，儿童会越来越喜欢某一个角色，并将其作为自己的偶像，因此这个年龄段的儿童戏剧多创造儿童喜爱的、充满情趣的、有血有肉的形象。如儿童剧《小侦探》中亮亮的角色，他机智、敏锐和勇于探险，爱学习有担当，儿童在观看的时候，好孩子亮亮的形象会深深地烙印在他们的内心深处。儿童通过观看或参与类似儿童戏剧的表演，他们的感情会得到升华，同时有助于儿童反躬自省，修正自己的认知模式。我们知道，每一个儿童都或多或少有一些坏习惯，儿童在观看或参与戏剧表演的过程中，会将自己带入戏剧角色，体验角色的生活经历与情绪情感。那些受到儿童喜欢与敬佩的角色，能够丰富儿童的精神生活，给予他们积极向上的精神榜样，让他们在现实生活中愿意自觉地向戏剧中的角色学习，从而培养他们乐观、阳光、勇敢、坚强的品质。儿童戏剧教育对儿童身心发展的影响作用不言而喻，特别是对于年龄越小的儿童，其影响作用越明显，因此成人要会用、敢用且用好儿童戏剧教育这个载体。

二、学前儿童戏剧教育与幼儿认知发展

（一）儿童戏剧教育与幼儿认知发展的关系

认知指个体获取与运用知识的过程，或信息加工的过程，是个体最基本的心理过程，包括感觉、知觉、记忆、思维、想象、言语。认知发展主要表现在各种认知心理机能的发展，如思维能力、语言能力、记忆能力等；以及认知领域的发展，如时间、空间都是儿童认知领域两方面。瑞士心理学家皮亚杰曾利用临床法探究儿童的认知发展，并提出了著名的发生认识论。[①] 他把儿童的认知发展分为四个阶段，即感觉运动阶段（0—2 岁左右）、前运算阶段（2—6/7 岁）、具体运算阶段（6/7—11/12 岁）和形式运算阶段（11/12 岁及以后）。他提了“同化—顺应—平衡”的认知发展模式，强调儿童认知的发展

① 参见唐利平《学前儿童心理与发展》，第 30—31 页，贵州大学出版社 2015 年版。

就是通过“同化—顺应—平衡”模式的反复循环由低级向高级不断发展，使儿童从最初的只具有基本的反射能力，逐渐发展到能够初步了解日常生活环境，学会感知动作内化为表象，使表象图式演化为运算图式，思维发展到抽象逻辑推理水平。

建构主义认为认知发展是个体主动与环境相互作用，从而不断构建的过程，个体在与环境相互作用的过程中，通过将神经成熟、经验、社会环境和自我调节等因素进行融合与修正，从而使认知不断得到发展。儿童戏剧正好拟合了内容源于生活经验的特性及个体与环境相作用的实践性。儿童戏剧的内容来源于日常生活经验，如通过对儿童戏剧《老鼠嫁女》内容与表现形式的分析发现，剧本的对话与我们现实生活中的表达方式并无二致，戏剧中的动物形象与现实中人类的婚嫁人物形象一样，有新郎、新娘及亲戚朋友，同时老鼠成亲的方式与人类生活中也一样，如结婚之前要布置新房，张灯结彩，结婚当日要有迎亲队伍，放鞭炮等。通过观看甚至参与戏剧活动，儿童对生活、对周围环境的认知不断得到丰富、提炼与提升。所有这些源于生活的故事情境要发挥其对孩子认知发展的应有价值，就需要充分重视儿童对故事的操作与体验。儿童戏剧作为一种体验式的教育模式，通过模拟现实生活，对儿童掌握生活经验、体验社会环境，培养团队意识、协调能力、表达能力和沟通能力都具有非常重要的价值。

（二）戏剧中的语言发展对认知起着重要作用

语言是人类拥有的一种非常神奇的功能，它使我们能够相互交流、相互沟通，是人类区别于其他一切生物的重要工具。美国语言学家乔姆斯基认为儿童能够自然地习得语言是受与生俱来的语言习得装置的影响，这个装置是生物遗传与进化的结果，即人类共同所有。① 但儿童运用语言来表达自己的想法、进行沟通与交流，就需要一定的环境刺激来获得。儿童在进入学校（幼儿园）之前，虽然已经学会用简单的语言去交际，但其逻辑性、连贯性较缺乏，且词汇量不够，表达上有时候还不够完整，因此需要进一步学习与丰富。

2008 年，哈佛大学的一项针对 2—7 岁儿童的研究，通过儿童戏剧促进幼

---

① 参见张加蓉《学前儿童语言教育活动指导》，第 23 页，复旦大学出版社 2015 年版。

儿同伴之间频繁的互动，结果表明，儿童口语发展在词汇量、叙事能力、故事理解能力和重述能力等方面均有提高。美国著名人际关系学大师卡内基曾说：“一个人的成功，15％靠的是专业技巧，75％靠的是语言表达。表达能力差，对孩子的成长、学习甚至是成年后工作、恋爱都会产生很大的影响。”① 语言对于个体一生发展的重要作用是不言自明的。史杜威根据自己的研究发现，儿童戏剧教育对儿童语言的发展具有四种特殊的功能：词汇的增加、声调及语气的控制与变化、脸部表情与手势动作的表达、即兴的口语创作。儿童戏剧的语言表达可以填补儿童在日常生活和学习中的一些不足，因为儿童平时获取的语言一般口语较多，对于语言的精准、语气、语速、表情和动作方面练习的很少。儿童戏剧的台词是一种精练的语言，儿童可以从中学习对话的方式、态度、语气、眼神及感情的表达，从而提高儿童的语言表达能力，提升语言的使用技巧，从而进一步帮助儿童树立自信，形成对自我的正确认知。很多孩子在成长的过程中会出现很多问题，有的性格内向，有的胆子小，有的自卑，有的怯场等，这些问题对孩子的成长会产生不良影响。儿童戏剧不仅能提高儿童语言的能力，更会给孩子的成长带来许多欢乐，同时还能不断提高孩子的艺术情操与修养。

三、学前儿童戏剧教育与幼儿情绪处理

情绪是个体与生俱来的，随着年龄的增长与生活经验的积淀，个体的原始情绪会不断分化与丰富。在人生成长的过程中，我们必须要具备处理各种情绪的能力，做情绪的主人而非奴隶。幼儿阶段是人在成长过程中获得情绪理解能力，学会情绪表达和宣泄的关键时期。情绪理解能够帮助儿童从他人的表情与行为中读懂他人的情绪，有助于儿童与他人建立良好的人际关系；情绪表达与宣泄，是儿童认识并能够采取适宜的方式处理自己的情绪，有助于其良好性格的形成。儿童戏剧之所以能促进儿童早期情绪的健康发展，主要体现在以下三方面。

---

① 转引自胡春丹《自由成长过程中的儿童戏剧教育研究》，哈尔滨师范大学 2016 年硕士研究生毕业论文。

（一）培养幼儿的同理心

同理心即幼儿对他人情绪的敏感性，儿童戏剧很容易就能够让幼儿融入剧情，甚至幼儿会在观看或参与的过程中将自己真实地带入到某一角色，并且与角色同喜、同悲，充分体验角色带来的情感冲击。这个过程，幼儿不仅体验了各种情绪情感，同时也学习了不同情绪的处理技巧，而这些内化的、内潜的情绪处理能力会自觉或不自觉地影响到幼儿日常生活中真实的体验。如《魔法森林》里面刻画了小蚂蚁和毛毛虫等主要角色，小蚂蚁是勤劳勇敢和正义的化身，毛毛虫则是变异的破坏王，这一切都是因为人们不爱护环境，乱扔垃圾所致，剧情惊险有趣、紧张刺激，最终一片美好、欢乐、祥和。舞台上呈现出的逼真的场景效果，从头至尾都引导着孩子们的情绪变化，自然而然地就把应该保护森林、抵制污染、保护地球环境的思想传输给了幼儿，让幼儿在不知不觉中受到了正面的教育。同理，《匹诺曹的故事》告诉我们不能说谎，说谎鼻子会变长，要做一个守信的好孩子，产生情感的共鸣。

（二）丰富幼儿的情绪体验

儿童戏剧是让幼儿真实体会丰富情感的有效载体，同时也是培养幼儿对真、善、美，伪、恶、丑辨别能力的重要途径。如《海底总动员》中小丑鱼尼莫表现出不畏艰险、冲破重重困难、勇往直前寻找爸爸的精神。幼儿在观看或参与儿童剧的过程中有时会将剧情与现实混淆，他们天真地认为儿童戏剧里的故事都是真实的，于是把角色注入自身的感知，在一定程度上有助于个人情感的发展，从小就在儿童的心中种下真、善、美的种子。儿童戏剧的剧情取材于现实生活，自然兼有幸福美好与丑恶痛苦，在这个过程中，幼儿会在各种情绪的对比中，表达出对美好事物的喜爱与追求，同时也会表达自己对憎恶的、不好的事物的负面情绪。比如我国很多革命题材的儿童戏剧，通过对战争、牺牲、死亡、暴力的刻画，使幼儿从内心讨厌战争与侵略，自发地萌生向往和平、安宁生活的情感，这是幼儿自主意识的一种体现和内心情感的自主选择。

（三）提供情绪表达的渠道

生活中我们时时刻刻都受到自己情绪的影响，甚至会受到情绪的控制而难以自拔，一个人的情商在一定程度上对个人的影响甚至超过智商，因此幼儿从小学会处理自己的情绪，学会适宜的情绪表达方式就显得尤为重要。在儿童戏剧表演活动中，幼儿会在剧中扮演各种各样的角色，如美丽的公主、勇敢的战士、消防员、医生、活泼的小猴子、可爱的小猪或者是可恶的破坏者等，体验各种角色所经历的情绪状态，理解他人的情绪，获得各种情绪的感性知识。活动的过程也锻炼了幼儿表达各种情绪的能力，使其情绪表达能力和情绪调控能力都得到有效的提高。除此之外，幼儿的自我控制能力较弱，特别是年龄越小的孩子，自控能力越弱，而他们对儿童戏剧的兴趣却能使他们甘愿自觉地遵守各种角色的要求，遵守戏剧中设定的各种规定，从而提升了情绪调控能力。同时，他们在戏剧活动中可以自由地宣泄自己的情绪，如故事《野兽国》中的主角迈克斯由于心情不好，躲进自己的房间，穿上狼人服装，幻想着自己进入了一个有各种野兽的森林，在森林里，他驯服了各种凶猛的野兽，并当上了野兽国的国王，其实在这个过程中，迈克斯就是在不断地宣泄自己内心的负面情绪并且战胜它们。在儿童戏剧的表演过程中，经常会有各种各样的动作与发泄式的语言，而这些动作和语言往往具有缓解紧张情绪、宣泄消极情绪的功能。如果经常让幼儿参加这样的表演，就会促使他们学会如何处理情绪、冲突以及理性地解决问题，从而保持良好的情绪状态。

四、学前儿童戏剧教育与艺术创造力

世界上不缺少美，只是缺少发现美的眼睛；同理，世界上也不缺少具有创造性的儿童，只是缺少发现儿童创造性的眼睛。儿童是天生的艺术家，当他们刚学会拿笔的时候，就已经可以用图画表达自己的思想和看到的世界，虽然很多时候我们并不知道他们花了很大力气画出来的到底是什么，但孩子们却乐此不疲地进行着自己的艺术创作，甚至能兴致勃勃地向你介绍他们的大作。通过这些无厘头的涂鸦，我们可以看得出儿童充满了丰富的想象力，他们有表达的欲望和对审美的自我理解。有时候，是我们不懂，而非孩子不会。19 世纪初，蔡元培先生提出应该普及艺术教育，19 世纪中期，美国哈佛大学的纳尔逊・古德曼教授创立了专门的机构，倡导将科学与艺术融合，同时提倡学生时代应以艺术性教育为中心。事实证明，随着时间的推移、时代

的进步，艺术教育越来越受到人们的重视，而我们需要思考的是什么样的内容、什么样的方式能够保护并挖掘儿童的艺术创造力与表现力。儿童戏剧教育无疑成为最优的不二之选，它是艺术教育的一种形式同时又符合儿童的认知方式，并深得儿童的喜爱，儿童在戏剧活动中成长，在欣赏中思考，在游戏中创造，在参与中感受善良和爱。

儿童戏剧是儿童乐于接受的一种艺术教育形式，能更充分地激发儿童渴望表达、乐于表现的天性。儿童戏剧有按剧本表演的，也有即兴发挥的。在儿童的教育过程中，即兴表演是常态，抛开剧本的束缚让儿童自由发挥，自主面对发生的各种状况，去完成表演。这样的方式可以最大限度地激发儿童艺术创作的因子，使他们在无拘无束的场景中自由表达自己的感受以及加深对周围环境的认识，理解自己与他人、与环境的关系，从而提高儿童的审美与表达能力，培养儿童的自信心与价值感。“做中学”是儿童学习的主要方式，儿童戏剧为孩子创造力的发展提供了一个操作、体验与展现的舞台，如面对《神奇口袋》这个故事，每个小朋友都会通过自己的想象，表现各种动物的姿态。有的女孩把青蛙扮演成了粉红色的蛙；有的小朋友把大灰狼表现成温柔的狼，因为觉得它想做一只好狼。在戏剧表演的过程中，每个孩子将自己内心的想法真实地表达出来，创造出与众不同的角色特点，不管是否与现实相符，不可否认的是，在这个过程中孩子们的想法得到了尊重，个人价值得到了彰显，创造力得到了提升。儿童戏剧对儿童艺术创造力的影响是内潜的、无痕的，就像春雨一样润物细无声，却一点点滋养着儿童的心灵和思想。儿童戏剧通过有趣活泼的形式吸引儿童主动去创造，在这样的故事情境中，教师也一改传统的教育方法和态度，用轻松愉快的方法对儿童进行启发，并且更多地使用鼓励、表扬、肯定的正面反馈方式给予儿童积极的引导。在这种轻松、自由、快乐的师生互动氛围中，儿童更愿意主动地与老师进行交流，也会更加主动地发挥自己的创造力，更加乐于主动地表达自己的想法。无疑，用儿童戏剧教育的方式挖掘儿童的潜能，点燃儿童创造的火花，是培养孩子创造性思维最好的途径。

五、学前儿童戏剧教育与个体全面和谐发展

为进一步落实《国家中长期教育改革和发展规划纲要（2010—2020年）》以及《教育部关于当前发展学前教育的若干意见》的文件精神，2012年教育部进一步出台了《3—6岁儿童学习与发展指南》，并在文件的说明部分明确提出，学前教育要关注幼儿学习与发展的整体性。儿童的发展是一个整体，要注重领域之间、目标之间的相互渗透和整合，促进幼儿身心全面协调发展，不应片面追求某一方面或几方面的发展。由于儿童戏剧教育对儿童全面发展具有不可忽视的价值而在学前教育领域逐渐成为幼儿园普遍开展的一种教育方式。学前儿童戏剧教育对儿童全面发展的价值主要体现在以下几方面。

2002年，美国21世纪技能合作组织制订了《21世纪技能框架》，强调21世纪最急需的技能是学习与创新技能，信息、媒介和技术技能，生活与职业技能。教师在教学过程中要让学生参与知识获取的过程，要注重知识实际运用的同时还要融入跨学科意识，以此来培养学生的综合能力与素质。就学前儿童而言，其语言表达、逻辑思维等能力还处于发展之中，教师只能够通过游戏的方式潜移默化地引导儿童逐渐获得相应的粗浅的感性认识。儿童戏剧正是巧妙地利用儿童喜欢的“艺术＋游戏”的方式，通过典型的人物形象来影响儿童、感染儿童，使人物形象深入人心，使儿童在游戏的过程中自然而然地理解自我与他人与环境的关系，获得生活经验，形成自我独特的人格品质，同时使自我的综合素质与能力得到提升与发展。在戏剧表演过程中儿童学会使用不同的语音、语调及适宜的肢体动作来表达不同角色的情绪情感，在反复的活动参与过程中，培养了儿童对语言的理解能力，并且学会运用语言和通过语言的不同表现形式来理解不同情绪的能力，使得他们在日常生活中更加敢于表达、愿意表达且充分表达自己的思想。此外儿童戏剧教育帮助儿童了解什么是舞台艺术，什么是表演，什么是合作以及如何与人合作；同时也让儿童通过角色扮演知道什么是角色，什么是情感，以及如何区分自己和他们的关系。总而言之，儿童戏剧教育为儿童的全面发展搭建了锻炼与展示的平台，提供了探索与操作的机会，从而使儿童越来越自信，越来越勇敢，帮助他们更快、更有效地融入社会生活。兴趣是促进儿童学习与发展最好的

老师，3—6 岁的儿童好奇、好问、好探究，他们急切地想要通过自己的双手、双脚、双眼去探索世界，去获取知识。在科学技术快速发展的今天，很多学科已逐渐从传统的分科走向融合，未来社会的发展更加需要知识渊博、底蕴深厚的复合型人才，同时儿童也需要更多的实践机会来提升自己的能力。儿童戏剧教育性、艺术性、知识性、人文性、启发性、感染性的特点无疑使其成为培养儿童综合能力的有效途径，同时儿童戏剧因剧情矛盾冲突、人物性格突出的特点，深受儿童喜爱，从而使其成为幼儿园培养幼儿学习品质、生活习惯与良好品格的必要选择。

第三节　学前儿童戏剧教育的理论基础

一、哲学基础

（一）整体主义

整体主义的理论渊源可追溯到赫拉克利特、亚里士多德的整体观。赫拉克利特在《论自然》中首次提出了世界是包含一切的整体的观点。[①] 整体主义认为宇宙中任何事物都以某种方式与其他事物相互联系，强调生命是不可分割的整体，一旦分割了，生命也就丧失了。整体主义以永恒主义哲学为基础，强调宇宙是作为一个相互联系的统一实体存在，宇宙中的个体既与宇宙中的其他物体相互联系，同时个体内在的各种元素也是相互联系，不可分割的。整体主义哲学关注逻辑思维与直觉思维的关联、身与心的关联、知识领域之间的关联、个人与社会的关联、人类与地球的关联及自我与本性的关联等。因此，在整体主义视角下的学前儿童同样是完整的、各部分相互关联的实体，即幼儿是作为整体而存在着，也是整体发展着的。

学前儿童戏剧教育正是站在整体主义的视角下审视幼儿的发展，使幼儿不仅在知识方面获得发展，而且在道德、身体等方面得到全面和谐发展。幼儿是作为一个内部相互关联的发展实体而存在，并在与外部实体的相互作用

① 转引自陈金美《论整体主义》，《湖南师范大学社会科学学报》（社会科学版）2001 年第 4 期。

中不断发展。在学前儿童戏剧教育活动中，服装、道具、音效、舞台、造型的美能让幼儿获得审美的感受；角色的某些行为给幼儿提供道德思考的机会；幼儿自己参与戏剧活动，不论是身体的控制、表情的表现、语言的表达，还是精神的体验，都得到充分的发展机会。由于戏剧是人类的一种群体艺术，那么幼儿在戏剧这种群体艺术活动中，还能获得与他人接触、交流、分享的机会。

（二）生态学理论

生态学首先假设世间万物是相互联系在一起的，每一个有机体都与其他有机体相互联系、相互依赖，彼此之间息息相关，从而维系自身的生长与发展。同时生态学也强调，一种生命现象只有在与其他生命现象相互联系的过程中、在更大的生态系统中才能被理解。生态学世界观是对人类中心主义世界观的超越与驳斥，批判了人类是世界的中心与主体的思维模式，强调生态系统中各主体之间相互联系、相互作用、相互影响的特性。生态学世界观看起来与整体主义有相似之处，但二者的侧重点又有所不同，生态学理论强调整体主义在宇宙万物相互联系的基础上，超越人类绝对中心的思维，建立起有机体在生态环境中相互发展、相互作用的生态学世界观。

美国心理学家布朗芬·布伦纳根据自己多年的研究，提出了著名的人类发展生态学理论，他认为发展中的人不能被看作是环境在其之上任意施加影响的一块白板，而是一个不断成长并时刻重新构建其所在环境的动态的实体，且有机体与环境之间的作用过程是双向的，呈现一种互动的关系。同时他还强调与有机体发展过程相联系的环境不仅是指单一的、即时的情景，还包括了各情景之间的相互联系，以及这些情景所根植于的更大的环境。[①] 布朗芬·布伦纳根据人类发展生态学理论建立了生态系统模型，即我们生活的生态环境是一个包含小系统、中间系统、外系统和大系统四个种类的生态系统，前者逐个地被包含在后者之中，形成了一个同心圆样式的结构。作为生态系统中的个体，其成长过程并不只是单纯地受到单一因素的影响，而是会不同程

---

① 参见薛烨、朱家雄《生态学视野下的学前教育》，第64—69页，华东师范大学出版社2007年版。

度地受到自己所在生态系统各圈层的综合影响。这一理论观点与我国传统道家哲学有异曲同工之妙，老子在《道德经》第四十二章说道："道生一，一生二，二生三，三生万物。万物负阴而抱阳，冲气以为和。"万物本由"道"而生，阴阳变化、平衡即为"和"。人类并不是万物的主宰，而是与自然同生，皆处在不断变化的环境中，自此生化和合、生生不息。

我国著名艺术教育家滕守尧则率先倡导生态式艺术教育的理念，提出感官联通、艺术创生的论点。从生态学的视角可知，学前儿童戏剧教育不是一个封闭的、孤立的、死的系统，而是一个开放的、融合各种层次环境的学前儿童戏剧教育的活的系统。只有活的系统，才有活的教育，才有"活"的孩子。"问渠哪得清如许，为有源头活水来。"这个"活"，即指学前儿童戏剧教育要在幼儿鲜活的生活环境中进行，同时还应是灵活的、不断与周围环境互动的活的系统。因此，学前儿童戏剧教育不应只局限在幼儿园的集体活动中，更应该与社会系统、文化系统形成良性互动。一个活的教育，才能不断激发儿童的创造力与想象力，反之则是禁锢儿童思想的牢笼。

二、教育学基础

（一）人本主义思想

美国著名的人本主义心理学家卡尔·罗杰斯基于自我实现人格论、患者中心的心理治疗论提出了全新的人本主义教育思想，他的教育思想对当代教育改革产生了深刻的影响。罗杰斯认为，教育的目的应该是使学生成为一个全面发展的人，即学生整体人格的完善。教学的目的在于促进学生情感和认知的全面发展，即引导学生能够运用知情合一的方式解决问题。他认为世界上的知识不是固定不变的，我们要不断寻求新知识来适应世界的快速变化，因此教育的目的在于培养能够适应变化和知道如何学习的人。

罗杰斯在《学习的自由》一书中提出，人生来就有学习的潜力，只要满足一定的条件，学生就会自发学习。① 他强调每个人生来就具有学习、发现知

① 参见正琳慧、肖少北《罗杰斯的人本主义教育思想及对幼儿教育的启示》，《湖南师范大学学报》（社会科学版）2016 年第 29 期。

识和经验的潜能和愿望，学生在学习的过程中遇到困难，他们会自发地激发自身的潜能，自主完成学习活动；而当学生认识到当前的学习内容与自己的发展有关且能满足他们的好奇心与求知欲，让他们获得成就感与尊严感时，他们就愿意学习，学习效率也会随之提高。基于此，罗杰斯提倡一种真正意义上的学习，即学习的动机来源于学生的内在需求而非外部的强制，因此学习内容的选择要从学生的兴趣、爱好出发，学生才能积极主动地学习。要充分激发学生的学习欲望，非指导性教学模式无疑是最好的选择，这种教学模式重点在于教师创设一种良好的学习氛围，激发学生有意义的自主学习，教师帮助学生理解自身的需要和价值。这里的非指导是指教师不是直接告诉学生如何学习和解决问题，而是注重营造促进学习的课堂氛围，积极关注学生，站在学生的角度思考问题，学生便会利用各种条件进行自由学习。

将人本主义的思想融入幼儿教育当中，不难看出人本主义价值取向就是要立足幼儿自身的发展，关注幼儿本身，强调幼儿的发展在教育过程中的主体地位；要认识到幼儿不是未成熟的小大人儿，他们有自己独特的认知世界的方式，有自己的想法，同时幼儿自身还具有多种不同的发展模式。而这些价值取向与学前儿童戏剧教育的终极目标是不谋而合的，都是要培养富有健全完整人格的人，让人性在教育中发光。

（二）自然主义思想

法国18世纪启蒙思想家卢梭提出自然主义教育的理念，他将教育分为三种，即自然的教育、人的教育与事物的教育。[①] 其中自然教育是指个体才能和器官的内在发展；人的教育是指他人对我们的影响；事物的教育则是周围环境对我们的影响。卢梭认为在三种教育中自然的教育是我们完全不能掌控的，事物的教育只有某些方面我们能够控制，只有人的教育才是我们能够真正掌控的。因此，在教育过程中，我们必须遵循自然教育的特点，同时合理调控事物的教育和人的教育，即三种教育有效配合，并以自然教育目标为主轴才是好的教育、成功的教育。卢梭的自然主义教育思想被认为是在教育界进行的一场哥白尼式的革命，不仅对当时教会统治下的法国产生了重要影响，更

① 参见［法］让·雅克·卢梭《爱弥儿》，彭正构译，第2—3页，上海大学出版社2011年版。

是对后代的教育工作者造成了巨大的影响。

卢梭的自然主义教育思想首先强调教育的目的在于让儿童成为一个自然人，他提出教育要遵循自然，跟着它给你画出的道路前进；大自然是有增强孩子的身体和使之成长的办法的，我们绝对不能违反它的办法。自然教育强调教育的目的应保护人的善良天性，尊重人的天性，而不是压抑它，同时教育要遵循儿童的年龄发展特点。2—12岁是儿童期，是理性睡眠时期，主要进行感觉教育；12—15岁是少年期，要开始进行智育和劳动教育；15—20岁是青年期，个体开始进入社会，需要对他们进行社会道德的教育与训练。自然主义教育认为教育应当培养身心和谐健康发展的自然人，因此教育要兼顾儿童身体与心灵的成长。德国哲学家康德提出了与卢梭相同的教育观点，他强调教育的最初阶段必须是自由、自然的，即一定不要在自然的安排上再增加些什么，而只要不妨碍自然就行。康德同卢梭一样，倡导在幼儿生命的最初阶段应实施自然教育，即消极教育，这是最适合于幼儿身心发展的教育方式与途径。

20世纪初美国教育学家杜威在此基础上进一步论述了自然主义教育，并提出教育即生长的教育观。① 他认为生长的基本条件是个体未成熟的状态，并明确指出这种未成熟的状态意味着个体内在地具有成长的可能性，存在着积极的势力，即发展的能力。在此基础上，他进一步强调学校教育的作用及其有效性的评价标准就是看其能否激发学生内在的持续成长的愿望，以及能否为学生提供实现这种愿望的机会；教育的过程就是一个持续不断的成长的过程，每个成长阶段的目的都是为了增强成长能力。自然主义教育思想强调教育应当尊重学生的自然发展规律，要按照儿童天性所指出的方向，用知识把儿童的天性武装起来。学前儿童戏剧教育正是遵循自然赋予儿童的游戏天性和扮演、模仿天性，并以此作为幼儿戏剧教育的立足点。学前儿童戏剧教育并不是为幼儿未来发展成为演员做准备，也不是为了造就一个小戏班子，而是顺应并尊重自然赋予儿童的游戏天性和戏剧天性。3—6岁的幼儿正处于发

① 参见刘黎明《“本能”与“生长”：杜威的自然教育思想》，《中国人民大学教育学刊》2013年第2期。

展的未成熟期，与成人相比，这不是一种缺乏的状态，而是一种向上生长的势力。在学前儿童戏剧教育中，儿童这种未成熟的状态，恰好是他们生长的力量。教师应正确对待这一未成熟期，尽可能提供保证儿童生长和生活的条件，而不是用成人的眼光来要求幼儿、评判幼儿。幼儿的生长既要依靠他们自身内在的发展，同时也需要他人的指引与帮助，因此在学前儿童戏剧教育中，教师既要给幼儿足够生长的空间，同时也要适时适当地给予幼儿支持。

（三）建构主义思想

建构主义学习理论是一种新的认知理论，强调学习过程不是学习者被动地接受知识，而是积极地建构知识的过程，主张以学习者为中心，鼓励学习者进行批判性思维，调动学习者的学习兴趣与动机等。皮亚杰、维果茨基、布鲁纳则分别从心理学的角度阐述了建构主义的理论内涵。皮亚杰认为儿童是在与周围环境相互作用的过程中，逐步建构其关于外部世界的知识，从而使自身认知结构得到发展。儿童与环境的相互作用的模式是“同化—顺应—平衡—不平衡—同化—顺应—平衡”，儿童认知的发展是通过“平衡—不平衡—新的平衡”这种螺旋上升的模式不断得到丰富、提高和发展，这是皮亚杰关于建构主义的基本观点。① 苏联心理学家维果茨基从社会文化历史的角度提出人具有两种心理机能，即低级心理与高级心理，其中低级心理是人类种系发展的结果，具有生物性；而高级心理机能则带有一定社会文化的烙印，是个体与社会相互作用过程中不断构建和形成的。② 美国心理学家、教育家杰罗姆·布鲁纳认为“学习是一个积极的过程，学习者在该过程中，依靠自己现在和过去的知识建构新的思想和概念”③。基于此，布鲁纳从认知建构主义的角度对教师的教学提出了四个要求：教学应重视学生自愿学习，并在学习过程中形成学习的能力和经验；教学必须是结构化的，按螺旋式的方式组织教材，以方便学生对知识的掌握；教学的设计必须有利于学生对知识的外推，以弥补新旧知识之间的缝隙，即教学应该帮助学生超越给定的信息；教师应

---

① 参见唐利平《学前儿童心理与发展》，第 34 页，贵州大学出版社 2015 年版。

② 参见单中惠《西方教育思想史》，第 505—506 页，中国人民大学出版社 2017 年版。

③ 全国十二所重点师范大学联合编写：《教育学基础》，第 203 页，教育科学出版社 2008 年版。

鼓励学生自己去探索原理，教师和学生应进行积极的对话（即苏格拉底式的教学）。

建构主义认为，学习应该是积极的。无论是杜威的“做中学”观点还是维果茨基的“活动与心理发展统一”的观点，或者是在此基础上发展起来的各种建构主义学习理论，都强调了学习者在建构性学习中的积极作用。学习是建构性的，因为在学习中，学习者认识理解新知识必须依赖于过去的知识、经验，即认知结构。教师所传递的不是知识，而是一种信息。学生只有通过同化或顺应的方式才能将新知识纳入或整合到自己已有的认知结构中，同时认知结构也会相应地重组、异化。建构主义首先强调学习是累积性的，因为在建构主义的学习中，一切新的学习内容、学习方式、学习程度都是建立在以前学习经验的基础之上；其次教学要坚持主体性原则，即在教学过程中教师要积极主动地教，同时学生也要自主地、能动地、创造性地学，师生之间应当是民主、平等、和谐、互动的关系，教师要引导学生主动提出问题，鼓励学生自主地、创造性地寻找解决问题的途径与方法，并形成自己对问题的理解。

学前儿童戏剧教育秉持建构主义的思想，鼓励戏剧教育过程中教师要更多地将戏剧表达、戏剧创作、戏剧表演的机会让位给幼儿，让幼儿能够在戏剧活动中充分表达自己的想法，展现自己的创意。在学前儿童戏剧活动中，教师是幼儿戏剧活动的参与者、支持者、促进者和帮助者，他们会与幼儿一起探索戏剧主题、分析戏剧元素、锻炼戏剧技能、培养戏剧情感，鼓励幼儿积极探索、自由表达，从而主动建构自己对戏剧活动的认识，抒发内心的情绪情感。建构主义对学前儿童戏剧教育具有重要的现实指导意义，能够帮助教师树立科学的幼儿戏剧教育观念，使戏剧真正发挥对幼儿身心发展的促进作用。

三、后现代课程观

后现代课程观最早起源于美国 20 世纪 70 年代的概念重建运动，是在后现代主义思潮背景下形成的，对以泰勒原理为核心的传统课程理论进行系统地批判和反思，运用后现代主义思想和方法，以新的理论视野和价值观念来理解课程的本质后建构起新的课程概念体系。其中多尔的后现代课程观具有代表性，他的“4R”① ——丰富性、循环性、关联性和严密性课程标准构建了后现代的课程模体。丰富性是指课程的深度、层次、可能性要有多种解释，不能拘泥于一种方式或一种思路；循环性是指通过组合、探索，建设性、启发性地应用与驾驭事物，并在这个过程中促进各种能力的发展，它的框架是开放的；关联性指课程建设要不断寻求意义与观点之间的关联，同时要考虑不同文化背景中学习者认知方式的特点，课程建设要与特定文化环境发生联系；严密性是指在课程建设中，课程建设者要有目的、有计划地协调各种假设之间的关系，促使有意义和转变性对话的产生。多尔认为后现代课程必须强调开放性、复杂性和转变性。所谓开放性是指课程并不是一个封闭的由目标到目标的体系，而是一个开放系统，鼓励变化，接纳干扰，外界的干扰是提供内部转化的诱因。复杂性意味着课程是师生利用自组织与客观世界相互对话，不断创造的过程，是一个非线性、不确定、不可控、不可预设、生成的体系。

后现代课程观具有反对权威和去中心化、尊重多元化和差异性、提倡合作与交流、鼓励自我意识与创造性四个特点，课程建设理念体现人文性、公正性与批判性。首先后现代课程观强调开放、平等、灵活的教学结构，即任何人在任何时间、任何地点都可以随机加入学习情境中；同时后现代课程观强调教学面前人人平等，每一个人都可以发表自己的意见和想法，教师要为学生创设一个宽松、自由、安全的学习环境，满足学生的学习需求。其次，后现代课程观反对传统课程封闭、保守的理念，提倡教育应该是丰富的、多元化的、有差异的，允许课程建设中不同文化与不同个性并存，允许多种价值观、多元课程模式的存在，强调师生关系，甚至课程目标都应该是多元化的，即倡导课程建设秉持尊重多元化与差异性的原则，体现课程建设的开放性和创造性，因此教学过程中教师要鼓励学生从不同角度分析问题，使用多种途径、多种方法解决问题。这是一种新型的课程建设思路，核心在于摒弃传统的封闭的课程建设理念，采取全方位的开放的设计理念。再次，后现代

---

① ［美］小威廉姆. E. 多尔著，王红宇译：《后现代课程观》，第 250 页，教育科学出版社 2002 年版。

课程观提倡学习者之间的合作与交流，学校教学就是要为不同层次的学习者提供教育共享平台，因为每个学习者对知识的认识与理解都是不一样的，同时知识也不是独立于学习者之外的信息综合体，因此，教学过程就不能像传统教学一样只是知识的单向传递。教学应该是一个教学相长的过程，教师与学生、学生与学生之间都应该有深入的交流与分享，教师不是一个把知识灌输到学生大脑中去的“教书匠”，而是学生学习的指导者和帮助者；学生也不是一个一个独立的学习者，而应该是知识学习的合作者、协作者、互助者。后现代课程观强调，学生的学习活动是在与他人（教师、同伴）的交流与互动中开展的，在这个过程中，学生与老师一同构建对世界的认识。最后，后现代课程观鼓励学生自我意识与创造性的发展，强调学习不仅是知识由外到内的传递，更是学习者主动建构的过程，而只有当学习者意识到自己是一个独立的个体，形成自我意识，才会主动建构自我对外界的认识；同时，个体也只有具备了自我意识才能促进其创造性的发展。后现代课程观认为现实世界的客观性是相对的、变化的，因此教师要引导学习者增强自我意识，重视学习过程中的自我反省，帮助学生学会学习。

后现代课程观诠释了儿童戏剧教育的内涵，体现了儿童戏剧教育的特点，因而毫无疑问地成为学前儿童戏剧教育课程建设的重要理论基础。正如杜威曾说：“戏剧教育没有永恒的起点与终点，它在行动中思考，在行动升华。”① 戏剧教育的动态性、生成性与创造性与后现代课程提倡的开放性、差异性、多元化以及过程性在课程建设理念上有更多的共通之处，从而为学前儿童戏剧教育课程建设提供了理论思考与借鉴。

---

① 转引自杨静《后现代课程观视野下的儿童戏剧教育的教师角色研究》，南京师范大学 2014 年硕士研究生毕业论文。

第二章　学前儿童戏剧教育课程的目标

学前儿童戏剧教育将学前儿童、戏剧、教育三者以一种和谐共生的状态联系起来，它不同于专业的戏剧教育，它不是为了培养专业演员、导演、舞美师等戏剧艺术家的专门的戏剧教育，而是以儿童综合素质与能力的发展为出发点与落脚点，挖掘儿童创造潜能，激发儿童学习兴趣的新型教育方式。儿童戏剧教育，是有计划、有目的、有意识的幼儿教育活动，具有表演游戏的特点，同时还具有角色游戏、表演游戏所没有的戏剧元素，表现为幼儿可以自己创作剧本、做道具、当导演以及上台表演，强调戏剧活动的过程性与活动性，是幼儿为剧场演出这一目的所开展的一系列工作的综合。可以说，学前儿童戏剧教育活动实现了儿童学习活动与游戏活动的有机整合，成为推进幼儿整体发展的重要载体，体现了统整课程的内涵。因此，要确定学前儿童戏剧教育课程的目标，首先需要了解学前儿童课程统整性的内涵，在此基础上，结合戏剧本身的综合性特点，找到二者之间的契合点，才能梳理出适合幼儿发展的课程目标。

第一节　学前儿童戏剧教育课程的统整性

课程统整又被称为课程整合或课程综合化，是当前课程改革的重要趋势。现代的课程整合理念来源于 20 世纪 90 年代詹姆斯·比恩关于课程统整的研究，他的著作《课程统整》是其课程统整思想的集合与体现，他强调“课程统整是一种课程设计，乃是在不受制于学科限制的情况下，由教育者和年轻人合作认定重要的问题和议题，进而环绕着这些主题来形成课程组织，以增强人和社会统整的可能性”①。课程统整是指将两个或两个以上的概念、事物、现象等学习内容或经验，组合成为一个有意义的整体课程；统整并不是内容的随意拼凑，而是课程各部分内容在整体性与独特性的基础上进行的有机整合。

为实现课程统合的应有价值，比恩提出了“四位一体”的课程统整思想，即课程统整包括经验的统整、知识的统整、社会的统整与设计的统整。首先，经验的统整，强调学生在学习的过程中要充分调动原有的经验，使之与现有经验相互作用形成一个和谐的工作系统以解决当前面对的问题，同时学生的每一次学习都是其新经验的建构，这一观点与发生认识论创始人皮亚杰提出的认知模式“同化—顺应—平衡”不谋而合，强调原经验的重要性。其次，社会的统整以社会（议题）为载体实施统整，主要体现在两个方面：一方面，把社会所倡导的价值观念与意识形态等通过课程设计的方式传递给儿童，从而实现全民的统一进步；另一方面，把社会发展过程中遇到的问题及自身衍生出来的矛盾统整为课程核心议题，引起大家的关注与讨论，从而找到问题解决的方法与途径。再次，知识的统整，旨在打破学科藩篱，减少知识的交叉重叠，同时将知识作为培养儿童综合技能的一种工具，即在日常教学过程中，教师以生活中的实际问题为出发点，引导儿童从各学科知识的视角探寻解决问题的方法。最后，即设计的统整，前面提到的经验统整、社会统整与知识统整都是从内容层面来认识课程统整，但要将这些理念落到实处就必须提及课程设计的统整。比恩强调课程设计的统整必须重视师生共同参与，即在课程统整的过程中，要鼓励教师与儿童共同作为课程的设计者、组织者与实施者来完成课程的设计，如果一项课程缺乏师生的共同参与，即便话题再贴切、经验再丰富也很有可能是教师的独角戏，是不能真真切切帮助学生由内而外获得发展的。

学前儿童戏剧教育课程的统整性主要体现在以下几方面。

---

① 转引自刘登珲《詹姆斯·比恩课程统整思想研究》，《全球教育展望》2017 年第 4 期。

1. 经验的统整性

杜威曾提出“教育即生活、教育即生长”的观点[①]，强调教育应当关注学生的生活与生长，而戏剧正是从人类生存的需求中衍生而来继而发展成为人类生活的一种呈现形式。戏剧中喜、怒、哀、乐等情感的表现均需来自于真实生活中的体验；戏剧中所面对的问题及解决问题所遵循的思路等都是来自于生活。可以说不生活、无戏剧，就戏剧的价值而言，除了艺术呈现的形式是虚构的，其余内容均与儿童真实的生活经验紧密相关。

著名导演冯小刚在第二届教育戏剧展演颁奖典礼上曾说过，每个人一生中都在扮演不同的角色，他们都要投入到角色中……小朋友不知道自己一生会成为什么样的角色，表演可以让他们更深刻地理解人生，演好生活中的角色。这些话也印证了在儿童戏剧的参与过程中儿童要充分调动自己的生活经验来体验角色情感的观点。通过戏剧中的替代情境，儿童能够有机会去统整原有经验以面对戏剧中的困境、体会不同角色内心的矛盾、捕捉五官知觉的感受、容纳他人的观点并创造方法以克服新的问题与挑战。[②] 这种课程模式强调学习者的参与性、操作性与实践性，戏剧既不同于作家用文字进行创作，也不同于画家运用颜色、画纸和笔进行创作，戏剧离不开演员的表演，在不同的剧目中，通过对不同角色、不同故事情节的体验，演员将体会不同的精神世界，这是其他艺术创造者所无法感受到的。孙云晓说：“一个好的儿童剧无论从语言到动作、从故事到人物，都应该可以走进儿童的心里，走到他的生活中。”[③] 可见，一个好的儿童戏剧不只是让儿童单纯停留在儿童剧本身的笑声和打闹上，而是要走进儿童的心里、走进他们的生活，能唤起他们对美好事物的体验。

2. 知识的统整性

学前儿童戏剧教育是一种综合性艺术，是对生活的模拟，融合了包括演

---

① 参见付秀丽《生活与教育：杜威“教育即生活”思想的“源”与“流”》，《内蒙古师范大学学报》（教育科学版）2009 年第 1 期。

② 参见林玫君《儿童戏剧教育的理论与实务》，第 41 页，复旦大学出版社 2015 年版。

③ 臻郗：《儿童戏剧不容忽视——记中国儿童艺术剧院建院 50 周年儿童戏剧研讨会》，《剧本》2006 年第 8 期。

讲、聆听、表情、肢体、美术、音乐、文学、团队配合等多种元素，并根据不同年龄段儿童的特点，将其所需基础知识进行有机整合，从而帮助儿童构建全面、完整、综合的知识体系。戏剧教育的重点在于儿童的参与，让儿童从感受中领略知识的意蕴，在戏剧表演、戏剧创作中培养观察能力、理解能力、想象能力、语言表达与形体表达等全方位的能力。古希腊时期，戏剧并无专门的分类，到文艺复兴时期，除了古希腊时候的五大艺术门类，诗、音乐、绘画、雕塑及建筑之外，产生了舞蹈和戏剧，戏剧成了第七艺术。戏剧融合其他艺术门类的特色，从而形成自己独有的艺术样式，具有自己独特的艺术价值。戏剧兼有诗和音乐的时间性、听觉性，以及绘画、雕塑、建筑的空间性、视觉性，而且同舞蹈一样，具有以人的形体作为媒介的本质特性。

目前戏剧课程纳入中小学课程体系的有美国的单科戏剧教学课程、英国的复科统整的戏剧教学、台湾地区的跨科统整的戏剧教学等多种课程模式。而在中国大陆直到2001年《全日制义务教育国家艺术课程标准（实验稿）》的颁布，才明确把戏剧列为教学内容之一，与音乐、美术、舞蹈等学科相互支持、相互补充，构成整体的综合艺术课程。这一课程设计理念与戏剧教育的特点非常契合，因为戏剧本身就包含了文学及音乐、美术、舞蹈、雕塑、建筑等艺术门类的表现手段，艺术课程的课堂设计和教学过程若以戏剧为框架，将非常有利于音乐、美术、舞蹈等艺术门类的融合和整体功能的发挥。

3. 社会的统整性

学前儿童戏剧教育强调儿童与他人、与社会建立良好的互动关系。学前儿童作为独立存在的人，处在一定的社会关系之中，随着社会性的不断发展，他们尝试着与父母建立亲子关系，与小伙伴建立同伴关系，与教师建立师幼关系，并随着个体意识的觉醒与自我概念的发展，他们类属的群体性也逐渐体现出来。作为学前儿童，与成人个体一样，都归属于某一群体关系之中，对群体产生依恋，想要成为群体中受欢迎的成员，不愿意离群索居。他们的表现受到群体的接纳和表扬时，他们便信心满满；受到排斥和批评则会感到孤独和自卑。儿童希望展现自己的个体性，引起老师的关注，或博得其他小朋友喜欢。无论外向的幼儿，还是内向的幼儿，都期望在群体中获得一定重视。

学前儿童戏剧教育正好为儿童提供了一种群体性合作与个体性发展相结合的情境，因为戏剧发展至今从来都是一项群体性艺术。戏剧大多需要多个演员合作演出，且每个演员在戏剧中都有自己的位置，都有他所扮演的角色。对于一个角色怎么表演最出彩，则是每一个演员个体需要琢磨和思考的事情，体现了演员认知的个体性与独特性。无论有无观众，戏剧都是一项群体性的心理体验与交流活动。其中群体性的交流包括角色与角色之间、演员与演员之间、角色与观众之间、观众与观众之间。学前儿童乐于进行群体生活，共同游戏，在戏剧中，他们如演员们一样，根据自己的个体性特点，都能在戏剧中找到自己的位置，没有两个人的表演是一模一样的，因为每个幼儿的个体性特点不同。此外，幼儿可以在戏剧中实现与老师、其他幼儿的互动，以满足其群体性需要。

4. 设计的统整性

1997 年，美国儿童剧场联盟将儿童戏剧教育定义为一种即兴的、非演出的、以过程为中心的戏剧形式，参与者在引导者的指导下想象、扮演和反思人类真实的经验或想象的体验。① 儿童戏剧教育的定义突出了引导者与参与者的关系，即一出完整的儿童戏剧必须同时有引导者与参与者，不管这两种角色之间如何转变，但戏剧是合作性的艺术，而非某一个人的独秀。这与当前我国幼儿园课程建设中强调师幼互动的理念是一致的。幼儿园的课程是幼儿的课程，已不再是过去那种专门组织的课，而是幼儿生活经历的一部分。正如杜威所言，为了儿童的课程必然要带有儿童生动的和个人亲身体验的烙印。② 儿童的课程强调课程实施过程中要鼓励儿童用自己的眼睛看东西，用自己的嘴巴说话，用自己的头脑思考问题，用自己的手和脚来探索世界，从而获得自己对这个世界的真切的认识与理解。譬如，关于蚯蚓的生活环境的知识，当教师在课堂上告诉幼儿蚯蚓生活在土壤里时，幼儿或许将信将疑，或许被动地接受这一信息，然而他们并没有自己的理解。但当幼儿自己从土壤里刨出蚯蚓时，他们不仅明白了蚯蚓生活在土壤里，而且实际感受到了蚯蚓

---

① 转引自张金梅《美国儿童教育中的创造性戏剧教育》，《早期教育》2002 年第 10 期。

② 参见张金梅《学前儿童戏剧教育》，第 143 页，南京师范大学出版社 2014 年版。

的生活环境，如土壤的温度、湿度、软硬度，还可能发现蚯蚓在土壤里是蠕动的。他们享受着发现的喜悦，会因为亲历而印象深刻。我国学者陶行知从发展儿童创造力的角度提出了著名的六大解放，即教育要解放儿童的头脑、双手、眼睛、嘴巴、空间和时间，要鼓励儿童自己去发现、去探索、去思考、去创造。

戏剧本身就是集文学、美术、音乐、舞蹈、建筑、戏曲、影视等艺术门类于一体的综合性的艺术表现形式，具有天然的综合性。幼儿园课程建设综合化也必将成为幼儿园课程改革的一种大趋势，自 20 世纪 80 年代开始，幼儿园课程综合化的议题就已经被列入幼儿园课程改革的大潮之中，但现实是很多幼儿园的综合课程都呈现一种貌合神离的状态，为了综合而综合，为了综合而拼盘。比如，幼儿园在开展教学活动的过程中，教学活动依然严格地按照五大领域健康、社会、语言、科学、艺术的划分标准来设计，但我们知道幼儿园的教育应该是整合的，五大领域教育内容、教育目标相互渗透、相互融合，因此如何实现幼儿园课程在形式与实质上的真正融合，就成为每一个幼儿园老师及幼教工作者不得不思考的问题。学前儿童戏剧教育课程将戏剧与幼儿园课程结合起来，将幼儿教育的目标通过戏剧教育的方式来实现，以戏剧本身的综合性、整合性与包容性带动幼儿园课程走向综合与统整。在这一课程设计理念的引领下，教师就需要进一步思考，学前儿童戏剧教育课程如何与当前的幼儿教育理念相结合，如何促进幼儿的全面和谐发展，即教师要梳理清楚学前儿童戏剧教育课程的目标是什么。

第二节　学前儿童戏剧教育课程的目标

一、帮助儿童提高对自我及自我与他人与社会关系的认识

个体从呱呱坠地那一刻起，就开始了他一生的社会化进程，他们必须不断与周围的环境相互交流、相互作用，从而了解自己所在生态系统中的社会关系、获得社会经验、掌握社会技能，将自己发展成为一个受到社会尊重与认可的社会人。布朗芬·布伦纳的人类发展生态学模型详细地论述了每一个

生命个体是如何受到其所在生态圈影响的，个体从自然人向社会人发展的过程就是其所在生态环境不断加深对其影响的过程，而在这个过程中，个体必须要学习如何处理与自己、与他人、与环境、与社会的关系，从而与生态系统形成良性互动。[①] 学前儿童戏剧教育课程的首要目标就是通过戏剧教育的方式引导儿童认识自己以及学会处理自己与他人、与环境、与社会的关系，从而帮助儿童获得更好的发展。当幼儿刚刚来到这个世界，他们面临的第一个挑战就是认识自己并感知周围世界，儿童戏剧教育正好在儿童自身与环境之间搭建了一个互动平台，他们通过语言、肢体动作、面部表情等具有戏剧艺术元素的方式表达着自己对周围的环境的认识与理解。当儿童体验到这样的方式能够帮助自己认识自我以及提高自己对周围环境的掌控力时，他们会更加愿意采用这种戏剧性的方式去探索未知的世界，并在探索的过程中体会到快乐、自由、自信、成就感、生活的美妙、世界的美好。学前儿童戏剧教育课程为幼儿认识世界打开了一扇大门，开启了他们对自己、对生活的探寻之路。

学前儿童戏剧教育活动是以一定主题为载体，引导幼儿通过对肢体动作、语言、表情的调控与表达来认识自己与周围的环境。如故事《猜猜我有多爱你》讲述了小兔子绞尽脑汁用各种方式，如肢体动作等来表达自己对妈妈的爱，并希望通过自己的努力让自己对妈妈的爱能尽可能超过妈妈对自己的爱。在这个戏剧活动中，幼儿可以利用肢体动作来模拟故事中的主要情节，如把手臂张开，开得不能再开，我的手够得有多高，我就有多爱你等。幼儿通过反复练习走、跑、跳以及各种动作的相互组合，增强对自己身体的控制力以及对自己的认识。同时这样的活动帮助幼儿学会了对身边人表达爱与喜欢的方式，甚至，教师还可以在活动中鼓励幼儿大胆想象，把爱用更多的肢体动作表达出来，做出更多具有创造性的动作。如戏剧教育活动“借你一把伞”在锻炼幼儿肢体协调能力、对事物的感知能力的基础上，还帮助幼儿理解生命的价值与意义。故事中蚂蚁、青蛙、小白兔、狐狸、熊都主动为雨中的娜娜送伞，虽然它们送的伞都不适合娜娜，但在这个过程中小动物们送出的东

---

① 参见孙娓娓《人类发展生态学视野下的儿童发展》，《安康学院学报》2012 年第 5 期。

西是比伞更珍贵的友情，娜娜收获的是比伞更能给人温暖的真情。在戏剧表演过程中，在与其他小动物的情感互动与对话过程中幼儿获得了对自己、对他人、对生命的理解与认识，这就是学前儿童戏剧教育课程的首要价值与目的。

二、引导儿童树立科学的世界观、人生观与价值观

科学、正确的三观是指引个体获得幸福人生的基础与关键。在这个媒介信息极度发达的时代，每天充斥着各种各样的信息，儿童该采用何种态度来对待这些信息，以及如何在这种媒体环境中找到自己的精神支柱都是我们需要思考和探究的。在这个价值多元化的社会中，儿童必须尽可能早地学习如何在错综复杂的环境中进行选择与判断。班杜拉的社会学习理论有力地阐述了儿童对真、善、美，伪、恶、丑的认识是通过对他人行为的观察、模仿而习得的，学前儿童戏剧教育课程设计的目的就在于为儿童提供一个真实的体验情境，让儿童在戏剧活动中找到自己生活的影子，通过各种戏剧冲突的解决，获得应对复杂环境的精神力量以及对人生价值的评价准则。① 在戏剧活动中，儿童真切地体会着不同生命体的某一段生命历程，不管这种体验是快乐的、幸福的还是失败的，都会为儿童自己未来人生的发展提供一种借鉴与参考甚至是警醒的价值。

学前儿童戏剧教育既可以帮助儿童获得应对复杂环境压力的能力，同时又可以引导儿童在体验不同角色生活的基础上，建立对自己、对生活的积极认识，树立正确的、良好的行为准则。如教育戏剧《鸭子骑车记》讲述了一只敢想敢做的鸭子，虽然骑车的想法受到大家的质疑与不屑，但鸭子坚持自己内心的想法，最终掌握了骑车的技巧与方法。儿童通过情景表演，体验鸭子勇敢、坚持的内心世界，自然而然会受到鸭子自信、乐观心态的影响，这种体验式的教学方式比生硬的说教对儿童的影响更深远。同样，在戏剧教育活动《雷公公与啄木鸟》中，儿童通过扮演雷公公，用“轰轰轰”的方式去

① 参见姚篮《试论班杜拉的社会学习理论——观察学习》，《遵义师范学院学报》2003 年第 2 期。

敲奶奶的门，以及扮演啄木鸟，用“笃笃笃”的方式去敲门，最终得到的反馈是不一样的，因此儿童潜移默化地认识到，与他人相处要有礼貌，要有礼有节。通过类似的一次又一次的反复体验甚至是创造，儿童逐渐认识到真、善、美对人生的价值与意义，并形成对周围环境、对世界的正确认识。教育要趁早，指的是成人要在尊重个体身心发展特点的基础上，在其人生的开始阶段给予其正确的、科学的、适宜的教育影响，帮助其建立对世界的良性认知，这也是学前儿童戏剧教育课程建设的又一重要目标。

三、激发儿童的学习兴趣与创造力

儿童是天生的艺术家，他们对艺术有天然的热爱与渴望，而我们需要做的是找到一种能够激发其内在艺术潜质的方法与途径。众所周知，儿童戏剧是一种综合性的艺术表现形式，融合了音乐、舞蹈、美术、文学、表演、建筑等艺术元素，以儿童喜闻乐见的方式对他们的认知、情感与能力产生重要的积极影响。主动学习、学会学习是现代社会对受教育者提出的新要求、新任务，人类社会的知识是无穷尽且不断变革更新的，我们不可能一一掌握所有的知识，但我们可以建立一种学习模式，以应对新知识的出现与输入，因此，从小培养儿童愿意学习、主动学习、学会学习的意识与能力就显得尤为重要。由于3—6岁儿童身心发展的独特性，我们不可能采用填鸭式和满堂灌的方式，将已有的知识以“复制—粘贴”的方式印在儿童的脑海里，同样，这样的教学方式在任何学段都是不被接纳与认可的。学前儿童戏剧教育之所以能够激发儿童的学习兴趣，发展其创造力，根本原因在于：儿童戏剧教育是以儿童的发展为出发点与落脚点而进行的有目的、有计划、有策略的一项活动，且活动的预设目标与生成性目标之间的关系具有灵活性与机动性，对活动目标的实现抱以一种弹性的处理方式。儿童戏剧教育的课程目标在于建立“活泼愉快有学习意义的教学；增进沟通与表达的技能；培养想象能力建立自我概念；建立社会认知养成合群的美德；提供独立思考判断与自我制约的学习；促进逻辑概念的发展能力；舒缓情绪促进心理健康；积极的关键性的学习认知”①。且

---

① 张晓华：《教育戏剧理论与发展》，第30页，台湾心理出版社2004年版。

多年来国内外的研究已在理论与实践的层面论证了儿童能够在这种综合性的体验中，唤醒自我的学习意识与学习兴趣，从而获得学会学习的能力。

美国亚利桑那州科贝特小学根据多年的研究结果提出了“艺术开启大脑”的观点，即通过整合艺术教育与学科教学，能够提高学生的学习成绩；美国里昂小学校长希拉·加文认为：“‘艺术开启大脑’与单纯地上音乐课、美术课不同，它通过对艺术课程整合，促进学生对所学概念的理解，让学生通过音乐、美术或肢体动作来获得对所学概念的体验。”① 如儿童剧《跑龙套》讲述了一位编剧没有了创作灵感，不知道该编一个什么样的故事。于是，他在森林里贴满了告示：招聘跑龙套演员，出演儿童剧，唯一的要求就是能够尖叫。故事中的小动物通过表演大树、家猪、母鸡等来争取跑龙套的角色，这些正好是儿童在戏剧活动过程中要掌握的戏剧元素。在这个过程中，儿童要主动去了解大树、家猪、母鸡等的形态以及它们的特点，并用自己的肢体动作生动地表现这些角色的形象，甚至儿童可以把自己想象成森林里的动物，自发地模仿一种植物或者动物，来获得跑龙套的机会。学前儿童戏剧教育就是给儿童一个支点，让他们能够大胆地去探索、去发现、去创造，这样的教育方式是符合儿童学习特点的，也是儿童戏剧教育与其他教育方式所不同的地方。

四、传承文化经典，培养儿童的文化自信

追本溯源，我国最早的戏剧表现形式是戏剧欣赏，即演出者在固定的演出场所，如瓦舍、勾栏或是热闹集市的某一角搭建的舞台，甚至是皮影戏、木偶戏艺人用肩挑的扁担在小巷或街道创造出来的一种剧场，并进行演出的戏剧形式。因为，在我国古代，读书是达官贵人的特权，普通民众基本上没有进入学堂接受教育的机会，因此这种民间的教育方式在一定程度上使劳动人民的子女能够享受到文化带来的精神上的愉悦与满足，同时接触到一些粗浅的历史文化知识，得到传统礼教思想的熏陶，这样的民间教育形式有利于文化的传承与发扬。在这个电子媒体快速发展的时代，随着人们对信息方便、快捷、迅速等方面的要求，快餐式的文化以一种不可阻挡的趋势深深地影响

---

① 陈世明等：《儿童戏剧的多元透视》，第 22 页，复旦大学出版社 2015 年版。

着我们对世界的认知方式。我国是一个少数民族大杂居、小聚居的多民族国家，每个少数民族都有自己的民族文化、民族风俗、民族传统，少数民族的文化传统有它独特的寓意、价值与底蕴，值得我们去挖掘、保护与传承。同样，中华民族五千年的文化精髓更是我们必须要学习、继承与发扬的，这也是戏剧教育的主要任务之一。

由于3—6岁的儿童对事物的认识处于具体形象阶段，他们很难通过枯燥、晦涩的辞藻来理解文字背后的含义，从而获得对真、善、美等传统道德文化的滋养与熏陶，因此对学龄前儿童而言，戏剧教育无疑成为他们感知传统文化、理解文化精髓、体验文化意境最好的方式与途径。如我国戏剧理论学者周华斌在《中国戏剧史论考》一书中提到宋代《百子杂剧图》描绘的那样：孩子们在热闹的戏剧场上，或带着假胡子，把自己装扮成有模有样的官员；或系着小箍带随意杂耍或骑竹马等。① 在这样的角色扮演游戏中，儿童将他们对当时当地文化的认识与理解真切地表现出来，他们的游戏体现着该时期社会文化的影子。我国古代的儿童剧多以历史剧、神话剧为主题，儿童可以从这些娱乐性的戏剧表演中获得知识的启蒙与道德的教育，现在我们看到的很多儿童剧也多以神话、童话、历史故事、生活故事为主题，以此向儿童传递爱与理性的价值观。如历史歌舞剧《花木兰替父从军》以乐府诗《木兰辞》为基础进行创作，讲述了花木兰女扮男装代父从军，征战疆场，屡建功勋的故事。剧中巧妙融合传统戏曲的武术身段，结合各种肢体动作来模拟和展现各种角色的身份、情绪，儿童可以在观看或参与的过程中去体会当时社会背景下花木兰的家国情怀，感受她的民族大义。又如中国现代儿童戏剧史上里程碑的作品《葡萄仙子》，全剧以“爱”与“美”为主题，作者黎锦晖先生从科学知识、美感教育、情操陶冶三方面入手，希望通过这部作品培养孩子们仁爱、善良、礼让、快乐的情感。这些流传至今的经典作品无不渗透着民族传统文化的精髓，成为民族文化特色的代名词。

---

① 参见周华斌《中国戏剧史论考》，第56页，北京广播学院出版社2003年版。

第三节 学前儿童戏剧教育的目标框架

幼儿园课程的目标框架（目标层次）主要指幼儿园课程目标的纵向结构，即课程实施在课程总目标的指导下，对不同年龄段、不同时间段幼儿在认知、能力、情感方面要达到的发展要求。幼儿园课程目标的设计囊括了宏观、中观与微观的课程目标，要体现课程目标设计的层次性。因此，作为幼儿园课程的学前儿童戏剧教育的目标框架也应涵盖课程总目标、年龄阶段目标、单元（主题）目标及具体教育活动目标四大板块（见图 2-1）。

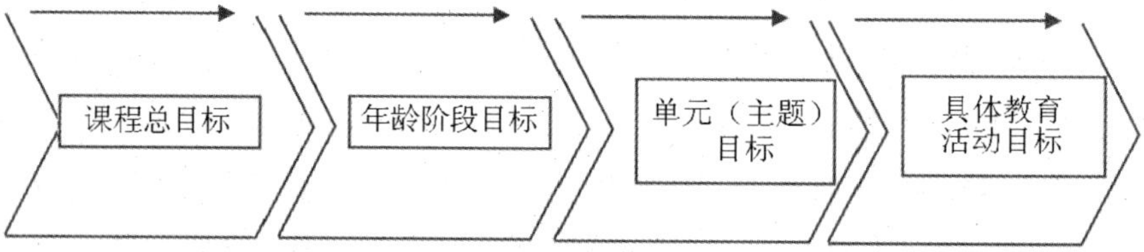

图 2-1 幼儿园课程目标框架

一、课程总目标

2001 年，《国家中小学艺术课程标准》提出儿童的艺术教育在于儿童通过各学段的学习，不断获得基本的艺术知识技能以及艺术的感知与欣赏、表现与创造、反思与评价、交流与合作等方面的艺术能力，提高生活情趣，形成尊重、关怀、友善、分享等品质，塑造健全人格，使艺术能力和人文素养得到整合发展。该标准进一步从艺术与生活、情感、文化、科学的关系四个方面阐述义务教育阶段儿童应该掌握的艺术素养，强调艺术教育应该通过综合性的艺术课程来实现其目标，如通过音乐、美术、戏剧、舞蹈以及相关的影视、书法、篆刻等艺术的综合以及相关的教学活动，来帮助学生获得知识、技能、感知、欣赏、创造、表现、反思、评价、交流等方面的艺术能力。2001 年《幼儿园教育指导纲要（试行）》（以下简称《纲要》）指出：“艺术领域的教育目标在于幼儿能初步感受并喜爱环境、生活和艺术中的美；喜欢参加艺术活动，并能大胆地表现自己的情感和体验；能用自己喜欢的方式进行艺术表现活动。”《纲要》更多指向幼儿的一般发展，体现出幼儿园课程的整合性，但它对幼儿园课程目标的表述依然较为笼统。在此基础上，2012年出台的《3—6岁儿童学习与发展指南》（以下简称《指南》）提出：“幼儿艺术领域学习的关键在于充分创造条件和机会，在大自然和社会文化生活中萌发幼儿对美的感受和体验，丰富其想象力和创造力，引导幼儿学会用心灵去感受和发现美，用自己的方式去表现和创造美。”《指南》分别从感受与欣赏、表达与创造两个方面阐述了3—6岁儿童各年龄段在艺术教育领域应达到的目标。《指南》的颁布对幼儿园课程建设提供了较为详细、具体的指导。

学前儿童戏剧教育是一种综合性的艺术表现形式，课程建设以课程整合为指导，强调要通过戏剧教育的方式为儿童创设一个自由创作的戏剧空间，保护他们的戏剧天性，鼓励他们构建自己的戏剧经验，并在这个过程中获得自我的成长。布卢姆在《教育目标分类学》中以人的身心发展的整体结构为框架，将教育目标分为认知、情感、技能三大类，体现了对儿童全面发展价值的关注，同时也符合教育要促进儿童身心全面和谐发展的教育目标，因此被人们广泛应用。① 学前儿童戏剧教育课程目标的制定也应当涵盖幼儿认知、能力、情感发展的各个方面，从而保证幼儿能够在基本知识、基本能力与基本素养方面得到全面发展。

（一）认知目标

认知目标主要指知识掌握与认知能力的发展，在学前儿童戏剧教育中主要体现在对戏剧这一学科基本知识的了解以及对戏剧主题内涵的认识。戏剧是通过演员表演故事来反映社会生活中的各种冲突的艺术，是以表演艺术为中心的文学、音乐、舞蹈等艺术的综合。一部完整的戏剧不可或缺地要包含角色、情节、对话、布景、道具、剧本、剧场等要素，我们不要求幼儿一定要能理解这些戏剧元素的概念，而是在与这些元素的互动过程中，幼儿能从自己的角度掌握一些粗浅的戏剧知识。如知道戏剧可以有偶戏、哑剧等不同

① 参见宗秋荣《教育目标分类学》，《中国电大教育》1991年第11期。

表现形式；知道如何扮演一个角色，如何以角色的身份融入故事情境，如何对剧场进行布置等。在认知能力发展方面，儿童戏剧教育主要在于引导儿童运用自己的想象与表征功能，借助语言、动作、道具、布景等结合自己的生活经验，将戏剧中人、事、物的创造性表现出来，通过在不同故事与情境中的认知活动，加深自己对某些抽象概念与生活情境的认识与理解。皮亚杰认为儿童认知能力的发展必须建立在个体与环境相互作用的基础之上，在儿童戏剧教育活动中，儿童要不断地去思考、去判断，如这个故事有哪些角色，这些角色有什么特点等。

儿童在解决戏剧冲突的过程中整合自己对周围环境的认识，不断丰富与更新自己对世界的认知。如儿童戏剧《女巫温妮》讲述了女巫温妮经常被自己的黑猫威尔伯绊倒，于是她把黑猫变成绿猫，然后又把绿猫变成彩色猫，黑猫威尔伯觉得被温妮这样变来变去太丢脸，于是就爬到树顶上不愿下来。女巫发现威尔伯不开心后，马上把他变回了原来的颜色，把房子变成了彩色的，这样威尔伯高兴了，女巫高兴了。这个戏剧主题是关于人际关系处理的，即在与他人相处的过程中，要懂得做任何事不能光想着自己，要顾及别人的感受。同时，在这个戏剧表演过程中儿童还需要思考女巫在施展魔法时会念什么咒语、做什么动作以及温妮对威尔伯施展不同的魔法时，咒语、动作是否一样，他们应该如何表现？当整个戏剧结束时，教师会引导儿童思考这个故事哪一部分最有趣，念咒语时，黑猫是否发生了变化，他们在表演黑猫变绿猫，甚至变成彩色猫的过程中是否存在困难，以及大家是如何解决这些困难的。这样的交流与讨论能够帮助儿童进一步理解故事情节，把握表演的重点，甚至教师还会鼓励儿童去搜集更多与女巫形象相关的故事，比如女巫会魔法，总是飞来飞去，喜欢捣乱，还会念咒语等，儿童对女巫的形象认识得越深刻越丰富，他们表演出来的女巫就越生动、形象且具有创造力。学前儿童戏剧教育就是通过这种参与式的教学方法创设认知冲突，一方面帮助儿童了解戏剧及戏剧的艺术元素，一方面促进其认知能力的发展。

（二）情感目标

情感目标主要涉及儿童的习惯、兴趣、态度、价值观以及社会适应能力的发展等方面，儿童戏剧教育则突出地体现在两方面，一是儿童作为参与者时自身的情感状态；二是儿童作为戏剧中的角色进行表演时，角色的情绪情感。

孔子在《论语》中讲道："知之者不如好之者，好之者不如乐之者。"即懂得知识的人不如喜爱它的人，喜爱它的人不如以它为乐趣的人，只有个体由内而外地喜欢学习、愿意参加活动，才能享受学习带来的乐趣，才能在活动中获得内心的满足。因此，儿童戏剧教育首先要培养儿童学习的主动性与积极性，激发其学习的内驱力，同时要培养儿童良好的学习品质，如坚持性、自制力、专注力等。如故事《不要再笑了，裘裘》讲述了一只小负鼠在学习装死的本领时，老是笑个不停，把它妈妈愁坏了。因为负鼠最擅长的本领就是装死，当有敌人来犯时，它们就会在地上装死，敌人闻一闻，发现它已经死了，就会掉头离去，这样负鼠就可以逃过一劫。在这个戏剧活动中，扮演负鼠的儿童要能够忍受其他小动物的各种骚扰而不能笑、不能动，一旦笑了就算失败。在这种游戏情境中，儿童往往会把自己真的当作一只装死的负鼠，一动不动地躺在地上，而且他们会一遍又一遍地在心里暗示自己不能笑、不能动。又如故事《疯狂星期二》讲述了星期二的晚上，池塘里的青蛙竟然坐在荷叶上飞了起来，它们飞过镇上的房子，跟屋里的人打招呼；它们飞进老祖母的房间，还顺便看了会儿电视……最后，天亮了，荷叶的魔法消失，一只只青蛙从天上掉下来，并迅速跳进池塘里。但是到了第二个星期二，一只只小猪又神奇地飞了起来……首先这个故事就非常受孩子们的欢迎，他们被故事中各种神奇的情节吸引，并不断地想象下一个星期二还有什么动物会采用怎样的方式飞起来，它们又会飞去哪里，发生什么好玩儿的故事呢。儿童喜欢听这个故事，愿意参与戏剧表演，并主动与同伴探究神奇的星期二，这就是儿童戏剧教育在情感目标上首先要实现的。

儿童是天生的戏剧家，他们在戏剧表演过程中能够根据自己对角色的理解创造性地向观众表达角色的情绪情感，体会角色的喜、怒、哀、乐。在戏剧表演中，儿童要学习各种情绪的表达方式，如根据绘本故事《野兽国》设计的戏剧活动，主人公迈克斯因为在家里捣乱被妈妈批评，不给他吃东西，迈克斯生气地回到自己的房间，并开始了神奇的野兽国之旅。在这个戏剧活动中，儿童要表演迈克斯胡闹的样子，如大吼大叫、疯狂地乱跑、不停地跳上跳下；以及各种状态下的情绪状态等。儿童戏剧《明天的我》讲述了这样一个故事：小男孩讨厌吃青椒和胡萝卜，害怕小狗，刷牙时觉得牙膏太辣，而且每天早上起来，都会发现自己尿床了，但他依然坚信明天的自己一定能勇敢地面对这一切。故事中的小男孩正是很多儿童小时候的真实写照，在戏剧表演中，他们能够唤醒自己的成长经历，充分体验小男孩怕与不怕以及讨厌的情绪情感。学前儿童戏剧教育一个重要的功能在于培养儿童的同理心，使他们能够设身处地地站在他人立场上考虑问题，理解他人的需求，从而促进儿童情绪处理能力的提升。

（三）能力目标

学前儿童戏剧教育注重把戏剧作为一种教育工具和手段，强化戏剧的教育功能性，其目的是在娱乐的基础上鼓励儿童思考各种问题，感受各种情感，在与他人、社会、环境的互动中培养儿童的思考能力、表达能力及合作能力。

儿童在戏剧活动中既是演员、观众、导演，又是剧作家、评论家、舞美工作者、舞台设计者等，他们在一个虚拟的世界里探索、检验自己的想法及与他人的关系，同时在虚拟的情境中真实地表达自己的情感与内心世界。当儿童拿到一个剧本时，他们需要对剧本进行灵活处理，并要用动作、语言、表情来表达剧情的内容与思想。以绘本故事《风喜欢和我玩》为例，儿童要扮演各种事物，如气球、枕头套、床单、围裙、雨伞、肥皂泡、树叶等，同时还要扮演与这些事物互动的风，在这个过程中，儿童就需要去思考如何扮演这些角色以及角色之间的互动情境。如当风把气球吹到半空中，甚至拽到树的最高处，儿童就要思考如何用自己的肢体动作来模仿气球从扁到圆的充气过程，以及被拽到树的最高处的情境；当风带着风筝飞上了天，在天上飘来飘去，儿童就要把自己想象成一个风筝，在风的作用下，慢慢飞起来，用肢体动作来表示飞，同时还要表现出飘来飘去的状态。当风把树叶吹得到处都是，还把灰尘吹到某人的脸上，儿童就要把自己想象成树叶、灰尘，来思考如何用肢体动作体现树叶吹得到处都是以及灰尘被吹到某人脸上的情境。这是儿童对剧本本身的思考，有时，儿童会根据故事、绘本、生活经验等续编、创编戏剧情境，这个过程也少不了儿童的思考。儿童戏剧的题材非常广泛，可以来源于现实生活，也可以来源于历史；可以从神话故事中取材，也可以描绘未来的科幻世界。但儿童戏剧在体现艺术性的基础上要凸显其教育性，给予儿童正面的、积极的引导，因此，儿童在参与或观看戏剧表演的过程中，要对戏剧的主题进行思考与判断，领会其所要表达的价值观，如邪恶终会被善良征服、热爱祖国、保护环境、团结协作、不撒谎等。如儿童戏剧《长鼻子的匹诺曹》讲述了这样一个故事：调皮捣蛋的匹诺曹，每撒一次谎，鼻子就长一点儿，变得很长很长，而且因为他撒谎，还招来一大堆麻烦，把老爷爷气坏了。小木偶匹诺曹顶着难看的长鼻子，经历各种麻烦和挫折，终于懂得了诚实、正直的重要，不再说谎。

在培养儿童思考能力的基础上，儿童戏剧还要创造条件培养儿童的表达能力，这是戏剧艺术的核心素养。在戏剧表演中，演员要能够用不同的肢体动作、表情、声音、舞蹈、音乐以及装扮来表达角色的特点与情感，融入角色的内心世界，生动、形象地演绎故事情境。在学前儿童戏剧教育中，我们不要求儿童要有高超的艺术表演能力，但他们需要具备基本的舞台表演常识，如角色之间的互动与交流，表演过程中的走位、站位以及上下舞台的路径等。戏剧艺术也是团队的艺术，没有哪一个戏剧演员敢说自己一个人就能完成整部作品，因此在儿童戏剧教育中培养儿童的团队合作意识也显得尤为重要。

二、年龄阶段目标①

年龄阶段目标是课程总目标的具体化，是实现教育目标的重要环节。年龄阶段目标分别对 3—4 岁、4—5 岁、5—6 岁三个年龄段幼儿在认知、能力与情感三方面应该知道什么、能做什么，大致可以达到什么发展水平提出了合理期望，同时也为我们的教师在指导幼儿开展戏剧教育时提供了思考与借鉴（见表 2-1、表 2-2、表 2-3）。

① 参见张金梅《学前儿童戏剧教育》，第 197—200 页，南京师范大学出版社 2014 年版。

（一）认知目标

表 2-1 学前儿童戏剧教育课程认知目标

小班	中班	大班
1. 角色——知道戏剧是有角色的。 2. 情节——知道戏剧是有故事情节的。 3. 场景——知道戏剧是在一定的场景发生的。 4. 装扮——知道能用多种材料进行装扮。 5. 戏剧样式——初步认识音乐剧这一戏剧样式。 6. 戏剧话题——初步了解自己较为熟悉的戏剧话题的相关知识。	1. 角色——知道戏剧中的角色可以是多个。 2. 情节——知道戏剧的情节有开端、发展和结局。 3. 场景——知道不同场景的空间位置。 4. 装扮——知道可以用服装、道具等进行简单装扮。 5. 剧本——知道戏剧表演需要剧本。 6. 剧场——知道剧场是有表演区和观众区的，知道剧场有一定的规则和礼仪，初步了解上下场的位置。 7. 戏剧样式——初步认识偶戏这一戏剧样式。 8. 戏剧话题——初步了解戏剧话题的相关知识。	1. 角色——知道多种角色及其关联。 2. 情节——知道戏剧的情节有开端、发展、高潮和结局，高潮是围绕戏剧冲突展开的。 3. 场景——理解故事发生的多个场景，知道不同场景的空间位置以及内容。 4. 装扮——知道使用服装、道具可以使自己的形象更生动，并选择合适的材料进行创造性的装扮。 5. 剧本——知道戏剧表演需要剧本，剧本由若干幕组成。 6. 剧场——知道剧场有表演区、后台和观众区，知道剧场规则和礼仪制订的缘由，了解舞台的不同位置。 7. 戏剧样式——进一步认识戏剧的不同样式，包括音乐剧、偶戏、哑剧和话剧等。 8. 戏剧话题——较为深入地了解戏剧话题的相关知识。

（二）能力目标

表 2-2　学前儿童戏剧教育课程能力目标

能力	小班	中班	大班
思考能力	1. 角色的想象——在教师的提示下，能够简单想象角色的外貌和行为特征。 2. 情节的创编——在教师的提示下，能够尝试创编简单的情节。 3. 价值的判断——在教师的引导下，能够对戏剧主题做出初步的价值判断。	1. 角色的想象——在教师的提示下，想象角色的典型外貌和行为特征。 2. 情节的创编——能够想象情节的发生与发展，理解戏剧冲突，并尝试思考解决戏剧冲突的办法，创编情节的高潮和结局，能在教师的帮助下创编部分剧本。 3. 价值的判断——能够对戏剧主题做出自己的判断，并有初步的解释。	1. 角色的想象——大胆想象角色的外貌、行为特征、心理活动等各种可能。 2. 情节的创编——能够想象情节的发生、发展、高潮与结局，创编完整的情节，积极参与戏剧冲突的讨论，寻求戏剧冲突的解决办法，能在教师的帮助下创编完整剧本。 3. 价值的判断——能够对戏剧主题做出合理的判断，并有一定的解释。
表达能力	4. 模仿——尝试用肢体和声音模仿熟悉的人和动物的典型形态或行为。 5. 造型——能用简单的肢体动作做出简单的造型。 6. 控制——能在教师的提示下，用动作来表现速度（快、慢），重量（轻、重），空间（高、低），大小，长短以及用声音表现音量（大、小）。 7. 延伸性表达——能根据教师提供的材料积极参与角色装扮或场景布置，或在适合的音乐中跟随教师律动。	4. 模仿——尝试用肢体和表情、语言和声音模仿常见的人和动物的形态或行为。 5. 造型——能用较为丰富的肢体动作，单人或两两合作做出造型。 6. 控制： （1）动作——在教师的提示下，能用动作表现速度（快、慢），重量（轻、重），空间（高、低，上、下，里、外），大小，长短。 （2）声音——在教师的提示下，能表现声音的大小、粗细。 7. 延伸性表达——能在教师的带领下选用合适的材料（服装、道具、布景等）进行角色装扮或场景布置，或在适合的音乐中跟随教师创作简单的舞蹈动作。 8. 动作较为鲜明，声音较清楚，能够让其他角色理解。 9. 在教师的帮助下，能按合理顺序上下场。	4. 模仿——能够用肢体和表情、语言和声音模仿事物的动态过程，较为细腻地把握动作、表情的细节。 5. 造型——用肢体、表情及辅助材料进行多人合作造型。 6. 控制： （1）动作——在教师的提示下，能用动作表现速度（快、慢），重量（轻、重），空间（高、低，上、下，里、外），大小，长短，距离。 （2）声音——在教师的提示下，能表现声音的大小、粗细、快慢、远近。 7. 延伸性表达——根据自己的想法，选用合适的材料（服装、道具、布景、音乐等）进行角色装扮或场景布置，或在适合的音乐中创作简单的舞蹈动作。 8. 动作鲜明，声音清楚，能够让其他角色或观众理解。 9. 能按合理顺序上下场，在教师的提示下站位合理。

续表

能力	小班	中班	大班
合作能力	8. 角色配合——能在教师的提示下进行两两角色的呼应。	10. 想法协商——大胆表达自己的想法，能够在教师的指导下与同伴协商想法。 11. 角色配合——在教师提示下，能够进行多个角色的呼应。 12. 分工与合作——能按自己的意愿选择剧场工作，并努力与同伴合作完成剧场活动。	10. 想法协商——耐心倾听同伴的想法，积极参与讨论，友好地与同伴协商各种想法。 11. 角色配合——能够较为自主地进行多个角色的呼应。 12. 分工与合作——能根据活动的需要分工、合作完成剧场活动。

（三）情感目标

表 2-3　学前儿童戏剧教育课程情感目标

小班	中班	大班
1. 兴趣——初步体会扮演的快乐。 2. 开放性——愿意表达自己。 3. 责任感——能在教师的指导下明确自己的角色。 4. 角色情感——能够体验并初步表现角色的情感，比如高兴、生气、伤心。	1. 兴趣——乐于参与戏剧活动。 2. 开放性——敢于在集体面前表现自己。 3. 责任感——在教师指导下，明确并初步坚持自己的角色。 4. 习惯——能够初步遵守简单的剧场规则。 5. 角色情感——能够较为深入地体验和表现角色较复杂的情感。	1. 兴趣——喜欢参与戏剧活动，产生主动创作戏剧的愿望。 2. 开放性——能在活动中大胆表达自己的想法，大方而自信。 3. 责任感——能明确自己和同伴的角色，并坚持做好自己的戏剧工作。 4. 习惯——初步养成遵守剧场规则的良好习惯。 5. 角色情感——能够较为深入地体验和表现角色复杂的情感及其情感变化。

三、单元（主题）目标

单元（主题）目标是针对各年龄段目标的再分解，主要根据儿童年龄段目标与戏剧的具体内容来确定，单元（主题）目标的实现主要以一个戏剧活动为主线，根据戏剧内容的发展逐一丰富相关的戏剧内容，共同完成某一目标。以大班戏剧《阿罗有支彩色笔》为例，这个故事主要讲述了正在画画的阿罗突然想到月亮下散步，于是他画了一个月亮和一条长长的马路，但是这条马路又直又长，走下去好像没什么意思。于是他离开马路，去走野地的小路。他一边走一边画，画出了树林、大海、轮船、沙滩、巨龙、野餐、麋鹿、刺猬、高山、热气球、城市、警察，还有他的小房间，最后他累了，就爬上自己的小床睡着了。这个戏剧的单元（主题）目标主要体现在以下几方面（见表 2-4）。

表 2-4　学前儿童戏剧教育课程单元（主题）目标——以《阿罗有支彩色笔》为例

认知目标	能力目标	情感目标
1. 知道戏剧情节的开始、发展、高潮和结局；即阿罗如何开始自己的神奇之旅，在散步的过程中遇到了什么，他是怎么化解的，最后故事如何结束。 2. 知道故事中的树林、大海、轮船、沙滩、巨龙、野餐、麋鹿、刺猬、高山、热气球、城市、警察有哪些特点。 3. 知道要用哪些材料、布景、动作、语言来表现戏剧情节。	1. 大胆想象并描画阿罗的外貌、行为特征、心理活动、情绪状态等。 2. 能融入角色状态，创编故事情节并大胆表达。 3. 能够用肢体、表情、语言和声音将故事情节表演出来，能够抓住阿罗在一系列的“遭遇”中情绪状态的变化。 4. 能主动与同伴协商、交流、讨论，并在教师的指导下，完成表演。	1. 愿意主动参与戏剧活动，愿意与大家一起交流、讨论，分享自己对角色、情节的理解与认识。 2. 愿意在集体中大胆表达自己的想法，对于自己选择的角色能够坚持完成对角色的演绎。 3. 体验阿罗在散步过程中的情绪。

这个戏剧主要凸显了主人公阿罗丰富的创造力与想象力，以及他用自己神奇的彩色笔机智地化解散步过程中的各种危机，即戏剧冲突，因此单元（主题）目标也应落脚在儿童创造力、想象力的发展上。又如大班戏剧《三个和尚》根据中国民间谚语改编而成，通过三个和尚没水吃、寺庙失火、三个和尚齐心协力救火直至后来三人合作抬水的情节，既批评了三个和尚没水喝这种社会上存在的落后思想，又提倡了人心齐、泰山移的社会新风尚，与现实生活紧密地联系在一起。这部戏剧取材于我国影视作品，是一出典型的哑剧，主要用动作与表情来表达故事情节，演出者一定要能够用动作的准确性与节奏性来表现戏剧的节奏感，以及用恰当的表情展现故事角色的情绪情感。

首先在单元（主题）目标确定之前要清楚这部戏剧的形式是有别于传统戏剧的哑剧，强调戏剧表演中动作与表情的完美结合，同时弘扬的是团结合作的价值观；其次要强调儿童肢体动作的协调性与节奏感，以保证能准确地表现哑剧的意蕴；最后儿童要深入理解故事情节，把握故事脉络，特别是对故事细节的处理，从而将抽象的意念具体化，让观众能清楚地理解其表达的意图与想法。因此，这个戏剧的单元（主题）目标确立如下（见表 2-5）。

表 2-5 学前儿童戏剧教育课程单元（主题）目标——以《三个和尚》为例

认知目标	能力目标	情感目标
1. 知道什么是哑剧，以及哑剧的特点与表现形式。 2. 理解故事情节，一个和尚挑水喝，两个和尚抬水喝，三个和尚没水喝背后蕴含的价值观。 3. 知道团结合作是中华民族的传统美德。	1. 厘清戏剧的情节脉络及主要的戏剧冲突，能够对戏剧主题做出合理的判断。 2. 能形象且有节奏地表现三个和尚点头、弓背、屈腿、抬脚等一系列动作，并用适宜的表情表现角色的情绪情感。 3. 能根据戏剧表演的需要，与同伴分工、合作完成剧场活动。	1. 对《三个和尚》这个戏剧感兴趣，愿意主动参与戏剧活动。 2. 能根据自己对故事情节及动作的揣摩，大胆表达自己的想法。 3. 能够在活动参与过程中，体会三个和尚在不同情境中情绪情感的变化。 4. 养成遵守剧场规则的良好习惯。

不论是《阿罗有支彩色笔》还是《三个和尚》，二者的区别在于表现形式与主题的不同，但教师确立主题目标的思路是相同的，即要充分考虑到大班幼儿在认知、能力、情感上的年龄特点以及故事本身的特点，找到二者之间的契合点，最终形成清晰、明确且具有指导意义的单元（主题）目标。

四、具体教育活动目标

具体教育活动目标是在单元（主题）目标的指导下，将单元（主题）目标再次细化而确定的。与年龄阶段目标、单元（主题）目标不同的是，具体教育活动目标是与具体戏剧活动过程相联系的，一般要求制定得特别具体、细致，能够让人一眼看出这个活动要达到的目标，以及实现目标的途径与方法。同样以大班戏剧《阿罗有支彩色笔》为例，就要求儿童在戏剧表演中用肢体动作与表情一一表达树林、巨龙、大海等一系列事物及故事情境。活动之前要制作阿罗纸偶，活动中由一名儿童来操控纸偶，其他儿童分组扮演不同的情境，拿纸偶的儿童要与不同情境中的儿童进行互动。如一天晚上，阿罗决定到月亮下走一走。他画了一条又长又直的路，走在上面不会迷路。小路向右拐，通到一个地方，阿罗猜想是一片树林。他不想在树林迷路，就把树林变得非常小，小得只有一棵树。他在树下画一条吓人的巨龙，让它帮着看守树。突然，阿罗发现事情变得非常糟糕，他一头栽进了自己画的大海里……阿罗吃过了野餐，还剩下一大堆水果，于是他画了一只饿坏了的麋鹿和一只没有吃东西的刺猬，帮他把水果派吃光。在这个情境中，儿童要扮演好自己的角色，同时，他们应该思考如何扮演出大树、巨龙、麋鹿、刺猬的特点等问题。

在这个戏剧中，儿童首先要清楚故事中的阿罗夜晚外出散步都遇到了什么，他又是如何化解的，即如何处理戏剧冲突；其次，儿童要相互交流、讨论，大家一同思考如何表现戏剧中的情境，特别是需要群体一起表演的情节，如树林、大海等；最后，操控纸偶的儿童要考虑如何通过自己对纸偶的控制与其他儿童创造的情境互动，以保证戏剧表演的流畅与完整。具体教育活动目标是根据单元（主题）目标与儿童的具体表演情况来确定的，是对戏剧表演的直接指导。

第三章　学前儿童戏剧教育课程的内容

课程内容是实现课程目标的载体，要实现通过戏剧教育的方式促进幼儿全面发展的目的，就需要探讨学前儿童戏剧教育的课程模式与课程内容，从而增强戏剧教育课程在实践层面的指导意义与价值。

戏剧教育是教师在教室中组织的一种重视活动发展的过程，而非重视表演结果的活动形式。主要是通过教师首先设置相关的戏剧情境，将幼儿带入戏剧情境中，根据幼儿的思维发展方向，教师运用各种戏剧教学策略灵活地推进活动的进展。

在课程设置方面，台湾戏剧教育学者林玫君教授将戏剧教育课程分为四种形态。形态一：这类课程主题以幼儿日常生活经验为主，来自于幼儿游戏经验，是幼儿自发的一种游戏性的戏剧扮演活动，教师主要通过鹰架的方式对儿童的活动进行指导，以此来延伸或加深幼儿的游戏行为。形态二：这种类型的戏剧活动仍来源于幼儿自发的游戏活动，教师在观察的过程中，了解幼儿正在进行的主题，然后有组织有计划地参与到幼儿的游戏中，为其提供道具、材料，与幼儿一起探讨，引导幼儿进行较深入的戏剧表演。相较于第一种形态，第二种形态的戏剧活动计划性、组织性、条理性更清楚，设计也更为严密。形态三：其题材选择都是倾向于教师已经安排好的主题，虽然戏剧主题并不来源于幼儿当下的游戏活动，但在戏剧活动开展的过程中，幼儿依然占主导地位。以戏剧的过程为主，属于即兴萌发、全面直观的方式，如英国的教育戏剧不以学科知识为内容，而是以人的全面发展为课程设计的核心，重视学习者在戏剧活动过程中获得的收获与成长。形态四：其题材选择也都是教师或课程中已经安排好的主题，是以循序渐进的线性方式进行，如美国的创造性戏剧——通过暖声、引起动机、说故事、谈论联系等发展阶段，才会进入正式的戏剧呈现。在这四种戏剧教育课程形态中，不管是教师参与指导的幼儿戏剧教育活动，还是教师不参与指导的幼儿戏剧教育游戏，教师在活动过程中并不是站在主导地位，而是尊重幼儿的兴趣与选择，注重整个活动过程的发展（见图 3-1）。

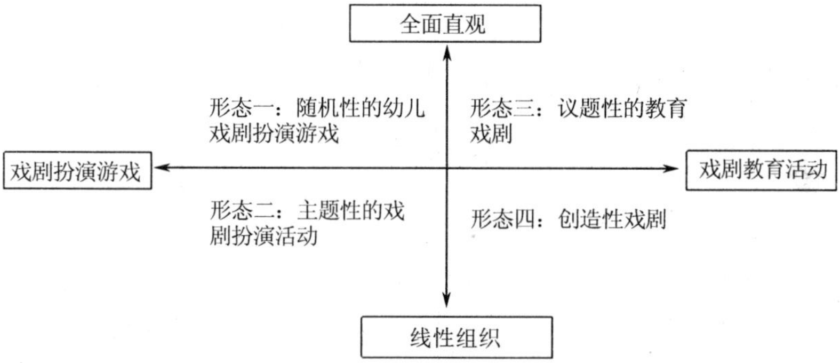

图 3-1　幼儿园可能发展的四类戏剧课程形态①

第一节　学前儿童戏剧课程内容的结构

课程内容结构主要阐述课程由哪些部分组成及各组成部分之间的关系，核心在于解决儿童在戏剧活动中要做什么、学什么的问题。从学前儿童戏剧教育的内涵与理论基础出发，我们知道就 3—6 岁学龄前儿童而言，戏剧教育的重点不在于儿童对戏剧知识的掌握，而在于通过戏剧艺术这一手段，帮助儿童认识自我及自我与周围环境中人、事、物的关系，学会与环境和谐相处，基于此，儿童戏剧教育对儿童而言最重要的是戏剧表达。其次，受到 20 世纪初美国杜威教育思想的影响，我国学者陶行知提出了幼儿教育要坚持做中学、做中教、做中求进步的原则，儿童戏剧教育更是一种过程性的教育活动，强调幼儿在戏剧创作过程中经验的积累、情感的培养与能力的提升。再次，儿

① 参见林玫君《儿童戏剧教育的理论与实务》，第 52 页，复旦大学出版社 2015 年版。

童戏剧教育作为戏剧艺术的重要组成部分，自然具备戏剧艺术最基本的艺术元素——表演性，这是其区别于其他教育活动或游戏的显著特征，因此在儿童戏剧教育课程设计中，同样需要兼顾戏剧表演的部分。戏剧表达、戏剧创作、戏剧表演作为学前儿童戏剧课程内容的重要组成部分，分别从不同视角、不同层面促进幼儿身心的发展，彼此相辅相成，形成和谐的课程架构（见图3-2）。

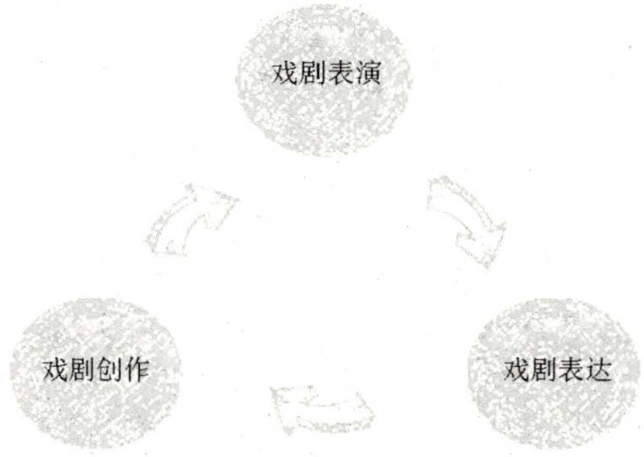

图 3-2 学前儿童戏剧教育课程结构图

一、戏剧表达

戏剧表达是学前儿童戏剧教育内容的基础部分，是指儿童通过扮演角色或非角色的身份，以身体为媒介，用表情、动作、声音、语言等在虚拟的情境中表达自己内心的想法与感受。儿童自发性的戏剧游戏与戏剧教育在内部动机、内在实现与内在控制方面是基本相同的，在戏剧教育之前，儿童在自发性的游戏中就已经能够根据自己的生活经验假扮角色、制造情境、安排环境、使用道具，并在游戏的相互引导并对彼此的演出作“反应与回馈”①，即在儿童戏剧教育开始之前，儿童在日常游戏中就已经具备了基本的戏剧表达能力。儿童以非角色的身份，即在象征性游戏中把椅子当作马或车，做出骑

---

① 林玫君：《儿童戏剧教育的理论与实务》，第 26—36 页，复旦大学出版社 2015 年版。

马或开车的动作；把木棍当作枪，做出开枪的动作等。儿童戏剧教育中的表达是对儿童自发性戏剧游戏的提升、规范与整合，在戏剧表达中，儿童要融合模仿、造型、控制、情感四要素，以实现戏剧的主题性、创造性与感染性特点。

如幼儿园戏剧《种子的故事》核心在于引导儿童通过控制身体动作（推、挤、扭、转、伸展等）来表现种子的成长历程，儿童要把自己想象或装扮成一颗小种子，用身体动作与表情表现出在不同质地（软、硬）的土壤里生长的情境。破土而出的小种子在太阳的照射下，在微风的吹拂下，慢慢长高（太阳照向哪个方向，小种子就要向哪个方向伸展；风往哪个方向吹，小种子就要顺着风吹的方向扭动或摇晃身体）。在戏剧表达过程中，儿童需要调动自己已有的生活经验来丰富戏剧的角色或情境，如在这个戏剧活动中，儿童要知道小种子是什么样子的，又是如何从种子变成小苗的，种子在土里是什么样子，破土而出又是什么样子；太阳照射下的小苗、不同风力下的小苗又是什么样子等，儿童的生活经验越丰富，戏剧表达就越生动、越形象、越能感染观众。如戏剧《谁咬了我的大饼》讲述了这样一个故事：一只小猪做了一块大饼累得睡着了，醒来发现大饼被咬了一个半圆形小口，它很想知道到底是谁咬了自己的大饼，于是拿着大饼找到了小鸟、小兔、狐狸、鳄鱼、河马，问是不是它们咬的。动物们为了证明自己的清白，都在大饼上咬了一口，小猪一一对比大饼上的缺口形状，发现大家咬的形状和大饼上的缺口确实不一样。最后，小猪又累又饿，于是拿着剩下的大饼咬了一口，惊奇地发现自己咬的形状和大饼之前的缺口一模一样。在这个戏剧活动中，幼儿在调动自己原有经验的基础上，需要用不同的声音、语言来模仿不同动物说话的特点以及它们面对小猪的怀疑时的情绪状态，声音与语言同样是儿童戏剧表达中不可或缺的能力。

戏剧表达主要由身体表达（身体动作与表情）与言语表达（声音、言语及相应的语气）两部分组成，其中身体表达又可以分为自然性身体动作与延伸性身体表达。当在戏剧表达过程中，儿童的动作、表情、声音、语言无法体现戏剧中的某一情境时，就需要借助延伸性的表达方式，如音乐、美术等来辅助身体表达。如儿童戏剧《大灰狼娶新娘》，儿童除了要用自己的身体动作与语言来表达戏剧内容，用自己的表情来表达戏剧中角色的情绪情感，还需要借助音乐，如肖晨光的唢呐曲《抬花轿》、民歌《掀起你的盖头来》以及造型装扮（服装、道具、化妆）等营造一种喜庆、诙谐的艺术效果。戏剧表达是身体与心灵的对话，体现了儿童对周围环境的认知与理解，是学前儿童戏剧教育内容的核心部分，是戏剧创作、戏剧表演的基础。

二、戏剧创作

学前儿童戏剧教育是创作性戏剧的典型，因为创作性戏剧在本质上与儿童自发性的角色游戏或自发性的戏剧游戏非常相似，体现了重在参与、经验积累、过程性学习的特点。20 世纪初，美国学者温妮佛・伍尔德在其著作《创作性的戏剧活动》一书中提到："创作性戏剧通常是由一位带领者，利用戏剧活动，如戏剧游戏、肢体声音活动、哑剧动作、即兴口语对话以及故事或诗获释的戏剧化等技巧，领导一群参与者在教室或活动室等非正式的表演空间，利用'假装'的游戏本能，共同去想象、体验及反省人类的生活经验。"[①] 创作性戏剧是让儿童在即兴表演中感受戏剧艺术的美，获得除戏剧之外的其他方面的知识经验，体会生活的意义与价值；同时，儿童创新精神的培养始终贯穿在创作性戏剧过程中，与其他教育方式相比，创作性戏剧在儿童想象力、创造力与审美能力培养方面具有独特的作用与价值。因此，在整个创作性戏剧过程中，儿童对戏剧情节、角色、环境的创作自然应当成为学前儿童戏剧教育课程内容的题中之意，也是教师在指导儿童开展戏剧活动时应当关注与侧重的。戏剧创作是指儿童作为戏剧活动参与的主体，在教师的启发与引导下，对戏剧角色、情节、场景等不断探究，得出新的创意，并在虚拟的情境中将自己的想法付诸实践，从多方面、多角度找到问题解决的方法。通常而言，戏剧创作的主要角色、故事线索是教师需要提前构思的，而对角色的形象、角色间的关系、场景的创作、冲突的产生与解决则是活动过程中师幼共同创作的。

如儿童戏剧《别再多管闲事了，波兹!》讲述了农场里一只好奇心爆棚的

① 转引自陈世明等《儿童戏剧的多元透视》，第 29 页，复旦大学出版社 2015 年版。

小猪，对什么事情都好奇，都想去问一下为什么。因为波兹爱管闲事的毛病，大家都不喜欢它，比如它看到母鸡赫蒂下蛋，就会跑过去问："下蛋的时候疼吗?"看到小绵羊塞莉赛，就好奇地问："如果没有暖暖的绒毛，你会觉得冷吗?"除此之外，波兹对周围的事物也抱有很强的好奇心，如它总想弄明白树洞里为什么会"嗡嗡嗡"地响；农夫的拖拉机是用来干吗的。好奇心是儿童的天性，他们总是会对未知世界充满好奇，这也要追问，那也要打听，有时候，尽管这种多管闲事的行为常常会使别人感到厌烦，也常常会给自己带来麻烦，但他们却乐此不疲。在这个戏剧中，儿童首先需要对故事中的角色进行处理，如小猪波兹最大的特点是好奇，同时又比较憨厚、执着，因此儿童需要用夸张的语言与动作表现小猪的好奇心，在语气上又要体现小猪憨厚的特质。其次，儿童需要根据自己的生活经验与老师一起创设故事背景——农场，如草地、大树、小花以及农场里各种小动物的房子，创作过程中，教师更多以材料的提供者、活动的合作者的身份出现，要以儿童为主，鼓励他们自由想象，大胆创作。最后，儿童要根据故事脉络，制作各种动物的服饰或头饰以及水龙头、水管、拖拉机等表演道具。而在故事的最后，小猪波兹看到身边又粗又长的蓝色管子，又禁不住想：如果拧开这个大水龙头会发生什么事情呢？它忍不住把水龙头拧开，然后水花四溅，好奇的小动物们四散跑开，故事的文本内容结束，但接下来小猪又会好奇发生什么有趣的事情呢，儿童可以发挥自己的想象力，续编故事；同样也可以创编一个新的故事结尾。

戏剧创作是以儿童的创作为核心的戏剧活动，教师只能够为儿童设计基本的戏剧冲突，即情节，而关于故事情节如何表达、如何发展、冲突如何解决，故事背景如何设计、角色关系如何处理等都应当尊重儿童的想法，鼓励儿童自己进行创作。日本学者冈田正章监修强调："孩子们的表演和大人不同。如果把台词反反复复地告诉孩子，让他们背诵下来，只会使台词失去活性，反之应当重视孩子们的创作能力，让他们成为戏剧的中心。"① 针对已有的剧本，如绘本故事，对儿童戏剧创作而言，只是一种参考与借鉴，甚至只是一种思路，切不可要求儿童原原本本照葫芦画瓢地演绎故事。一千个人就

① [日] 冈田正章监修：《幼稚园戏剧活动教学设计》，第 11 页，台北武陵出版社 1990 年版。

会有一千个哈姆雷特，同样，不同的儿童对同一个角色、同一个戏剧冲突的认识与理解也会不一样，教师要鼓励、接纳、肯定儿童的想法，让他们不断试误，最终找到适合的处理与表达方式。

三、戏剧表演

学前儿童戏剧教育作为戏剧艺术的一种特殊形式，除了具有其特有的性质之外，还需具备戏剧艺术的一般特点，即表演性。20世纪初，波兰著名导演和戏剧家格洛托夫斯基提出戏剧的质朴价值取向，即戏剧最根本的元素是观众和演员，如果一出戏剧表演缺少观众与演员之间的互动与交流，戏剧将不存在。质朴取向的学前戏剧教育要求我们要改变对豪华舞台和布景的追求，不沉迷于丰富的道具和服装，不再关注效果的展示，而是让儿童的身体成为他们表达的中心，让戏剧真正地献出他自己，教师需要让教育中的环境和材料适当缺位，引导幼儿充分幻想、想象和创造，为儿童用身体表达提供机会。[①] 根据格洛托夫斯基的质朴取向理论，学前儿童戏剧教育应遵循质朴的价值取向，学前儿童戏剧教育中的戏剧表演不同于专业儿童剧团的表演，它的出发点不是为了舞台演出，不是为了培养专业演员，而是通过戏剧的教育，以戏剧为载体促进幼儿在认知、情感、社会性等方面的和谐发展。但戏剧表演作为学前儿童戏剧教育内容的重要组成部分有其特殊的内涵，即儿童将自己创作的戏剧作品在非正式的表演空间呈现给观众，如同伴、教师、家长等。在戏剧表演过程中，虽然儿童是在非正式的场合向观众演出，但他们同样需要扮演好自己的角色，并处理好自己与其他角色、舞台布景以及舞台空间之间的关系，甚至还要思考如何在表演中体现戏剧冲突及解决办法，如何与观众进行有效互动等。儿童戏剧表演是一种集表演性、开放性与灵活性为一体的表演方式，儿童可以在教室、走廊甚至操场进行表演，同时可以对戏剧的角色、情节进行合理的调整与处理。

儿童戏剧表演的形式主要以音乐剧、哑剧、话剧及偶戏为主，其中不同

---

① 参见慈祥《质朴戏剧的辩证法与内外部——浅析耶日·格洛托夫斯基的质朴戏剧观》，《四川戏剧》2011年第5期。

年龄段，儿童戏剧表演的形式是不同的。小班幼儿主要以音乐剧为主，因为年龄小的幼儿对动作的控制能力优于语言表达能力，歌曲、舞蹈、音乐对他们的吸引力更大。音乐剧是话剧、歌剧、舞剧三种戏剧表演形式的综合与提炼，载歌载舞、边唱边跳是其最突出的特点，在富有节奏感与情节性的音乐剧中，幼儿能够自发地进行想象、创作与表达。中班幼儿与小班幼儿相较，其语言表达与动作协调能力都有较大的进步，但语言表达的流畅性、连贯性还有待提高，因此在戏剧表演形式选择上，除了坚持音乐剧之外，还可以适当地增加哑剧表演，以促进幼儿对剧本语言的理解，增强其动作的表现力。大班幼儿已能用流畅的语言进行交流与表达，能清楚地表达自己的观点与想法，对戏剧情节的认识与理解能力也有了很大的提升，同时大班幼儿的动作表现力更为丰富，且能与同伴进行良性互动与合作，因此话剧将是大班幼儿戏剧表演的主要形式。话剧是以演员动作与对话为主干的戏剧①，话剧表演对演员的语言表达能力与动作表现力都提出了更高的要求，主要通过演员的肢体动作与说话（对白、旁白、独白）来塑造人物形象，动作与语言相互作用，相互渗透，不可分割。话剧综合了文学、表演、导演、美术、音乐、舞蹈等多种文艺成分，以说话（对白、旁白、独白）为主要表现手段②，适宜于大班幼儿语言发展的需求。偶戏在中国，源于汉，盛于唐，宋、元更是偶戏的鼎盛时期，大致可以分为影偶戏与木偶戏两大类，如傀儡戏、提线戏、手托戏、布袋戏、木偶戏、皮影戏等，主要以一种特定的戏偶来扮演角色，操作者一边操作戏偶一边模仿戏偶说话，可以以不同难易程度的形式出现在三个年龄段的戏剧教育中。

戏剧表达、戏剧创作、戏剧表演共同构成了学前儿童戏剧教育的内容，分别从不同角度提出了学前儿童戏剧教育的要求，为学前儿童戏剧教育课程的建构提供了思路与框架。

---

① 参见董健、马俊山《戏剧艺术十五讲》，第 44 页，北京大学出版社 2004 年版。

② 转引自张金梅《学前儿童戏剧教育》，第 179 页，南京师范大学出版社 2014 年版。

第二节 学前儿童戏剧教育课程内容的主题来源

幼儿园课程内容的选择是课程建设的核心与基础，在选择课程内容时，我们需要考虑：选择的内容是否符合幼儿当前的发展需求。选择的内容是否与该年龄段幼儿的教育目标相一致。选择的内容是否有可利用的家长、社会资源等。幼儿园课程内容的来源主要有三种途径：第一种途径是以学科领域为基础，融合幼儿的生活经验，如科学领域中的活动主题“常见的水果”，既来源于幼儿的生活，同时又融合了科学领域的基本知识，如水果的种类、特点、颜色、大小、口感等。第二种途径是来源于幼儿发展的内部环境（身心发展需求），如身体的发展变化及卫生保健；心理发展方面的兴趣、爱好、能力、情绪情感等。第三种途径是幼儿发展的外部环境（社会环境与自然环境），如幼儿园活动“我为灾区献爱心”源自 2008 年南方地区雪灾，由此生成社会活动；“我是环保小卫士”则来源于当前保住青山绿水的发展理念。与幼儿生活息息相关的资源都可以成为幼儿园课程内容的来源。

学前儿童戏剧教育课程是幼儿园综合艺术课程的重要组成部分，戏剧教育主题的来源是儿童戏剧表达、戏剧创作、戏剧表演的前提与关键。学前儿童戏剧教育课程主题的来源同样可以借鉴幼儿园课程内容来源的三大途径，即来源于学科领域、儿童身心发展需求以及幼儿发展的外部环境。根据英国戏剧教育学者布瑞恩·威的观点，戏剧创作的基础来源于参与者已有的经验，比如音乐、历史事件、日常生活事件等都可以成为戏剧创作的来源。① 由此，我国学者张金梅提出，学前儿童戏剧教育课程主题的来源可以概括为三类：即艺术作品（文学作品、音乐、美术、影视动画、戏曲等）；自然现象（天气变化、气候变化、生物生长等）；社会现象（人际交往、社会生活等）。其实，我们知道学前儿童戏剧教育的核心不在于儿童对戏剧知识与艺术的掌握，而是通过戏剧这种方式帮助他们在认知、情感、社会性方面获得发展，因此只要是能够激发儿童表达、创作与表演欲望的一切资源都可以成为戏剧教育主

---

① 转引自张金梅《学前儿童戏剧教育》，第 224 页，南京师范大学出版社 2014 年版。

题的来源。有人说儿童是天生的戏剧家，是戏剧的主人，他们可以利用手边的任何资源随时进行戏剧创作且乐此不疲，学前儿童的戏剧就蕴藏在他们真实的生活中。戏剧作为一种综合性的艺术形式，自然艺术作品就成为儿童戏剧教育课程主题的首要来源。其二，社会现象与自然现象都应当来源于儿童的生活，来源于他们的切实体验，因此儿童生活中的事件是学前儿童戏剧教育课程的第二来源。其三，儿童是天生的梦想家，他们经常会有很多光怪陆离的想法，教师只要善于观察，就能够引导儿童将他们的想法发展成为儿童喜欢的戏剧活动。因此，学前儿童戏剧教育课程的主题来源主要可以分为三方面，即艺术作品、儿童的生活事件及儿童的想法。

一、来源于艺术作品

艺术作品是艺术家通过艺术媒介、经过艺术体验和艺术构思创造出来的艺术产品，是艺术生产的成果或产品，也是审美鉴赏的对象。艺术作品的内涵较为广泛，主要有文学作品（故事、诗歌）、影视作品、音乐、美术、舞蹈、戏剧、戏曲、雕塑、建筑等，艺术作品的真正价值在于能够得到观众的接受、认可与欣赏。儿童最喜欢的艺术作品首先是文学作品、影视作品，如动画片；其次是音乐、美术作品，而舞蹈作品因有其特有的动作术语，使儿童在舞蹈理解上存在一定的难度，因而较少作为儿童戏剧的主题。

（一）文学作品

儿童戏剧首要的来源是文学作品中各种类型的故事，如童话故事、神话故事、历史故事、绘本故事等。在选择文学作品时，教师要考虑所选择作品的课程价值，首先是作品本身投射的主题与价值观，如向儿童传递爱、勇敢、诚实、正义等。其次，选择儿童感兴趣的作品，且内容的难易程度适宜。再次，作品要具有一定的戏剧性，能够为儿童的戏剧表达、戏剧创作、戏剧表演提供戏剧元素。最后，作品还要符合儿童戏剧集体性的特点，故事中的角色、情节、场景要丰富，以满足儿童集体表演的需求。如世界经典童话故事《白雪公主与七个小矮人》讲述了美丽的白雪公主与虚荣又邪恶的继母之间发生的故事，故事弘扬了勇敢、善良、真诚的价值观，情节跌宕起伏、百转千回，但不管遇到什么，白雪公主始终保持最本真的善良与乐观，而这一品质也总能在每一次危难之时帮她化险为夷。儿童正是被这样曲折的戏剧冲突所吸引，每一个情节的发展都牵动着儿童的情绪，自然也愿意用自己的理解来诠释作品。在这个童话故事中，除了白雪公主和继母两个对立的角色之外，在她们各自的身后还有一系列随着情节的发展而出现的角色，如无所不知的魔镜、勇敢善良的猎人、七个可爱的小矮人以及英俊潇洒的王子，丰富的戏剧角色符合儿童戏剧集体表演的特点。从儿童戏剧的互动性来看，童话故事《白雪公主与七个小矮人》的情节就具有极强的互动性，在戏剧表演中演员与观众要一起想办法对付狠毒的皇后，提醒白雪公主不要吃毒苹果，一起围攻老巫婆等，使演员与观众之间形成积极的交流与互动，同时体验人性的善恶美丑，最终使幼小的心灵受到良好道德的熏陶与感染。

目前，儿童剧对儿童文学的改编主要以中外童话、民间传说为主，《安徒生童话》《格林童话》中的许多故事被反复搬上戏剧表演的舞台，诸如《十二个月》《七色花》《丑小鸭》《拇指姑娘》《三个和尚》等皆属此类。改编自当代儿童文学作品的剧目还不太多见，《淘气包马小跳之拯救巧克力王国》《淘气包马小跳之寻找梦幻岛》《赫尔卡星守卫战》（改编自《赛尔号》）等属于在这方面进行的尝试，这表明儿童剧创作者已经意识到儿童文学的沃土中埋藏着值得挖掘的巨大矿藏。儿童文学作家皮朝晖认为，剧本对于儿童剧来说同样非常重要，包蕴着文学精神、文学品格的儿童剧能帮助孩子更真切地理解生命、体验生活、净化心灵。中国儿童艺术剧院 2006 年演出的《小蝌蚪找妈妈》就是改编自语文课本上的同名课文，创作者将 300 多字的课文扩展、演绎，形象化地呈现在舞台上，生动地传达了母爱这个伟大的主题。文学作品中的故事根据题材的不同，可以改编成童话剧、儿童神话剧、儿童历史剧，有些故事还可以发展成木偶戏、皮影戏、戏曲等中国民间戏剧样式。如神话故事《西游记》中很多的精彩片段都被幼儿园用来作为戏剧创作的素材，故事中戏剧冲突明显、善恶对立、角色特点突出、剧情丰富，能较好地激发儿童参与戏剧的欲望，可以以剧场的形式呈现，也可以采用皮影戏的方式表现，不同的表现方式会给儿童带来不一样的体验。目前幼儿园戏剧中的文学作品以绘本故事居多，大家都在努力地挖掘绘本的戏剧元素，探究如何设计绘本戏剧教育活动，如南京师范大学出版社出版的《儿童绘本戏剧教育活动案例

(4—5)》《舞台上的绘本——幼儿园如何创编绘本剧?》，外语教学与研究出版社出版的《当绘本遇见戏剧——教室里的小剧场》等，都从不同的角度对幼儿园绘本戏剧进行了探讨与研究。其实，只要是儿童喜欢的，符合儿童认知需求的文学作品都可以作为儿童戏剧教育课程主题的来源，关键在于教师要善于挖掘文学作品中的戏剧元素，以此来激发儿童参与戏剧表达、创作与表演的兴趣，充分发挥文学作品对儿童发展的作用与价值。

（二）影视作品

对学前儿童而言，影视作品主要指儿童动画。动画是一种综合艺术，它是集合了绘画、漫画、电影、数字媒体、摄影、音乐、文学等众多艺术门类于一身的艺术表现形式。最早发源于19世纪上半叶的英国，兴盛于美国，中国动画起源于20世纪20年代。动画同时也是一门幻想艺术，更容易直观地表现和抒发人们的感情，可以把现实不可能看到的转为现实，扩展了人类的想象力和创造力。回忆童年时光，总有那么几部经典的动画给我们带来幸福与快乐的体验，动画以其独特的视觉效果给予观众身临其境的感受，备受儿童青睐。

我国动画创作坚持民族绘画传统，动画中洋溢着活泼清新的气息，给人以美的启迪，同时又十分注重教化意义，在动画片的创作中秉承寓教于乐的原则，从而使动画片不致流于肤浅的纯娱乐搞笑。我国第一部系列剪纸动画《葫芦兄弟》是上海美术电影制片厂20世纪80年代出品的动画片，自开播以来，一直广受青少年的喜爱。特别是七只神奇的葫芦，七个本领超群的兄弟，为救亲人前赴后继，妖精们法力无边，葫芦娃大显奇能，一幕幕较量扣人心弦。根据动画改编儿童剧，就需要儿童对动画中人物形象、动作、神情理解透彻，动画展现的故事冲突要明显、情节要能深入人心，让儿童一接触就深深地被动画吸引，如此，儿童才愿意在现实的表演空间去创作、去表演。如动画《葫芦兄弟》中七个葫芦兄弟各自都有独特的本领，如大娃（红娃）是大力士，可以让自己的身体变大甚至变成巨人；二娃（橙娃）拥有千里眼、顺风耳且非常机灵；三娃（黄娃）拥有铜头铁臂，钢筋铁骨，刀枪不入；四娃（绿娃）的本领是喷火；五娃（青娃）的本领是吸水、喷水；六娃（蓝娃）会隐身术，来无影、去无踪，善于偷窃妖怪宝物；七娃（紫娃）有宝葫芦，可以用来吸妖怪。这些形象的创作都非常符合学前儿童天马行空的想象力的发展，儿童在观看动画的时候都会不由自主地被动画中的人物情节吸引，甚至会想象自己是其中的某一个角色，拥有一项威力无比的技能，足以对抗各种妖精。儿童戏剧正好为儿童的想象提供实践的平台，让他们能够在表演空间，自由表达、自由创作、自由演出。

动画作为儿童喜爱的一种艺术形式，包含了多种艺术门类，在我国最初被称为美术片，如我国经典的剪纸动画《铁扇公主》《渔童》《山羊和狼》《济公斗蟋蟀》《葫芦兄弟》《人参王国》，将传统的民间艺术剪纸、皮影戏的元素融入动画制作中，给观众焕然一新的视觉享受。儿童在创作戏剧的过程中，需要去了解剪纸与皮影戏的特点及其表达方式，这对儿童来说是一种全新的体验，不仅丰富了儿童对中国传统艺术的认识，同时也践行了儿童戏剧要传承传统文化精髓的理念。随着时代的发展，儿童每天都在不同程度地接触各种媒体信息，他们有更多的途径获取影视作品，因此，教师需要引导儿童学会筛选有价值、有意义，对他们身心发展有正向指引作用的影视作品。学前儿童戏剧教育为教师与儿童在新媒体之间搭建了沟通、交流的平台，帮助儿童去分析、分辨、甄别他们接触的动画，吸收动画传递的积极、正面的价值观，从而发挥媒体对儿童的正面促进作用。

（三）音乐作品

音乐是一种独立的艺术表现形式，同时也是一种听觉的艺术、声音的艺术、情感的艺术。许卓娅在著作《学前儿童音乐教育》中写道："听觉刺激所唤起的是欣赏者身心的多方面的兴奋，如肌肉运动、想象、联想的产生，以及各种相应的情绪、情感的体验。"① 音乐是通过声音与旋律的结合向听众传递情绪情感与价值观的一种方式，同一个音乐作品，不同的听众会有不同的感触与反馈，因为每个人的生活经历、认知方式不同，这也是音乐作品可以用来创编儿童戏剧的原因所在。儿童戏剧的价值在于为儿童提供一个自我表达、自我创作、自我展现的舞台，至于儿童演什么、怎么演以及如何评价演的效果都可以由儿童自己来决定。音乐作品更加凸显了这一特点，因为儿童

---

① 许卓娅：《学前儿童音乐教育》，第5—6页，人民教育出版社2003年版。

可以根据自己听到的音乐自由联想，自由创作角色、情境及戏剧情节，与其他艺术表现形式相比，音乐的自由度与开放性更大。

《小树叶沙沙》

秋风起来了，
秋风起来了，
小树叶离开了妈妈，
飘呀飘呀飘向哪里，
心里可害怕。
小小树叶沙沙，
沙沙沙沙沙，
好像在勇敢地说话，
春天春天我会回来，
打扮树妈妈。

这首儿歌用简短的歌词、抒情的旋律营造了一种依依不舍的母子情，既体现了小树叶离开树妈妈时内心的害怕与不安，同时也凸显了小树叶内心的坚强、勇敢与乐观。儿童在聆听这首音乐的时候，会不自觉地在大脑中创设一个秋风萧瑟的景象，并用自己的肢体动作表现秋风吹落树叶的情境；甚至儿童会根据自己对歌词与旋律的理解，对音乐中的情境进行创作，如给音乐中的角色秋风、树妈妈、小树叶增加对话，深入刻画角色的内心世界，或者将这个情境放到更大的自然环境中，添加一些小动物的角色等，从而使整个音乐作品更加丰富、立体、有感染力。

《拔萝卜》

拔萝卜，拔萝卜。
嗨吆嗨吆，拔萝卜，嗨吆嗨吆，拔不动。
老太婆，快快来，快来帮我们拔萝卜。
拔萝卜，拔萝卜。

嗨吆嗨吆，拔萝卜，嗨吆嗨吆，拔不动。
小姑娘，快快来，快来帮我们拔萝卜。
拔萝卜，拔萝卜。
嗨吆嗨吆，拔萝卜，嗨吆嗨吆，拔不动。
小花猫，快快来，快来帮我们拔萝卜。
拔萝卜，拔萝卜。
嗨吆嗨吆，拔萝卜，嗨吆嗨吆，拔不动。
小鸭儿，快快来，快来帮我们拔萝卜。

《拔萝卜》这首儿歌是儿童耳熟能详的音乐作品，歌词形象、旋律轻快，歌词中就有很多肢体动作的表达，如嗨吆嗨吆、拔、快快来等，而且有很多角色的参与，具有鲜明的画面感，儿歌本身就在讲述一个有趣的故事，儿童非常喜欢听，也喜欢与同伴一起表演。在戏剧创作的过程中，儿童不仅要把握好歌曲的节奏，用肢体动作体现出用力拔的情境，还要用动作、情绪、声音来向其他的角色（老婆婆、小姑娘、小花猫、小鸭儿）发出求助的信号。在这个音乐作品中，儿童不仅可以创作故事情境、情节、角色，还可以继续续编故事的结尾，甚至以这个故事为蓝本创作一个新的戏剧活动。除了以上这种有明确歌词告诉听众音乐内容的作品，另外音乐作品中还有纯音乐，即只提供音乐的旋律与节奏，具体这个音乐诠释了什么，音乐中有哪些情境、哪些角色，都需要每一个听众自己去丰富、自己去创作、自己去展现。这样的音乐作品对儿童的想象力、创造力提出了更高的要求，每个儿童都可以不受拘束地根据自己的理解，天马行空地自由联想，每个儿童对同一个音乐作品的解读都可以不一样。音乐作品体现了尊重儿童，以儿童为戏剧教育的中心理念，应当成为幼儿园戏剧教育课程主题的重要来源之一。

（四）美术作品

美术作品中独特的绘画艺术——漫画是学前儿童戏剧教育课程主题的创新来源，与其他艺术表达形式相比，运用漫画来创编戏剧是一种创新也是一种突破。漫画是介于文学与绘画之间的一种艺术表现形式，常用夸张、比喻、象征、拟人、寓意等手法，直接或间接、含蓄地表达作者对实事的认识与理解，是含有讽刺或幽默的一种浪漫主义的绘画艺术。它同其他绘画的主要区别在于其独特的构思方法和表现手法，它具有讽刺与幽默的艺术特点以及认识、教育和审美等社会功能。漫画可以把古今中外的人物同时邀集到一起，让他们在一个画面上演出奇异怪诞而又意蕴深邃的喜剧。它不受时空观念的限制，人与物之间也可以对话，不同质、不同类的事物可以嫁接、杂交，可以借物喻人，借古喻今，可以人神交游，幻想与现实同存，从而使画面产生幽默、诙谐、怪诞、风趣的艺术效果。有学者曾形象地指出，优秀的漫画家应该是导演、发明家和画家的集合体，他们上演了一幕幕悲喜剧，填充了我们单调的生活，影响着读者的心理与情绪。漫画自由的创作方式及夸张幽默的形象设计，拟合儿童对事物的认识与表达特点，因而成为儿童非常喜欢的一种读物。

1929 年，由美国伊利诺伊州彻斯特镇的连环漫画家埃尔兹·西格创作的连环漫画《大力水手》一经刊载，就得到了社会各界的大力追捧，甚至在当地出现食用菠菜的热潮。该漫画讲述了独眼且不修边幅的水手波派，总是在吃完一罐菠菜之后，就会力大无穷，击败情敌布鲁托。儿童在阅读这本漫画的时候总是会被波派的特异功能所吸引，甚至因为看了这本连环画而喜欢吃菠菜，希望自己也能像波派一样，吃了菠菜，手臂就能变得结实有力，打败坏人。连环画其实是在用一系列的图画来讲述一个幽默、风趣的故事，有角色、有冲突、有情境，同时具有一定的娱乐性，因而儿童能够通过视觉的享受来感受漫画的故事性、戏剧性。教师在选择漫画作为儿童戏剧创作的主题时，首先要考虑漫画的年龄适宜性，因为漫画根据读者的年龄可以分为儿童漫画、少年漫画、少女漫画、青年漫画、女性漫画等；其次要考虑漫画内容的适宜性，因为漫画按题材可以分为科幻漫画、奇幻漫画、冒险漫画、运动漫画、推理漫画、历史漫画等；最后选择的漫画要具有一定的趣味性，如此才能吸引儿童的参与，激发其开展戏剧活动的欲望与兴趣。为儿童戏剧教育选择的漫画要具有丰富的教育内涵，且融合多学科元素，体现漫画的教育性功能。教师要尽可能选择经典的、有教育底蕴且贴近儿童生活经验、符合儿童认知特点的漫画，从而最大限度地发挥漫画的教育价值。

一切有助于促进儿童身心和谐发展的艺术形式都可以作为学前儿童戏剧

教育的主题来源，教师要善于挖掘、提炼艺术中的戏剧元素引导儿童进行戏剧创作，不要狭隘地认为儿童戏剧教育只能根据文学作品、影视作品改编。教师在日常教学活动中要拓宽对艺术领域的认识，从而有意识地涉猎其他艺术形式，多方面地为儿童营造戏剧教育的艺术氛围。

二、儿童的生活事件

“问渠哪得清如许，为有源头活水来。”与根据不同的艺术载体进行戏剧改编相比，对儿童剧的发展更有意义的是提高原创力，原创是发展的最强动力。生活就是戏剧，人生就是舞台。儿童的心灵是一粒粒饱满的种子，儿童戏剧有义务和责任参与、引导儿童的成长，播种给他们其他事物难以替代的幸福感。以儿童生活事件为戏剧创作的源头，就是要从儿童感兴趣的生活事件或自己实实在在的生活情境中提取戏剧创作的元素，儿童作为戏剧的原创，书写自己的生活故事，并将其搬上戏剧舞台。

生活事件，通常指发生在生活中不平常的，能给人心灵与精神极大的震撼，并留下深刻印象的事情，儿童戏剧教育是一种源于生活但高于生活的艺术表现形式，教师要善于引导儿童关注身边人、事、物，并将儿童对这些事件的认识以戏剧活动的形式表现出来。

一天幼儿园早操时间，所有小朋友都在认真地跟着老师做操，锻炼身体，但班上的小男孩嘉嘉却心不在焉地盯着操场边的墙脚，老师反复提醒，嘉嘉还是忍不住地朝墙脚看去。终于做完了早操，大家自由活动，嘉嘉立马跑到墙脚，趴在地上一动不动地盯着墙脚的小洞。小朋友们看到嘉嘉趴在地上，就好奇地跑过来，只听嘉嘉嘘的一声做了一个噤声的动作，就和小朋友们一起观察地上的蚂蚁。目前正值春季，幼儿园户外场地经常会出现各种各样的小虫子、小蚂蚁，孩子们非常喜欢趴在地上观察小昆虫，甚至还会放在手上玩。老师走近嘉嘉，看到他和小朋友们正在观察蚂蚁搬家，偶尔还会轻轻地帮蚂蚁把路上的障碍除掉，以方便蚂蚁顺利回到家。

集体分享环节，老师针对小朋友们早晨在操场的发现，引导儿童开展了以下讨论：你们在操场看到了什么？它们在做什么？它们是怎么做的？蚂蚁平常都会吃什么，这些东西从哪儿来？如果你是一只小蚂蚁，你会用什么动作搬食物，搬食物的过程中你会和自己的小伙伴说什么？在搬食物的过程中你会遇到什么呢？教师以抛砖引玉的方式激发儿童思考、探索，尽可能地把自己想象成一只蚂蚁，想象蚂蚁每天要做的事情。老师鼓励儿童通过不同的途径来了解蚂蚁，如身体结构、肢体动作、生活习性、生活环境等，最后与儿童一起将他们的发现与讨论记录下来，创作了一个关于《蚂蚁搬家》的剧本。在戏剧创作的过程中，老师与儿童一起阅读绘本《蚂蚁和西瓜》，分析蚂蚁是如何搬东西的，它们会用哪些方式，以及如何用自己的肢体动作来表现这些搬运的动作，这个绘本在戏剧创作的过程中给了儿童思考与启发。陈鹤琴曾说："大自然、大社会都是活教材。"教师要尊重儿童的发现，善于从儿童的视角看待生活，发现生活的美妙，以儿童生活事件为契机，引导儿童进行戏剧创作、表达与表演，这也是教师教育智慧的重要体现。在利用儿童的生活事件创编儿童戏剧的过程中，教师需要注意以下几点：首先，要营造宽松、自由的探索环境，给予儿童充足的探索时间与空间。如《蚂蚁搬家》的案例，如果当时老师发现嘉嘉心不在焉地做早操，就批评他，甚至拒绝让嘉嘉趴在地上观察蚂蚁搬家的过程，就不会有孩子们讨论，也就不会创编出《蚂蚁搬家》的戏剧。其次，要给儿童交流、讨论、探究的时间，以儿童为中心，尊重儿童的想法，在这个过程中，教师要以平等的姿态融入儿童的讨论当中，并提出问题引导儿童思考。教师是活动的参与者、合作者、观察者，绝不是活动的主导者。最后，要鼓励儿童去践行自己的想法，进行戏剧创作。教师只是儿童戏剧创作的材料提供者与活动的参与者，要将戏剧创作的主导权交给儿童。

三、儿童的想法

创作《小雁齐飞》的已故作家刘厚明曾说："我认为孩子们喜欢怎样的写法，就怎样去写；在刻画一个孩子的性格时，我眼前总是浮现着某个学生的音容笑貌；写对话时，也总要想一想，孩子们会那样说吗？"① 尊重儿童的想法是儿童戏剧创作首先应当秉持的理念。教育家陶行知曾用诗歌《小孩不小》

① 参见韦启弦《孩子们的好老师和好朋友——记儿童剧作家刘厚明》，《剧本》1980年第6期。

来告诉世人，我们应该如何处理与孩子的关系。即便是年龄很小的儿童，他们也有认识世界的独特视角，任何罔顾儿童想法的做法都是不可取的。热爱儿童应该是儿童剧创作者最基本、最核心的素质。怀揣一颗童心，站在儿童的立场，用儿童的语言来创作，随着他们感知、体验、思考。如大雨瓢泼，孩子看到的是一个到处冒着泡泡、稀里哗啦作响的游乐场，他们可以和小伙伴冲进雨里打闹嬉戏。教师要善于抓住儿童一个一个稀奇古怪的想法，就像剥洋葱一样，根据儿童的一个想法一层一层地引导、探讨、分析，逐渐形成一个儿童戏剧的雏形，再不断地打磨，最后发展成为一个可触、可感、可演的戏剧活动。

对于周围的环境，儿童总是有很多很多的为什么，他们会不断地问成人为什么太阳会从东边升起、西边落下？为什么太阳和月亮都会出现在天上，但是一个白天出现，一个晚上出现？为什么小金鱼在水里不会淹死？为什么会下雨、打雷、刮风？为什么秋天树叶会变黄？他们对出现在身边的事物抱有强烈的好奇心，总想一探究竟，甚至有时候儿童还会利用自己的朴素理论对某些现象进行解释。教师要善于倾听儿童的声音，像孩子一样与儿童交流讨论，就会发现儿童的很多想法都可以成为戏剧创作的源头。2006 年根据王朔同名小说改编的电影《看上去很美》上映并引起了很多人对幼儿教育的反思，其中有一个情节让我们忍不住一遍又一遍地回味，总会被方枪枪演绎的闹剧打动。在一个模仿各种动物的集体活动中，李老师模仿了一只大猩猩，由于模仿得太像，很多小朋友都被吓哭了。方枪枪悄悄跟其他小朋友说李老师是妖怪，会把大家都吃掉。于是小朋友们各自检查自己的屁股上是否有尾巴来确认自己是不是妖怪，甚至到了晚上洗漱环节，很多小朋友都不敢上前让李老师给自己洗漱。深夜，当李老师睡熟之后，所有小朋友都起来趴在地上商量怎样对付吃人的大妖怪——李老师，他们把所有人的鞋带连起来，小心爬到李老师的床前，想用鞋带把李老师绑起来。如果把这个情节放到现实的幼儿生活中，这将是一个非常形象的戏剧雏形。儿童首先将李老师想象成一个会吃人的大妖怪，然后根据自己的生活经验断定妖怪一定有尾巴，而妖怪最喜欢做的事情就是吃小孩，这样的戏剧冲突让他们非常害怕，最后一起讨论，有什么方法可以制服妖怪，并将自己的想法付诸实践。在这个电影情节中，儿童自编自导了一出戏剧，有情节、有情境、有角色。不可否认，儿童很多不按常理出牌的想法是可以作为戏剧创作源头的。要从儿童众多的奇怪想法中筛选出可以进行戏剧创作的素材，教师首先要善于发现并尊重儿童的想法，为儿童营造一个宽松、自由、安全的心理环境；其次，教师要用发现的眼光从儿童自发性的戏剧游戏中挖掘戏剧元素，引导儿童将其发展成戏剧。简而言之，就是教师在日常工作中要做一个有心人。

“儿童是真理，我们崇尚儿童就可以了。”① 这句话用在儿童戏剧教育课程建设中也一样有效，不管儿童戏剧教育的主题是来源于文学作品、影视作品、美术、音乐作品还是儿童日常的生活，教师都要让儿童成为戏剧创作的中心，给予儿童足够的时间与空间去感受、去探索、去表达。以上关于儿童戏剧教育主题来源的阐述只是为读者提供一种思考与借鉴，大家可以在实践工作中挖掘出更多创作戏剧的途径与方法，找到更为丰富的戏剧主题，创作出儿童喜欢的、热爱的、对他们有深远影响的戏剧作品。

第三节 学前儿童戏剧课程内容与学前教育专业人才培养

“百年大计，教育为本；教育大计，教师为先。”② 要充分发挥儿童戏剧教育对儿童认知、情感、技能的综合促进作用，就必须具备一支拥有专业、丰富的儿童戏剧素养的师资队伍。教师的戏剧素养是幼儿园能否有效开展儿童戏剧教育的关键与基础，因此作为幼儿园教师职前培养单位，师范院校就必须考虑如何以学前儿童戏剧教育为出发点，培养专业的幼儿园教师。

学前儿童戏剧教育的内容，如戏剧表达、戏剧创作、戏剧表演所借助的主题无一例外地包含了文学、艺术、科学、常识等方面的知识，这些内容与学前教育专业人才培养方案不谋而合。学前教育专业的教育内容主要包括通识教育、专业教育与课外拓展教育三部分，其中通识教育是指非职业性和非专业性的教育，目的在于培养健全的个人和自由社会中健全的公民，作为大

① 李跃儿：《孩子是脚，教育是鞋》，第 27 页，华东师范大学出版社 2013 年版。

② 姜勇：《幼儿教育专业发展》，前言第 1 页，高等教育出版社 2015 年版。

学的理念应该是造就具备远大眼光、通融识见、博雅精神和优美情感人才的高层的文明教育和完备的人性教育，关注的是人们生活的、道德的、情感的和理智的和谐发展的教育。专业教育在学前教育领域主要指三学：学前教育学、学前心理学、学前卫生学；以及针对幼儿园五大领域开设的学前儿童语言（健康、社会、科学、艺术）活动设计与指导。

课外拓展教育主要指学生在幼儿园的实习、见习活动，这些教育内容与儿童戏剧教育都无一例外地紧密联系着。

通识教育内容是每个人树立科学的价值观，形成健康人格品质，融入社会生活所必须学习的内容，它是每个人文化素养与积淀的体现。儿童戏剧教育正是通过一点一滴的观念渗透，潜移默化地影响儿童对自我、对周围环境的认识，这同样也是通识教育的目的。学前教育专业教育内容，如学前心理学、教育学、卫生学，这些基本理论不仅能够帮助学生更好地理解儿童、读懂儿童，引导儿童健康成长，同时帮助学生理解儿童戏剧的理论基础，更好地把握学前儿童戏剧教育的方向；而学前儿童专业教法课，更加直接地对儿童戏剧教育产生指导作用，如学前儿童艺术、语言、社会、科学、健康等领域的教育，能够帮助学生掌握开展儿童戏剧教育的原则、内容、方法与途径，专业知识的学习为儿童戏剧教育活动提供了理论与技术上的支持。人才培养中的见习、实习不仅是对学生理论学习的检验，同时也是为儿童戏剧的创作、展示、研究提供实践平台。学生可以在实习、见习过程中走进儿童、了解儿童，与儿童一起交流、一起讨论、一起探索，这样的机会能够帮助学生在未来的教学工作中更好地把握儿童、读懂儿童，从而能更顺利地开展儿童戏剧教育活动。

第四章　学前儿童戏剧教育课程的实施

课程实施是指将编制好的课程计划付诸实际的过程，是实现预期的课程理想、达到预期课程目标的基本途径。① 当前，学者比较认可的两种关于课程内涵的界定，即一方面认为课程实施是把编制好的课程具体化，使之实现课程设计目标，主要包括三个阶段：第一阶段是确定课程计划。第二阶段是实施已确定的课程计划，并根据实施效果进行修订与改进。第三阶段是将修订后的课程计划常规化、制度化。另一方面则从狭义的角度将课程实施界定为课程计划的落实，即实际的教学活动。② 就课程实施本质而言，它应该是一个有计划、有目的的动态发展过程，在这个过程中既促进教师的专业成长，又帮助学生在认知、能力、情感方面获得整体发展，并最终实现预期的课程教育目标。③ 冯晓霞认为幼儿园课程实施的本质是一个课程的再设计过程，需要教师付出富有创造性的劳动才能实现；唐淑同样强调幼儿园的课程实施是将课程设计方案付诸实践的过程，是实现预期课程目标的基本途径，主要通过教师专门组织的教育活动、游戏、日常生活与常规性活动、学习环境、家园合作等途径来实现的。凡事预则立，不预则废。学前儿童戏剧教育课程作为幼儿园综合性艺术课程的代表，要实现戏剧教育在认知、能力与情感方面对儿童发展的积极影响，教师除了了解戏剧教育的基本知识，理解儿童戏剧的

---

① 参见施良方《课程理论——课程的基础、原理与问题》，第 128 页，教育科学出版社 1996 年版。

② 参见孟凡丽《于海波课程实施研究二十年》，《西北师大学报》（社会科学版）2003 年第 2 期。

③ 参见汪霞《课程实施：一个值得关注的问题》，《教育科学研究》2003 年第 3 期。

教育价值，还需要结合幼儿园实际情况，制定儿童戏剧教育课程实施计划，通过集体教学活动、区域游戏活动、户外活动，甚至是幼儿园专门的儿童戏剧工作坊等方式与途径，来组织戏剧教育活动，使之成为促进儿童发展的重要课程。

第一节　学前儿童戏剧教育课程的实施途径

活动理论先驱鲁宾斯坦认为人类的心理是在实践活动中形成的。该理论认为人类的心理是作为与环境互动的一个特殊的要素而产生和存在的，因此活动（感觉的、心理的、身体的）和有意识的加工（学习）是相互渗透、相互融合、相互交叉，不可分割的。学前儿童戏剧教育的突出特点就是强调“做中学、学中做”，儿童在戏剧表达、戏剧创作、戏剧表演中不断获取知识与经验，实现自身内外部的和谐发展。儿童戏剧教育最初源于儿童自发性的戏剧游戏，即戏剧游戏或社会戏剧游戏，有人也将其称为象征性游戏、假装游戏，类似幼儿园的娃娃家游戏，是儿童在一个假想的情境中，扮演不同的角色，并揣摩角色想法、对话与行为，这是儿童戏剧教育最初的模型。因此学前儿童戏剧教育课程的首要实施途径可以通过戏剧游戏的方式，渗透戏剧教育的基本元素，如扮演角色、创设情境、设计情节、使用道具、布置背景等。儿童戏剧教育是运用戏剧元素与技巧为教学服务的一种方式，即“由一位带领者，利用戏剧活动，如戏剧游戏、肢体声音活动、默剧动作、即兴口语对话，以及故事或诗演绎的戏剧化等技巧，领导一群参与者在教室或活动室等进行的非正式的表演空间，利用‘假装’的游戏本能，共同去想象、体验及反省人类的生活经验”①，也是围绕一定主题开展的一系列探究、学习与创作的活动。儿童戏剧教育完全可以融入幼儿园五大领域的教学活动中，戏剧主题活动可以与幼儿园现有的主题活动课程整合，因此戏剧主题活动自然也成为学前儿童戏剧教育课程实施的又一途径。美国创造性戏剧概念的引入，

---

① 林玫君：《创造性戏剧理论与实务——教室中的行动研究》，第 26 页，台湾心理出版社 2005 年版。

对我国传统表演式儿童戏剧教育的改革带了新的思考，一种新型的以工作坊的形式开展创造性戏剧的方式逐渐进入大家的视野，戏剧教育工作坊开放、合作和创造的特点使其成为很多幼儿园乐意去尝试的一种新形式。因此，目前学前儿童戏剧教育课程的实施主要有三种途径，即戏剧游戏、戏剧教育工作坊与戏剧教育主题活动。

一、戏剧游戏

戏剧游戏最初是用来培训演员技能技巧的一种方法，主要是帮助戏剧演出者能够娴熟地运用动作、表情、声音、语言等进行表达、创作与表演，之后特指在进行正式表演之前的各种热身活动。在儿童戏剧教育过程中戏剧游戏是教学过程的重要环节，教师可以根据戏剧教育活动的需要将其灵活地运用于戏剧教育活动的各阶段，以促进戏剧教育活动的顺利开展。同时根据戏剧教育各阶段的不同需求及不同戏剧游戏在活动中的功能与作用，戏剧游戏可以再次具体划分为破冰游戏（亦称为暖身游戏）、肢体游戏、情景游戏、团队合作游戏、即兴扮演游戏、舒松游戏等。教师可以根据班上幼儿的实际情况适时、适宜地将戏剧游戏融入幼儿园一日生活各环节，如过渡环节、等待环节等，以此来减少幼儿消极等待的时间，丰富幼儿的在园体验。同时，戏剧游戏也可以渗透到幼儿园领域活动中，作为一种有趣的教学手段加以运用。如通过简短的戏剧游戏“老狼、老狼几点了”锻炼小班幼儿跑步的能力，有意识地在分散跑步时能躲避他人的碰撞，这个游戏，规则清晰、情节清楚、角色简单，且对游戏场地的要求较少（安全、开阔），幼儿也非常喜欢，百玩不厌。教师可以将这个游戏作为一次教学活动的热身环节、也可以作为教学活动的一部分，激发幼儿主动参与活动的积极性。

游戏是幼儿的天性，也是他们最喜欢的活动，同样幼儿也是在游戏中不断学习、不断发展、不断成长的。戏剧游戏融合了幼儿角色游戏与戏剧的特点，通过这样的方式来发展幼儿用肢体动作、表情、声音、语言等来表达情绪情感的能力，从而使其能在正式的戏剧活动中应付自如。

儿童戏剧的表达、创作与表演是对儿童戏剧能力（肢体动作、感官与情绪的知觉、想象力、声音、语言）的综合运用，戏剧游戏则是在儿童的游戏中，有计划、有目的、分步骤地培养他们这方面的能力。如为了帮助幼儿建立角色意识，感知“假装游戏”，教师可以在过渡环节玩“我比你猜”的游戏，如教师用动作扮演小兔子、大猩猩、小鸭子、袋鼠等，让幼儿来猜一猜老师扮演的是什么，当幼儿熟悉游戏玩法时，就可以鼓励幼儿自己与同伴玩类似的游戏，即学会用动作呈现角色特点。当幼儿能够熟练地用动作扮演各种角色，教师就可以进一步引导儿童将各种角色连起来，使角色与角色之间发生关系，体会角色的情绪情感。以角色游戏“生病的狮子”为例，教师只提供游戏的线索以及一张以森林为背景的图片，然后鼓励幼儿进行角色游戏。幼儿联想到自己生病时的情境，于是有的幼儿张开双手，扮演一只小鸟来看望狮子，并为狮子唱歌；有的幼儿勾着身体扮演刺猬，给狮子带了水果；还有的幼儿扮演小花猫，并“喵喵”地告诉狮子“我给你带了好吃的小鱼”；甚至还有幼儿扮演森林里的动物医生来给狮子看病。在这样的游戏中，幼儿抓住了各种角色的特点，并用语言、动作、表情进行创作与表达，从而帮助幼儿潜移默化地习得戏剧元素，获得戏剧能力。

对儿童戏剧教育活动而言，戏剧游戏是散点式的戏剧经验的积累，是渗透在日常生活中的游戏活动。戏剧游戏具有简单、灵活、短小的特点，一般可在幼儿园一日活动的过渡环节、等待环节来开展，时间自由，可长可短，不需要太多的材料准备，即时开始，即时结束。如幼儿经常玩的游戏“1，2，3，木头人”，只要有一个稍微宽敞点儿的空间就可以玩起来，由老师或一名儿童扮演魔法师（喊口令者），其他儿童则在其身后按照顺序站成一排，准备完毕后，当魔法师背对大家念出咒语“1，2，3，木头人”后，身后的木头人可以自由地向魔法师靠近，当魔法师喊“停”的时候，后面的各个木头人要保持当下的姿势不动，如果动了就会被魔法师抓住。当儿童熟悉游戏规则之后，教师可以向儿童提出更高的要求，即当魔法师喊“停”的时候，必须把自己扮演成一个动物或其他事物，如猴子、小兔子、大灰狼或者大象等。

游戏“牵线木偶”，通常是两两搭档进行，一个人扮演木偶操作者，假装做牵绳状随意移动木偶手臂，另一人扮演被牵线的木偶，要随时观察操作者的动作并模仿，随着牵线人动作的方向、幅度与速度的变化，不断变化动作。操作者要不断地想象、创造新的动作并表现，木偶则要仔细观察、快速反应并控制自己的动作。这样的游戏需要双方的密切配合，但游戏的操作环境要求较少，只要儿童愿意，随时都可以开展，方便灵活。类似的戏剧游戏，通过一点一滴的渗透与体验，潜移默化地为儿童戏剧表达、创作和表演积累素材与经验。

幼儿园常见的戏剧游戏如下。①

1. 超级变变变

幼儿围坐成一个大圈儿，教师拿出一个软球依次传递，请幼儿感受软球的重量和质感。幼儿感受和传递的过程中，教师要引导幼儿想象：如果这不是一个软球，又会是什么？可以用来做什么？当所有幼儿都感受过之后，教师将软球放在圈儿内，请幼儿逐一走到圈儿中拿起软球，用一系列肢体动作来表现自己想象中的软球是什么物体，并让其他幼儿猜。如西瓜、跳跳球、小鼓等。

2. 动物大游行

教师告诉幼儿马上要举行一场动物大游行，请幼儿想象自己将扮演什么动物，并加入一些有趣的性格特点，如大懒牛、吵闹的母鸡、贪吃的响尾蛇、胆小的老鼠、爱睡觉的乌龟、贪玩的小狗等。让幼儿先练习自己所扮演的动物走路姿势、神态，并适当地模仿动物的叫声。当幼儿练习得差不多之后，就开始一场动物大游行，活动结束之后，教师还可以提供一些情境，请幼儿来表现自己所扮演的动物在特定情境中的状态，如：动物非常饥饿地吃晚餐、动物被一张大网或陷阱困住、动物在陌生的环境里迷路等。

① 参见周翔《儿童绘本戏剧教育活动案例（4—5岁）》，第142—145页，南京师范大学出版社2016年版。

3. 镜子

幼儿两人一组，面对面站立，一人想象自己正在照镜子并做动作，另一个人表演出同伴在镜中的模样。游戏可以先由手部动作开始，当幼儿熟悉游戏玩法之后，加入腿脚及面部表情的模仿，一般3—5分钟后可互换角色。

4. 融化的身体

教师播放舒缓的音乐，幼儿闭上眼睛站立，在教师的提示语下，身体逐渐放松。教师请幼儿想象自己是一根蜡烛，在慢慢融化，从头、脖子开始，再到肩膀、胸部、双手、腰部、屁股，再到腿和脚，最后全身舒缓地躺下，达到放松的效果。

二、戏剧教育工作坊

工作坊一词最早出现在教育与心理学的研究领域之中，主要采用一种轻松愉悦的互动方式，把多人共同参与的活动根据一定的操作程序串联起来，使其成为一个系统、连贯、脉络清晰的过程。工作坊的突出特点是参与者之间具有较高的互动性，因此也称为参与式工作坊，一个工作坊主要有三种角色，即参与者、带领者和协助者。参与者即参与活动的人，也称学员；带领者即工作坊的领导者，一般由具有专业技能且对所讨论的议题有独特见解的人担任；协助者是指在工作坊活动中提供帮助的人，其任务在于协助参与者进行有效沟通与合作、发现问题、提出问题并解决问题，但不以强势姿态为参与者做决定。工作坊因其互动性、专业性及针对性较强的特点，已逐渐成为教育培训的一种方式。

戏剧工作坊是指在专门的戏剧空间中，在区域活动时间，引导者带领少数幼儿（8—10名）围绕特定的主题，经由动作、声音、语言等共同创作戏剧的角色、情节和情景，并在创作过程中反映自身独特的经历，发展想象力、创造力以及问题解决能力的一种儿童戏剧教育的组织形式。[①] 相对于儿童戏剧游戏散点式地积累戏剧经验而言，戏剧工作坊则是线性的戏剧经验的积累。戏剧工作坊主要是围绕“某一话题，在比较轻松、有趣的互动方式中，教师引导幼儿沟通、表达、交流、探索和学习，将一系列的戏剧行为（表达、创作、表演）串联起来，成为一个有意义的促进幼儿发展的过程”[②]。戏剧工作坊通常以小组为单位来组织戏剧活动，活动设计流程主要包括热身活动、角色塑造、情节创作以及分享交流四个部分。通常情况下教师会根据班上的具体情况将幼儿分为3—4组，轮流在戏剧工作坊中开展戏剧活动，根据幼儿注意力保持时间的不同，每次工作坊的活动时间最好控制在半小时左右，时间太长，幼儿容易疲乏、注意力不集中，时间太短，幼儿则无法充分表达自己的设计。戏剧工作坊的内容可以来自幼儿园正在实施的主题活动课程，也可以是戏剧活动自身的主题，还可以来自幼儿的各种生活事件。在戏剧工作坊中，戏剧表达、戏剧创作与戏剧表演逐步推进，环环相扣，形成了较清晰的脉络，不断提升儿童的戏剧活动经验。

如美国儿童戏剧教育家吉瑞汀·西克斯描述的一个关于5—6岁儿童戏剧工作坊的案例[③]，十名儿童进入一个大的活动室，教师点名迎接每位儿童。音乐响起，儿童开始自由舒展身体。一会儿，教师逐渐关掉音乐，并邀请所有的儿童围坐在一个大的地毯上分享自己的感受。首先，教师呈现一个装有不同颜色手套的箱子，让儿童戴上手套想象并行动：谁可能带上这些手套？如果你是这个人，你会做什么？当你准备好时，转移到你这个角色可能会去的另一个地点。借助一个大鼓，教师不断变换旋律和节奏，以语言引导幼儿对形象进行创造：你的角色还会做些什么呢？接着，教师拿出一个装有不同颜色布料的箱子，告诉儿童可以自由选择并如何使用这些布。结果这些儿童扮出了超人、国王、醉汉、强盗、幽灵、护士、男招待员等形象。通过强化角

---

① 参见张金梅《学前儿童戏剧教育》，第210页，南京师范大学出版社2014年版。

② 奚蓓：《关于幼儿戏剧工作坊的实践与思考》，《早期教育》（教师）2011年7—8期。

③ 转引自杨娟、张金梅《美国儿童戏剧工作坊及其对我国儿童戏剧教育的启示》，《教育导刊》（下半月）2012年01期。

色的行为，教师从侧面鼓励儿童进行深入表现。儿童被鼓励讨论刚才所玩的游戏，并创编一个包含所有角色的完整故事。他们要决定故事是如何开始的，角色是怎样融洽相处的。最后，每个角色根据刚才儿童所讨论的情节展开即兴表演。表演后让观众、演员和教师提出建议。通过补充，修改或从原有的表演中删除部分细节来丰富表演的艺术效果，然后儿童再次表演。①

从上述案例可看出，这是一个由教师发起，儿童参与创作的戏剧活动，主要包括五个环节。（1）热身环节：播放音乐，让儿童在音乐中自由活动，舒展身体，引导儿童调整情绪状态，为接下来的活动做准备。（2）创造角色：教师出示不同的材料，鼓励儿童大胆想象哪些角色会使用这些材料，并引导儿童继续猜想这些角色会用这些材料做什么，以帮助儿童塑造戏剧角色。（3）创作情节：教师鼓励儿童相互讨论自己创造的角色，以及思考如何将这些角色联系起来，构成一个完整的故事。（4）分享与交流：每个角色根据大家讨论的故事情节进行即兴表演，并与其他演员、观众相互交流讨论，听取大家的意见。（5）完善环节：儿童在听取大家的建议之后，对创编的戏剧进行适当的修改、扩充或删减之后再次表演。

戏剧工作坊注重做戏的过程，而非演戏的结果，教师可根据实际情况灵活采用半圆、散点、圆圈、聚合、一字和两排等多种形式，安排幼儿的位置。在一定的故事背景中，教师通过使用一定的戏剧技巧与策略，引导幼儿对故事的角色关系、情节发展、场景等进行想象与即兴创作。在工作过程中遵循角色为先，情节次之的规律，通过热身活动、角色塑造、情节创作、分享与交流四个环节，引导幼儿在协商讨论中共同解决戏剧冲突，不断丰富和发展预设的主题框架。活动过程中教师主要是以引导者、支持者、合作者的身份，引导幼儿去表现、表达与创作，支持幼儿的想法与行动，与幼儿共同完成戏剧的创作。幼儿则在教师的引导下，运用肢体、声音、语言等调动自身已有经验与同伴一起想象、合作，共同创作戏剧的角色、情节和情境，并在行动中表达出来，以锻炼自己思考、解决问题及协商合作的能力。

---

① 转引自杨娟、张金梅《美国儿童戏剧工作坊及其对我国儿童戏剧教育的启示》，《教育导刊》（下半月）2012 年 01 期。

戏剧教育工作坊内容除了由儿童与教师完全创作新的戏剧，还可以根据已有的故事进行创作，以工作坊作为一种教学手段，帮助儿童理解教学内容。如绘本教学中，引导儿童用自己的动作、表情、声音、语言来扮演故事中的角色，续编或创编故事结尾。如绘本故事《鸭子骑车记》最后一幕在两个巨大的字母“THE END”之间画上一辆红色的拖拉机和一只托着下巴做思考状的鸭子。教师可以以此为线索，让幼儿想象一下这只不甘平庸的鸭子又会开启怎样疯狂的冒险之旅，它会遇到谁，会发生什么有趣的故事等，这些风趣、诙谐的故事都可以作为戏剧教育工作坊的素材。不管工作坊的内容是什么，教师在开展戏剧教育工作坊活动的时候，心中都要有工作坊的活动流程，即热身活动、塑造角色、情节创作以及分享与交流，同时教师应当充分尊重儿童的想象，给予儿童充足的表达时间与空间。

三、戏剧教育主题活动

与戏剧游戏、戏剧教育工作坊相比，戏剧教育主题活动是一种立体的、全面的、整合的戏剧经验的积累。戏剧教育主题活动是指围绕一定主题，从幼儿的戏剧经验出发，师幼共同建构的一系列戏剧活动，具有一般主题活动的普遍特点，即包含了主题说明、主题目标、环境创设、区域设置及家长工作等内容，不同的是戏剧教育主题活动以戏剧表达、戏剧创作和戏剧表演为线索贯穿，以戏剧表达（角色的体验与表达）为出发点，发展到戏剧创作（戏剧冲突的创作和问题的解决），最终形成戏剧表演。

在主题活动目标的指引下，教师需要根据幼儿在戏剧创作过程中的想法与实际情况适时调整活动内容，本着尊重幼儿，以幼儿为戏剧创作主体的原则，教师主要是戏剧活动的参与者、辅助者与支持者，鼓励他们用自己喜欢的方式或选择适合自己的方式来表达。下面以幼儿园戏剧教育主题活动“小鸭的故事”为例（见表 4-1）①，具体阐述主题式戏剧教育活动的实施过程。

---

① 参见朱勤《浅谈主题式戏剧教育活动的组织与实施——以主题活动〈小鸭的故事〉》为例，《幼儿教育》2011 年 Z1 期。

表 4-1 幼儿园戏剧教育主题活动“小鸭的故事”

主题系列活动 课程实施环节	戏剧表达环节	戏剧创作环节	戏剧表演环节
1	小小蛋儿把门开	小鸭迷路了	材料： 头饰、纱巾、栅栏、绳子、录音机、手偶等。
2	母鸭带小鸭	我想帮助它	
3	小鸭学跳水	小鸭找妈妈	
4		小鸭盖房子	
5		小鸭捉蝴蝶	

（一）主题来源

生活中任何一个细小的内容都可以成为主题式戏剧教育活动的来源。主题活动“小鸭的故事”来源于歌曲《迷路的小花鸭》。首先，这首歌曲有一定的情节性，讲述了小花鸭迷路之后的故事。其次，这首歌曲具有戏剧冲突，即小花鸭迷路怎么办。迷路是幼儿生活中可能会遇到的问题，幼儿通过戏剧活动可以积累一些解决问题的经验并将其迁移到生活中。最后，这首歌曲有一定的拓展性，幼儿在学习歌曲的时候不禁会想：小花鸭从哪儿来，它为什么会迷路，如果不是被小朋友发现，小花鸭会怎样，它会遇到谁，谁又会来帮助小花鸭？这些问题都是幼儿戏剧创作过程中要思考与解决的问题。

儿童戏剧主题的选择与幼儿园一般主题活动的选择一样，都要来源于幼儿的生活，符合幼儿的认知特点，能够激发幼儿的兴趣，但儿童戏剧教育的主题与一般主题不同的是必须具有问题性，即有戏剧冲突的存在。无论主题来源于一首歌、一件事、一幅画、一个生活现象，我们都要有一种问题意识，围绕选择的事物提出一些问题，给予幼儿创作想象的空间以便让幼儿有机会大胆表达自己的想法，并通过戏剧表演的方式寻找解决问题的方法。

（二）戏剧教育主题活动实施过程

主题式戏剧教育活动的建构与排练性戏剧活动的组织不同，它不以剧本（故事）为核心，而以儿童的戏剧经验为核心。首先，主题式戏剧教育活动以戏剧表达为开端，让幼儿以扮演角色的方式表达自我对周围世界的看法。其次，以戏剧创作为主干，围绕步步展开的戏剧冲突，使幼儿尝试发现问题和解决问题。最后，以戏剧表演为结束，将幼儿先前获得的戏剧表达和戏剧创作经验统整起来，鼓励幼儿完成自己的戏剧作品。具体来看，主题式戏剧教育活动的建构过程主要有以下三个阶段。

1. 戏剧表达

戏剧表达是幼儿对戏剧角色与情境的感性认识与表达，幼儿可以从感知、模仿、造型、想象、控制、情感等方面去充分认识、理解、表现角色，其目的在于鼓励幼儿敢于表达、勇于表现，从而为戏剧创作、戏剧表演打下坚实的基础。在主题活动“小鸭的故事”中幼儿要扮演小鸭这一角色，通过动作、表情、声音、语言表现小鸭的姿态、动作、声音来表达对小鸭这一角色的认识。这里的角色扮演不是简单的模仿，而是幼儿在教师的带领下、在问题的伴随下进行的自由体验与表达。如小鸭是从哪儿来的，它是怎样走路的，会做些什么等。为此，教师设计了第一个活动“小小蛋儿把门开”，教师扮演鸭妈妈高高兴兴地出去玩，一边走一边生了好多鸭蛋。天黑了，她忙着捡鸭蛋，然后把鸭蛋放在翅膀下保暖。此时，我们问了一个问题：鸭蛋在哪里？让幼儿有了扮演鸭蛋的愿望，他们一个个都蹲了下来，缩起身子。在歌曲《小小蛋儿把门开》的伴奏下，戏剧表达活动进一步展开了。如小鸭在蛋壳里是怎么活动的？它是怎样打开蛋壳的？出来后的小鸭是什么样子的？它会做什么动作？由于蛋壳里的小鸭活动范围很小，幼儿需要控制动作幅度。幼儿随着音乐节奏自由想象，充分表现蛋壳里的小鸭、破壳而出的小鸭。此外，小鸭和鸭妈妈的生活也是戏剧表达的重点，如在随后的“母鸭带小鸭”和“小鸭学跳水”的活动中，教师扮演母鸭，带着幼儿扮演的小鸭去散步、游泳，通过模仿、想象等进行戏剧表达。在这一阶段的活动中，幼儿提高了肢体表达能力和角色扮演能力。

2. 戏剧创作

戏剧创作围绕戏剧冲突展开，包括情节创作和场景创作。幼儿围绕教师设置的问题想象角色、情节、场景，并通过肢体、表情和语言进行表达。在“小鸭的故事”这一主题活动中，教师设计了“小鸭迷路了”“我想帮助它”“小鸭找妈妈”等戏剧创作活动，注重角色、情节和角色对话的创编，促使幼儿相互启发并产生初步的合作行为，活动的戏剧性也更为突出。“小鸭盖房子”的活动则是幼儿对场景所进行的创作。幼儿刚开始把小鸭送回家时不知道站在哪里表演，也不知道该谁出场，该谁离场。于是，教师提出问题：朋友们把小鸭送回了家，可是小鸭的家在哪里呀？是什么样子的呀？经过讨论，大家决定一起盖房子。教师找来了纸箱，让幼儿提议、设计房顶的造型和墙面的材料。幼儿根据自己的经验和教师一同制作了砖墙，三角形屋顶。有了房子的场景，大家又提出要设置池塘、草地的场景。这些场景制作工作大多由幼儿在表演区域中完成，通过这一戏剧创作活动，幼儿进一步积累了布置场景方面的经验。

在戏剧创作阶段，幼儿生成的活动明显增多。例如，“小鸭捉蝴蝶”的活动就是由幼儿在讨论小鸭迷路的各种原因时生成的。由于小鸭捉蝴蝶而迷路的情节最吸引幼儿，教师便引导幼儿用身体动作表现蝴蝶飞的动作及停留在花朵上的造型。同时调动幼儿的生活经验，使其迁移运用到捉蝴蝶的情节中：蝴蝶时而快飞，时而慢飞，时而停下，小鸭也时而快走，时而慢走，时而抓蝴蝶。在这个活动中，幼儿身体控制能力得到了发展，同时开展了合作。教师在此基础上启发幼儿创编小鸭和蝴蝶之间的对话，丰富有关角色和情节的内容。

3. 戏剧表演

真正意义上的戏剧活动最终需要一个多次传递信息与想法、分享经验与感受的过程，这就是戏剧表演。有前面两个阶段作铺垫，戏剧表演自然成了幼儿的兴趣，他们通常会在表演区域中自由选择角色、自主创编情节。在戏剧表演中，教师要引导幼儿相互观看，相互评价，相互学习。其中有分工、有合作，还要准备场景、音乐，这对于幼儿来说有一定的挑战性，但是幼儿很希望得到大家的肯定。为解决这个问题，教师引导幼儿尝试了两种方法：一是节选片段表演，二是将表演活动放置在区域中。经过一系列戏剧表达和戏剧创作活动，幼儿的经验越来越丰富，表演的兴趣也越来越高涨，集体活动已经满足不了所有人的表演要求，因此教师将戏剧表演活动延伸到了表演区域。教师投放了头饰、纱巾、栅栏、绳子、录音机、手偶等材料，以满足不同幼儿的表演需要。一些比较内向的幼儿往往不敢在集体面前表现自己，但又想参与这样的活动，因此，表演区域给了他们一个展现自我的舞台，他们更多的是再现集体活动中的表演内容。那些活泼大方的幼儿则将表演区域当作他们创作的天地，他们将集体活动中获得的经验迁移到了区域活动中，利用教师提供的新材料展开了新的戏剧表演活动，如更换角色、增加木偶等。研究发现，幼儿这时的戏剧表演完全基于幼儿的已有经验，幼儿在不断地重复中丰富、完善自己的表演。当然，教师的适时指导仍然是需要的，教师需要观察、发现幼儿在表演中产生的问题并及时给予支持。

戏剧主题活动以戏剧表演为结束，有戏剧表达、戏剧创作两个阶段作铺垫，对儿童来说戏剧表演是水到渠成的事，三者之间相互支撑、相互联系，前一个活动是后一个活动的基础与铺垫，后一个活动则是前一个活动的延伸与提升，三者环环相扣，逐步推进儿童戏剧表达、戏剧创作、戏剧表演经验的统整与发展。除上述三种主要的途径外，区域性戏剧游戏、各领域的戏剧手段渗透以及亲子社区活动也是课程实施的有效方式。

第二节　学前儿童戏剧教育课程的实施策略

课程实施是幼儿园课程的再设计过程，课程实施策略则讨论如何对已定的课程内容进行再设计，即采用何种方式、方法将课程目标、课程计划、课程内容付诸实践，以实现课程设计的价值。从狭义的角度来说，课程实施策略即我们熟悉的教学策略，主要针对课程实施过程中的具体教学情境而言，是指在整个教学过程中，教师根据教学内容、教学场景、学习者的发展特点与经验水平，采用适当的教学方法、教学手段及教学模式，并在应用中不断予以相应的监控、调节和创新，以促进学习者的有效学习，最终实现课程目标。学前儿童戏剧教育的目的在于发展儿童的自我表现力，在创设的戏剧情境中，儿童不断地进行戏剧表达、戏剧创作、戏剧表演，并在这个过程中实现自我内在与外在的和谐发展。儿童戏剧与剧场戏剧最大的不同在于它对表演的环境、布景的要求不高，任何一个地方如教室、区角、走廊、户外场地都可以作为儿童戏剧展示的舞台，但不管是剧场戏剧还是儿童的创造性戏剧都包含角色、情节、情景三要素。如何在戏剧活动中将角色、情节、情景串联起来，形成完整的戏剧剧本，实现儿童戏剧表达、创作、表演能力的提升，是我们在戏剧教学活动中需要思考与讨论的。我国学者张金梅通过对英国戏剧教育学者乔纳森·尼兰兹等人总结的70大类戏剧教学策略进行总结与分析，并结合自己的研究成果，分别从戏剧的三大要素角色、情节、情景进行归纳整理，然后提出教师在儿童戏剧教育过程中可以采用和借鉴的教学策略。①

一、角色塑造的策略

角色塑造是指幼儿根据戏剧中角色的外形特征、性格特点等，用肢体动作、表情、声音、语言等将戏剧中的角色进行创造性表现，将自己融入角色当中，体验角色的情绪情感，从而使剧本中的角色变得立体、形象、生动、有感染力。比如儿歌《走路》中描述了小兔走路蹦蹦跳跳，小鸭走路摇呀摇呀摇，小乌龟走路慢吞吞，小花猫走路静悄悄。在这个简短的儿歌当中出现了四个小动物的角色，且各角色走路的形态是不一样的，如小兔子是蹦蹦跳跳地走，小鸭子是一摇一摆地走，小乌龟是慢吞吞地走，小花猫则是静悄悄地走。因此，幼儿就需要用肢体动作分别扮演不同小动物走路的样子，同时还要体现小动物各自的外形特征，如小兔子有两只长长的大耳朵，两颗大大的门牙；小鸭子有宽宽的嘴巴，腿比较短，走路时会一摇一摆；小乌龟有四条腿，在地上慢慢爬；小花猫有很多长胡子，且动作轻盈。因此，幼儿在塑造这些动物角色时要抓住每个动物的典型特征，并结合自己对歌词的理解，进行想象、创作，最后将角色形象地演绎出来。教师在引导幼儿塑造角色时，要让幼儿充分表达，因此就需要为幼儿预留充足的时间，让他们有更多的时间来构思、创作和调整，为帮助幼儿打开想象之窗，创造出更多有趣、好玩、生动、形象的戏剧角色，教师在教学过程中需要适当采取一些行之有效的策略来引导、丰富、规范幼儿的想象。

（一）定格——角色典型动作塑造

定格是指幼儿经过思考后将角色动作、形态用静止的肢体、表情造型表现出来，是幼儿园戏剧教育最常见的角色塑造策略。如幼儿经常玩的戏剧游

---

① 参见张金梅《幼儿园戏剧教育的内容、途径和实施策略》，《幼儿教育》2015年第21期。

戏“1，2，3，木头人”就是最典型地使用定格的方式引导幼儿进行角色塑造，当魔法师喊“1，2，3，木头人”的口令时，身后的幼儿可以悄悄向魔法师靠近，并做出各种动作，扮演不同的角色，当魔法师喊停时，所有的幼儿都必须保持自己最后扮演的角色动作并保持静止，谁动了就会被魔法师抓住。可以在这个游戏的基础上提高游戏难度，即当魔法师喊停的时候，身后的幼儿保持自己扮演的角色动作不变，魔法师猜测幼儿扮演的是什么，被猜对的幼儿就会被魔法师抓住。在这个游戏中，幼儿需要充分调动自己的生活经验，扮演不同的角色，或者用不同的动作扮演同一个角色，这个游戏同时也考查幼儿对所扮演的角色是否有深入细致地认识与了解。有时候，教师可以为幼儿提供一个情境，让幼儿在既定的情境中自由想象，然后用动作对自己想象的角色进行模仿。如法国作曲家圣桑《动物狂欢节》组曲里的第一首管弦乐曲《狮王进行曲》用钢琴的颤音、沉重有力的顿音、浑厚低沉的旋律，表现了万兽之王威风凛凛的步伐和神态，加上狮子威猛的吼声，使整个森林都为之震撼。在听音乐的过程中，幼儿会一边听一边模仿各种动物的动作，这时候教师可以根据乐曲的结构特点创编音乐故事，满足幼儿角色扮演的欲望。如在一个很大很大的森林里，居住着狮王和许多小动物，每当风吹树摇时，远处就会隐隐传来狮王的吼叫声。忽然，猴子从树上滑下来报告说：“狮王驾到。”乐队吹起了号角，狮王大摇大摆地走出来，狮王得意地大声吼叫，向小动物们示威，乐队用号角声为它伴奏，狐狸为了讨好狮王，带领小动物们为狮王跳舞，狮王高兴地大声吼叫并和小动物们做起了游戏。教师请幼儿将自己想象成森林里的一种动物，音乐响起的时候可以自由自在地用动作表现自己所扮演的动物，音乐一停，就需要将自己的动作定格，老师要认真观察儿童做出的动作然后猜测儿童扮演的是什么动物。同时，教师还可以请儿童在集体面前展示自己的动作，让其他小朋友一起来猜自己扮演的是什么动物，这个时候幼儿之间就开展了新一轮“我比你猜”的游戏。“定格”游戏，可以引导幼儿思考如何用动作、表情向他人（观众）诠释某一角色，是帮助幼儿塑造戏剧角色的常用策略。

（二）轮廓图——角色外形塑造

轮廓图是指幼儿通过语言、绘画、扮演等方式来描述某一角色的外在形象，从而使故事中的角色变得立体、形象、可视化。如故事《可怕的大妖怪》，幼儿经常会把大妖怪描述成身体是蓝色或者黑色的而且非常庞大；有大大的嘴巴和长长的、尖尖的牙齿；眼睛睁得大大的；还有尖尖的爪子；全身上下都是毛等。教师可以请幼儿将自己心目中的妖怪画出来，凸显妖怪的外形特征，然后用动作、语言、表情、声音等将描述的大妖怪表达出来，进行角色扮演。又如故事《脏兮兮国王》，在戏剧活动开始之前，幼儿需要对故事中的角色有一定的认识，形成角色形象的蓝本，之后再通过造型对角色特点进行表达。幼儿根据自己的生活经验和对故事内容的理解，认为脏兮兮国王的形象应该是这样的：首先国王是一个老头，浑身散发着熏人的臭味；不洗脸、不刷牙、头发乱糟糟的；脸上胡子拉碴，还有脏东西；衣服上面也有脏东西；脏兮兮国王的头顶总是有蚊子飞来飞去，就像动画片《喜羊羊》中的懒羊羊一样。教师根据幼儿描述一边听一边画，最后将幼儿描述的国王形象画出来，然后让幼儿讨论如何用动作、造型来体现脏兮兮国王的外形特点。教师给幼儿足够的时间，并为幼儿提供相应的材料，让幼儿自行扮演。这个活动主要是帮助幼儿梳理角色创造的思路，引导幼儿如何将想象中的角色实实在在地展现出来。

（三）雕塑家——角色间的合作

雕塑家策略一般以两两合作的方式进行，一方扮演雕塑家，另一方扮演陶泥，雕塑家根据自己对角色的理解将陶泥塑造成一个雕像，以反映自己对特定主题及角色的认识。① 雕塑家在摆弄他人肢体塑造雕像的过程中，表达了自己对角色外形、姿态的认识和理解。如《可怕的大妖怪》中妖怪形象的塑造，幼儿可以两人一组，分别扮演雕塑家和陶泥，扮演雕塑家的幼儿要用动作、语言等方式提示扮演陶泥的幼儿摆成他心目中的妖怪的样子，在这个过程中，雕塑家可以根据实际塑造的过程不断调整自己的作品，直到自己满意为止。每组完成后，教师可以请扮演雕塑家的幼儿去看一看其他组塑造的怪物，同时教师也可以让幼儿两两互换角色，再玩一次。在玩这个游戏之前，

---

① 参见［英］乔纳森·尼兰德斯，东尼·古德著，舒志义、李慧心译《建构戏剧：戏剧教学策略70式》，第136页，台北市成长基金会2005年版。

如果幼儿对雕塑家没有什么概念，不知道雕塑家是做什么的，教师可以用图片或视频的形式向幼儿介绍雕塑家的工作特点，然后邀请一名幼儿与自己一起给大家做示范。教师扮演雕塑家，幼儿扮演陶泥，教师可以和幼儿一起先活动身体，使身体处于放松状态，然后轻轻地摆弄幼儿四肢，摆出一个怪物的模样。同时教师也可以做出一个可怕或者滑稽、有趣的表情，请陶泥模仿，然后完成雕塑家的工作，在玩的过程中教师要提醒幼儿不能用力地搓揉陶泥的脸。

（四）集体扮演一个角色

这种策略是指全班或一个小组扮演同一个角色，以满足所有幼儿参与戏剧活动的欲望，同时缓解幼儿在集体面前表演的紧张感。

1. 全班角色扮演

全班角色扮演是指全班幼儿扮演同一个角色，所有幼儿都是角色扮演者，增强幼儿活动参与感，同时还可以相互学习、相互讨论，取长补短，精进自己的角色扮演技能。如戏剧《三只小猪》中，随着故事情节的发展，全班幼儿一起扮演三只小猪与大灰狼对峙的情节（戏剧冲突），虽然故事剧情都一样，但每个幼儿表现出来的小猪和大灰狼的形象却各不相同。有的幼儿从语言上体现大灰狼粗声粗气的特点；有的幼儿在表演过程中表情特别丰富，表现了第一只、第二只小猪胆小、害怕的特点，对第三只小猪的表达则体现出它的聪明、镇定与机智；有的幼儿用动作、声音、语气来表达不同大灰狼的狡诈与愤怒等。幼儿的表现非常精彩，有些表现甚至是意料之外的，我们要允许幼儿之间不一样的存在，正如意大利瑞吉欧教育机构创始人马拉古奇在小诗《儿童的一百种语言》中描绘的那样：孩子是由一百种组成的。孩子有一百种语言；一百双手；一百个想法；一百种思考、游戏、说话的方式。一百种倾听、惊奇、爱的方式；一百种歌唱与了解的喜悦。一百种世界，等着孩子们去发掘；一百种世界，等着孩子们去创造；一百种世界，等着孩子们去梦想；孩子有一百种语言。一百个幼儿就有一百种戏剧的表达方式，每个幼儿刻画的角色都各有特色。教师要肯定幼儿不一样的表达，并鼓励幼儿尽可能用多种方式来诠释同一角色，同时教师要允许幼儿同伴之间的交流、沟通、切磋，让幼儿自己去发现、去探索，找到一个适合自己表达的方式。

为保证幼儿能够在全班的角色表演中充分表达自己对角色的认识与了解，教师就要为幼儿提供相对宽敞的活动空间，以保证所有幼儿都能充分参与到角色扮演中。如果空间太狭小，或空间分布不明确，幼儿之间就会互相干扰，活动过程易出现混乱的情况，使活动质量受到影响，甚至使活动难以继续开展。因此，在开展全班性的角色扮演活动之前，教师要先规划好幼儿的活动区，让幼儿理解活动规则，并在指定区域有序开展活动。

2. 分组角色扮演

除了全班同时进行角色扮演，儿童戏剧教育活动中还经常采取分组角色扮演的方式，将全班幼儿划分为一个一个的小组，以小组的形式来开展角色扮演活动，保障每个幼儿有更多的时间充分地表达自己的想法。按照剧本的不同，分组角色扮演通常有自由分组和固定分组两种形式。

自由分组的形式更加自由、灵活，教师经常会根据戏剧教育中的具体情况采取好朋友两两结对分组、根据角色需求分组以及随机分组三种方式交叉进行。如有时候老师会说："在这个故事中，大家最喜欢哪个情节，可以邀请你的好朋友和你一起来表演。"好朋友结对的方式，可以让幼儿在角色扮演中更加自然、放松，但对象一般较单一，经常使用不利于幼儿社会交往能力的发展以及良好同伴关系的建立。因此，有时教师会根据戏剧的角色，将幼儿分成一个一个不同的角色圈，同一个圈内的幼儿扮演同一角色，既促进幼儿之间的相互交流与学习，同时也有利于教师对幼儿进行集中指导。如在角色种类简单且特点突出的戏剧《三只小猪》中，教师就可以采用这种方式，分别将幼儿依次分为猪大哥、猪二哥、猪小弟及大灰狼四个组。最后一种随机分组，即教师随机将班上幼儿分组进行表演，在分组之前并没有细致、具体、有针对性的分组原则，这样的分组方式可以在大班运用。固定分组角色扮演这种形式是依托于班上已有的分组情况来进行的，为方便班级管理，每个班的幼儿都会被分成几个固定的小组，有的班级以水果命名，如草莓组、苹果组、香蕉组、梨子组；有的班级会以小动物命名等。这样的分组有助于教师在日常教学中开展小组活动，以及分组指导，固定分组中的幼儿一般都会坐在一起，彼此之间较熟悉且有默契，方便教师进行管理与指导。

无论采取怎样的分组方式，其目的都是为了增进幼儿之间的交流与讨论，使幼儿能够在同伴的影响下，尽可能形象地刻画戏剧角色，同时也保证每个幼儿都能得到教师的关注与指导。教师在分组时要考虑到幼儿的年龄特点及现有的经验准备，即最近发展区，找到适合班上幼儿角色扮演的分组形式。

二、情节创作的策略

学前儿童戏剧教育与剧场戏剧不同，它是一种即兴的创作戏剧，因此我们不可能要求幼儿像专业的演员一样，将戏剧剧本台词背熟，然后原封不动地将戏剧情节表演出来，一方面幼儿很难记住大量抽象的台词，另一方面这样的戏剧形式也不符合幼儿的学习特点。因此，教师在幼儿戏剧教育活动中就需要采取一定的策略，引导幼儿即兴创作戏剧情节，并根据自己的理解将创作的戏剧情节即兴表演出来。情节创作过程中，教师只是引导者、参与者和支持者，真正的创作主体是幼儿，他们在假装的情境中不断提出问题（戏剧冲突）同时又想办法解决问题，并用动作、语言将这一过程表现出来。为启发幼儿创作戏剧情节，教师在戏剧教育中经常会用到以下几种策略。

（一）教师的入戏与出戏

这种策略在儿童戏剧教育中被广泛运用，源于英国戏剧教育家多萝西·海滋考特所创的领导者参与角色中的技巧。教师入戏是指教师以戏剧角色的身份融入幼儿的戏剧活动中，与幼儿一起创作情节；教师出戏则是指教师从戏剧中的角色身份回归到教师身份。

如同教师对幼儿的角色游戏进行指导一样，在戏剧教学活动中教师同样需要根据幼儿戏剧活动的具体情况，在不打断幼儿的前提下，采取适宜的方式自然地参与到活动中，教师一般会根据具体情况采取三种不同的方式扮演角色进入幼儿的活动。第一种是直接介绍自己扮演的角色，教师直接向幼儿说明自己扮演的是什么角色。如在儿童戏剧《小船》中，教师告诉幼儿，为了解小船在海上航行时内心的想法，会邀请小船到班上，大家可以向小船问三个问题。这时教师出示一条蓝色丝巾，告诉幼儿当他带上丝巾时就变成了小船，幼儿可以向小船提问，同时小船也会告诉大家自己内心的想法和心情。第二种方式是教师借助某种标志性的物体与语言来告诉幼儿自己扮演的是什么角色。又如在戏剧《如果不刮风》中，教师戴上一顶帽子把自己变成镇长，并用镇长的语气和口吻告诉幼儿，最近镇上的居民变得不快乐，他派官员出去调查，结果发现是因为镇上没有了风。于是镇长问幼儿，风是什么，并请幼儿告诉他关于风的详细情况，他好安排官员开展下一步的调查工作。在这里教师借用了镇长（官员）的标志物品是帽子，并用特殊的语气与口吻将自己装扮成镇长的角色，一般而言，标志性的物品是指能代表某一角色的物品，如仙女有魔法棒、巫婆有尖尖的帽子或是小动物标志性的肢体动作或身体部位，如小兔子蹦蹦跳跳，长长的大耳朵，小猪有短短的鼻子等。教师可以通过这种标志性的物品、动作等，辅以叙述或描述的方式扮演角色进入幼儿的戏剧活动。第三种方式是教师以某一情况代表某一角色。比如，当教师坐在椅子上的时候，他就是国王；当他离开椅子时，他就是老师等。对于年龄较小的幼儿，教师运用直接介绍或辅以标志物的入戏方式效果会更好一些，因为更直观、更形象。入戏之后，当戏剧情节要结束或不需要这一角色时，教师再以适宜的方式回归到教师身份，来调整或结束教学。教师在扮演角色时要清楚地让幼儿明白自己所扮演的角色是什么，避免出现幼儿分不清教师是在扮演角色还是教师身份的情况。因此，教师的入戏与出戏都要自然而明显，让幼儿分清自己是戏中的角色还是现实中的教师。

（二）坐针毡

坐针毡的本意是像坐在插着针的毡子上一样坐立不安。约翰·奥图及茱莉·堂把这一策略引用到戏剧教学中来，是指场景已经布置完成，教师只需坐在椅子上，让参与者扮演角色来访问教师，向教师扮演的角色提出疑问，以取得资讯或找出此人物角色的行为表现的原因。在这一过程中，幼儿扮演的角色要与教师扮演的角色对话，以此来了解戏剧情节发展过程中角色的内心想法，这个策略的运用可以很好地促进幼儿语言表达能力、问题解决能力的发展。如在儿童戏剧《漏》中，教师扮演小偷李先生，与幼儿一起讨论村子里发生的事情，这时幼儿扮演的村民会向李先生提一些问题：为什么“漏”会出现在王伯伯和王婆婆家里？除了你，还有其他人知道吗？你还知道些什么？这时扮演李先生的老师假装不知所措的样子，只根据村民的提问进行适当的回答，同时留下一些疑问引起村民继续探究事实真相的欲望。“坐针毡”活动中，最好准备一把椅子，让坐针毡的人坐在椅子上，一一解答其他角色的提问，在一问一答中推进戏剧情节的发展。

这一策略对于年龄小的幼儿来说比较难，一方面是幼儿的语言表达能力较弱，无法清楚地描述自己的问题。一方面，如果幼儿从未接触过类似的训练，他们很难提出问题，因为在日常生活中，习惯了老师提问，他们回答的方式。因此，刚开始运用这一策略时，应当针对年龄稍微大一点儿的幼儿，一般运用在大班幼儿的戏剧教育活动中是比较合适的，此外，幼儿初次接触这种方式时，教师要引导幼儿提问，反复练习之后，幼儿掌握了这个策略的使用规则，就可以让幼儿自己提问，甚至可以让幼儿之间相互坐针毡，这个策略主要用于戏剧情节发展的过程之中。

（三）神秘之物

神秘之物，顾名思义就是以某一物品为线索引出故事，促进戏剧情节的继续发展，这个策略一般用在戏剧情节转折处，用来解决戏剧冲突。如一件披风象征着某个角色的身份，看到突然出现的披风，教师带领幼儿一起讨论，可能会好奇这是谁的披风？为什么会落在森林里？他的主人可能是什么样的人？他遇见了谁，发生了什么事情？他为什么会和其他人发生冲突，以至于把披风落在了森林里？神秘之物的出现，主要是拓宽幼儿情节创作的思路，当一个戏剧冲突出现的时候，它可能是由于一连串事件引起的，这些事件到底是什么；同时这个冲突可能的发展方向也是多样化的，哪种方式最能够给这个冲突合理的解释，需要幼儿逐一探讨。当神秘之物出现的时候，幼儿会猜测神秘之物的所有者是谁，并进一步发散思维，猜测他发生了什么事情等，这一系列的猜测都是在引导幼儿丰富戏剧情节，同时又带有一丝神秘感，能够激发幼儿探究的欲望。

（四）会议或仪式典礼

会议或仪式典礼策略是指戏剧情节要按照特定仪式或会议的程序设计，情节的先后顺序、参与的角色、戏剧的情境等都要体现一定的仪式感。这些会议或典礼以人类生活经验为原型，如生日聚会、家庭聚会、庆功会、婚礼等。如儿童戏剧《大灰狼娶新娘》，教师可以与幼儿一起讨论婚礼中一般都会有哪些人，婚礼过程都会做什么事情、婚礼的流程是怎样的，婚礼一般都会在什么地方举行，婚礼当天大家一般都会穿什么服装、吃什么食物，引导幼儿根据自己的生活经验来猜想大灰狼娶新娘时有哪些人参加，他们会做什么事情，婚礼现场的气氛是怎样的，如何营造喜庆的环境。幼儿可以根据婚礼的既定习俗与自己的理解来创作戏剧情节。又如以生日宴会为主题的戏剧活动，幼儿需要思考生日宴会是按照怎样的活动流程来开展的，宴会上有哪些人、有哪些物品、宴会的环境是怎样的，参加生日宴会的人应该是怎样的、他们会做什么事情等。如生日宴会上必然要有蛋糕、蜡烛，寿星还要对着蛋糕许愿，大家一起吹蜡烛，一起唱生日快乐歌，一起吃蛋糕；参加宴会的人要为寿星送上精美的礼物；宴会上会有很多好吃的食物、好玩的游戏等。幼儿只需要根据自己的生活经验，就能对戏剧情节进行创作，然后将自己的想法用语言、动作等方式展现出来。以会议或仪式典礼为线索创作戏剧情节，就需要遵循这些活动的特有利益，凸显活动的仪式感。

三、场景创设的策略

场景创设主要是指幼儿要根据故事中角色活动、情节的发展，创设出故事的情境，通常会融合角色塑造与情节创作的策略，因为没有角色与情节的场景是单调且无意义的。场景即是故事发生的情境，向观众交代故事发生的环境，如故事发生在哪儿，这个地方都有什么，环境中的物体是如何组合的。如儿童戏剧《小蝌蚪找妈妈》的场景是发生在春天的池塘，因此幼儿需要思考这个池塘在哪儿，春天的池塘是什么样子的，池塘里都有什么。幼儿创设的场景：故事中的池塘在一棵大柳树下，池塘里有小鱼、有乌龟、有青蛙、有鸭妈妈、有小鸭子、有小蝌蚪、有荷叶、有水草，池塘周围有小燕子飞来飞去等，幼儿可以根据自己的生活经验及故事情节自由想象、自由创设故事场景。从而使整个故事变得立体、生动、形象，这也是儿童戏剧教育重要的内容。戏剧场景创设主要有两种方式。

（一）镜像画面

镜像画面是指向观众完整地呈现戏剧中的某个情节或几个具体的戏剧情境，就像电影中的一个镜头一样，有人物角色造型、有故事场景，从而给观众一种直观的视觉效果。在儿童戏剧教育中，通常是由小组中的所有幼儿用肢体动作集体展示戏剧的某一个情境，比如几个幼儿可以合作用肢体表现有山、有水、有花草、有树木的森林家园。如儿童戏剧《海底 100 层楼的家》讲述了洋娃娃小天被她的主人抱着，站在轮船上看大海，一不小心掉进了大海里，小天所有的衣服饰品甚至头发都不知道掉到大海的什么地方去了。于是小天就去海底 100 层楼的家一一询问，海底的小动物用自己的东西换小天的物品，并最终一起把小天送回主人身边。在这个故事中，幼儿除了要扮演不同的海底生物，如冲浪的海豚、唱歌跳舞的海星以及比力气的海马等，幼儿还需要用肢体动作集体营造出一种海底世界的场景。由于这出戏剧所有的故事都是在这样一个大环境中发生的，因此幼儿要首先向观众展现一个丰富多彩的海底世界，如海底有漂浮的水草、游来游去的小鱼等。就像一张照片一样，将戏剧中的一个情节整体呈现出来，包括角色与场景。又如儿童戏剧《咕噜牛》讲述了聪明的小老鼠叽布叽布在森林里溜达，如何应对不怀好意的狐狸、猫头鹰、蛇以及大怪物咕噜牛。这个故事发生在大森林里，因此幼儿首先要创设一个森林的场景，以体现戏剧背景。在戏剧活动中，每一个角色的出场、每一个戏剧情节的发展，都要有森林这个场景。因此幼儿需要思考如何与同伴一起用肢体动作表现森林的场景，然后进行设计与布置。这个策略对幼儿之间的合作意识要求较高，因为一个镜像画面需要多个幼儿一起来表现，因此可以运用在年龄较大的幼儿戏剧活动中。

（二）故事地图

故事地图，顾名思义就是将故事发生的脉络以线路图的形式描绘出来，在这个过程中，幼儿需要标注每一个情节发生的故事场景，最后形成一个完整的故事场景图。幼儿在戏剧表达的过程中根据绘制的故事地图一一呈现故事情节与场景。如儿童戏剧《三只小猪》讲述了三只小猪分别用不同的材料盖房子，不幸被大灰狼发现，于是大灰狼试图用不同的方式来摧毁小猪的房子，想把三只小猪都吃掉。这个故事特点突出、脉络清晰、场景简单，幼儿在创作戏剧情节的时候就可以将戏剧场景一一创设出来。如离开家后，第一只小猪走在乡间的小路上遇见一个背着稻草的人，然后用这个人的稻草在田边盖了一个小屋；第二只小猪来到一个树林里遇见一个樵夫，于是就用樵夫给的木头在森林里盖了一个小木屋；第三只小猪来到一座山上遇见一个挑夫，于是就用挑夫给的石头在山坡上盖了一个石头房子。在这个戏剧活动中幼儿将三只小猪盖房子的场景一一描绘出来，如乡间小路、田边、森林、山坡等，然后在戏剧表达中幼儿根据这些场景一一展现每个场景中发生的故事。又如儿童戏剧《蛤蟆爷爷的秘诀》讲述了有一天蛤蟆爷爷和小蛤蟆在森林里散步，爷爷用自己的秘诀和小蛤蟆一起化解了各种危机，而这些危机分别发生在森林中茂密的树丛里、小河边、大树旁，因此幼儿就可以根据这些线索绘制故事地图，为后续的戏剧表达做参考。除了根据现有故事创设戏剧场景，幼儿还可以在教师的引导下创编故事，在创编故事的同时创设故事发生的场景，绘制故事地图。

儿童戏剧教育的即兴创作、即兴表演的特点使得戏剧活动的灵活性、随机性、变化性更强，因此教师在戏剧教育活动中要巧妙地运用各种策略，引导幼儿自由表达、创作与表现，实现儿童戏剧教育的真正价值。以上这些教学策略是教师在戏剧课程的具体实施过程中可以尝试与借鉴的，将这些策略运用到具体教学活动中，教师才能更清楚自己的教学思路，使自己的教学变得更轻松、更有效。

第三节　学前儿童戏剧教育中的教师与幼儿

学前儿童戏剧教育是在教师与幼儿的互动过程中开展的，离开了教师或幼儿任何一方，戏剧教育活动将无法成立。在戏剧教育过程中，教师与幼儿各自扮演怎样的角色，他们有什么特点，是如何相处的，又是如何影响戏剧教育效果的，这些问题都是我们需要探究与思考的。曾经，我们认为教师与幼儿是尊重与服从的关系，教师是权威，是主体，是知识的传递者，幼儿处于从属地位，要对教师言听计从；之后我们强调教学相长，认为教师与幼儿的地位是平等的，二者之间应该是相互合作的关系；现在，受到幼儿中心教育理念的影响，大家一致呼吁要尊重幼儿，教育活动要来源于幼儿的生活经验、要符合幼儿的认知发展特点、要能够引起幼儿不断探究学习的兴趣，教师是幼儿学习活动的参与者、支持者、辅助者、观察者及材料的提供者，幼儿则是学习的发现者、探究者。教师和幼儿应当在尊重、平等、合作的氛围中相互学习、共同探究、一起成长，二者成为幼儿园课程建设与实施过程中的双主体。台湾戏剧教育家林玫君采用临床法深入幼儿园一线教学，发现当前幼儿园开展戏剧教育（故事戏剧）经常会面临教学及教学管理方面的问题，如教师与儿童之间如何建立良好的关系，如何平衡教室中的生活规范与儿童创意的发挥，戏剧活动的分组、开展时间、地点、空间及题材、道具等如何影响戏剧教学的进行等。[①] 教师与幼儿作为学前儿童戏剧教育活动实施的双主体，如何处理教师与幼儿的合作关系是促进课程有效实施的重要保障。儿童戏剧教育与幼儿园其他教学活动有共同之处，又有其独特之处，因此要处理好戏剧教学过程中教师与幼儿的关系，就要将二者置身于儿童戏剧教育的实践当中，即需要思考在戏剧教育中教师、幼儿分别扮演怎样的角色，他们有什么特点以及各自的任务是什么等问题。

一、学前儿童戏剧教育中的教师

教师在儿童戏剧教育中扮演着怎样的角色？针对这一议题，不同学者从不同角度都提出了自己的观点，如我国学者张金梅从教师对戏剧教育的态度、工作过程的状态以及教师与幼儿的关系出发，通过对幼儿园老师进行访谈，发现当前幼儿园教师对自己在戏剧中的定位是无知者、戏剧工作中的一员与儿童戏剧的研究者。[②] 当研究者问幼儿教师：“你认为，在幼儿园戏剧综合课程中，教师应该具备哪些素质？”幼儿园老师认为最重要的是要具备基本的戏剧艺术知识，但认为自己对这方面知之甚少，略懂皮毛；同时教师对戏剧表演要求也不了解，如不知道如何上场、退场；如何站位；也不知道如何用动作、表情生动地表现角色，而且也放不开。但另一方面教师认为自己也可以作为幼儿戏剧活动的一员参与其中，有老师表示自己演大灰狼，孩子们最开心，也有老师表示在儿童戏剧《三个和尚》中，自己以导演的身份参与幼儿的戏剧活动，和幼儿一起讨论如何改剧本，如何制作道具，如何表演角色等，来启发幼儿创作的热情。在这个过程中教师更加了解幼儿的想法，很多地方都能与幼儿形成共鸣，有效地促进了戏剧活动的开展。同时教师根据实践经

---

① 参见林玫君《儿童戏剧教育的理论与实务》，第 64 页，复旦大学出版社 2015 年版。

② 参见张金梅《幼儿园戏剧综合课程研究》，第 209—215 页，江苏教育出版社 2014 年版。

验提出，自己在儿童戏剧活动中还有一个重要的角色就是——研究者，教师需要记录每一次戏剧活动，然后进行反思、讨论、改进，甚至有时候教师还要对幼儿进行个案研究，找到适合幼儿开展戏剧活动的方法与策略。有学者通过对大班幼儿戏剧工作坊开展行动研究，认为儿童戏剧中的教师可以是与幼儿一起进行戏剧游戏的“游戏者”，儿童戏剧活动过程总的“洞察者”，儿童戏剧创作过程中的“探险者”以及具有戏剧艺术专业知识的“钻研者”。① 还有学者从教师与儿童之间的地位关系上进行分析，认为儿童戏剧中的教师可以有三种不同的角色：第一种是“操纵者”，即教师在儿童戏剧活动中处于权威角色，主导儿童的戏剧活动的开展。第二种是“辅助者”，即教师处于中间地位来帮助儿童推进戏剧活动的开展。第三种是“能力给予者”，即教师处于较低的地位，为儿童提供戏剧活动的机会与自由，在不影响儿童戏剧活动的前提下适当给予指导与支持。② 儿童的戏剧活动离不开教师的组织、指导与参与，同时教师对戏剧的研究又可以推动儿童戏剧有质量地向前发展，因此教师在学前儿童戏剧教育中同时扮演着组织者、参与者与研究者的角色。

（一）教师是儿童戏剧活动的组织者

儿童在自发性的戏剧游戏中获得的知识经验是有限且零散的，有时候幼儿自发性的戏剧活动（角色扮演）主题不稳定，戏剧情节断断续续且较混乱，因此就需要教师有计划、有目的、有步骤地组织幼儿开展戏剧活动，从而使幼儿的戏剧活动具有系统性、深刻性、丰富性和教育性。如教师儿童戏剧《夜黑黑》分别通过三个课时的集体活动引导幼儿理解故事内容，开展戏剧活动。在第一课时里，首先，教师与幼儿一起做了 7 分钟的暖身活动“1，2，3，红绿灯”。其次，与幼儿一起阅读故事的部分内容，围绕这部分内容，教师提出核心问题：为什么方丹会在黑黑的夜晚跑到森林里？在此之前，方丹发生了什么事？教师将幼儿的猜想记录下来，并引导幼儿将自己的想法演绎出来。再次，教师请幼儿一起来想一想，黑黑的夜晚，方丹跑到森林里，他会看到、听到、闻到、触碰到什么？方丹在不同的情境中又会做什么、说什

---

① 转引自杨娟《大班幼儿园戏剧工作坊的活动研究》，南京师范大学 2012 年硕士毕业论文。

② 参见张金梅《学前儿童戏剧教育》，第 237 页，南京师范大学出版社 2014 年版。

么呢？鼓励幼儿将自己的想法用语言、动作表现出来。最后，教师带领幼儿一起做放松活动结束这一课时内容。在接下来的第二、三课时，教师同样根据暖身活动、主题活动、放松活动三个环节带领幼儿继续开展接下来的戏剧活动。通过这样一个案例，我们可以更加清晰地认识到教师在幼儿戏剧活动中组织者的身份就像灯塔一样，指引着幼儿有序开展戏剧活动。但需要注意的是，在学前儿童戏剧教育活动中教师组织者的身份更大程度上发挥着引导的作用，使幼儿在自由表达、创作、表演的基础上，能够有序开展活动。

（二）教师是儿童戏剧活动的参与者

教师以角色的身份参与幼儿的戏剧活动，即通常所说的教师入戏，加拿大戏剧教育学者诺拉·摩根等根据研究发现教师的参与（入戏）对儿童戏剧活动可以带来以下好处：一是教师处于戏剧的节奏之中，因此教师可以控制儿童戏剧进行的步调和张力。二是教师可以支持鼓励儿童，保证师生间能够进行良好的沟通与交流。三是教师的参与能够让儿童在戏剧活动中感到安全，从而更加愿意主动、大胆地表达自己的想法与观点等。[①] 教师作为参与者与幼儿一同开展活动，这是幼儿园课程实施的普遍特点，而在儿童戏剧活动中，教师以游戏者的身份融入其中，能够激发幼儿戏剧创作的热情。

如在儿童戏剧“最棒的探险队”活动中，在表达亨利捕捉一只昆虫英勇负伤的情节时，教师以昆虫的角色入戏参与到幼儿的活动中，教师用手指表演昆虫飞来飞去的动作，同时用“嗡嗡嗡”的声音模仿出昆虫扇动翅膀的声音，然后悄悄地停在扮演亨利角色的幼儿脚上，并轻轻地叮一下，亨利配合昆虫的动作大叫一声并表现出痛苦的样子。而在表达一位高级长官伏击了探险队，经过短暂交火，劫持了艾薇情节时，教师又将自己的身份转变为一位高级长官，冲到探险队跟前，牵起艾薇的手，要把艾薇劫走。这是教师以戏剧角色的身份介入幼儿戏剧活动，与幼儿扮演的角色互动、交流，共同完成戏剧情节的创作或表演，除了这种情况，教师还可以以导演、观众、工作人员的身份参与幼儿戏剧表达、创作、表演的全过程，为幼儿提供技术支持。

---

① 转引自张金梅《幼儿园戏剧综合课程研究》，第 214 页，江苏教育出版社 2014 年版。

（三）教师是儿童戏剧活动的研究者

儿童戏剧教育是一种典型的过程性教育方式，不管是戏剧表达、戏剧创作还是戏剧表演，都需要经过多次调整与完善，才能更好地展现戏剧情节，表达戏剧角色的情绪情感。学前儿童戏剧教育课程的建设本身就是行动研究的结果，在专家引领的基础上，教师既作为教师的身份组织幼儿开展戏剧活动，同时又以课程研究者的身份不断探究课程实施过程的效果及存在的问题，以问题为导向，在“实践—总结—反思—调整—再实践—再总结—再反思—再调整”的研究过程中，与研究人员一起解决问题，挖掘儿童戏剧的价值。行动研究是指在教育实践情境中的教师基于实际问题的需要，与专家或研究人员共同合作，将问题发展成研究主题，进行系统的研究，从而解决实际教学问题。[①] 有学者认为，行动研究的实质是解放传统意义上被研究的“他人”，让他们接受训练，自己对自己进行研究。通过对自己的社会和历史进行批判性反思，他们能够了解那些深藏在自己文化中的价值观，并找到问题的答案。[②] 教师在儿童戏剧教育活动中要有问题意识，以探索的眼光发现问题、解决问题，在帮助幼儿获得全面发展的同时促进个人专业发展。教师要记录幼儿戏剧活动的过程，仔细观察幼儿是如何运用动作、语言、表情、声音、造型等诠释自己对角色的认识，如何创作戏剧情节。教师在观察的基础上还要不断总结，如哪些内容对幼儿来说比较困难，哪些主题是他们感兴趣的，在情节创作中，幼儿一般会出现几种普遍的情节，其背后的原因是什么，以及教师如何入戏、出戏，教师的介入对幼儿戏剧活动的影响如何等。在反复地总结、反思、审视的过程中，一方面加深了教师对儿童戏剧的认识，另一方面也提升了教师发现问题、解决问题的能力，因此在儿童戏剧教育中，教师要时刻保持研究者的身份，通过研究推动儿童戏剧活动的有效开展。

不管教师是作为组织者、参与者还是研究者的身份融入儿童戏剧活动，教师始终要坚持儿童是天生的戏剧家的理念，在尊重的前提下，引导幼儿有序、有效、有趣地开展戏剧活动。

---

① 参见陶保平《学前教育科研方法》，第 232 页，华东师范大学出版社 2013 年版。

② 参见陈向明《质的研究方法和社会科学研究》，第 452 页，教育科学出版社 2000 年版。

二、学前儿童戏剧教育中的幼儿

宋庆龄曾说："儿童是国家未来的主人，通过培育下一代，提高他们的素质，给予他们娱乐，点燃他们的想象力，是最有意义的事情。"儿童戏剧在促进儿童心理发展、提高儿童审美能力的同时，也为儿童提供了第二人生的实验场，儿童可以在戏剧中体验不同的人生经历、体会不同的情绪情感，甚至可以经历在现实生活中无法实现的情景，儿童戏剧为儿童的身心发展提供了一个整合性的平台。幼儿戏剧相比成人戏剧而言，戏剧活动的游戏性更突出；戏剧冲突更单纯、更有趣；戏剧语言更儿童化。对于幼儿来说，戏剧就是一个又一个好玩、有趣的游戏，如戏剧《海底 100 层楼的家》就是一个帮助小天找东西的游戏；《小老鼠和大老虎》就是记录小老鼠和大老虎这对好朋友之间日常游戏活动的戏剧；《小黄鸭找妈妈》就是帮助刚破壳的小黄鸭找妈妈的游戏。在各种各样的游戏（戏剧）中，幼儿随着戏剧中的角色一起快乐、一起难过、一起玩耍、一起游戏，对儿童而言，戏剧就是游戏的一种方式。

儿童在这样的游戏活动中，他们都扮演着什么样的角色呢？这是教师在开展儿童戏剧之前需要思考和探讨的问题，只有把这个问题思考清楚了，儿童戏剧才能发展成儿童真正需要的创造性戏剧。

（一）幼儿是戏剧的创作者

毋庸置疑，儿童是天生的戏剧家。大约在一岁半到两岁之间，婴儿就已经能够简单地模仿其他人使用玩具时所做出的常规性或社会性动作，如看到一个玩具小碗时，就会把小碗放到嘴边，做出吃或喝的动作。[①] 象征性游戏是儿童戏剧的最初形式，随着儿童年龄的增长、生活经验的丰富，幼儿戏剧游戏会由最初的象征性游戏向社会戏剧游戏发展，即幼儿游戏的社会性、互动性逐渐增强。这一时期，幼儿的戏剧游戏具有以下特点：①物体转换，可以利用任何玩具、材料或动作、口语描述来代替真实的物体。②行动与情境转换，利用口语描述来代替真实的行动与情境。③角色转换，利用口语描述或模仿来表达一个假装的角色。④口语沟通，与戏剧情境相关的交谈或对话。

---

① 参见刘焱《儿童游戏通论》，第 277 页，北京师范大学出版社 2004 年版。

⑤社会互动，至少两个人在一段戏剧的情境中互动。⑥持续性，持续地扮演角色或进行戏剧主题至少十分钟。[①] 由此可见，幼儿在很小的时候就已经有了戏剧意识的萌芽。

如角色游戏“坐飞机”。国庆节之后，娃娃家里的五名幼儿开始玩起了坐飞机的游戏，五名幼儿分别扮演舅舅、妈妈、爸爸机长、姐姐、妹妹的角色。舅舅用电话和快递员订了飞往洛阳和伦敦的机票，快递员送来机票，请舅舅签字，舅舅在纸上画了三个圈儿，并涂黑。妈妈、姐姐、妹妹、舅舅忙着准备食物，准备带上飞机，爸爸来催促大家赶紧上飞机，飞机就要起飞了。五名幼儿带着皮箱、食物挤到娃娃家的小床上，等待飞机起飞。姐姐迟到了，爸爸机长拉上小床上的纱帘，不让姐姐上飞机，理由是飞机已经起飞了。姐姐说：“我有机票啊，可以上飞机。”爸爸说：“没位置了。”两名幼儿争执了起来。飞机起飞了，妹妹钻了出来，离开飞机，说要去取点儿吃的。姐姐试图从纱帘下钻进去，没有成功……[②]这是一个由幼儿自己组织的角色游戏，幼儿在游戏中模拟生活情境，创造性地再现坐飞机的生活经验。又如幼儿自发的表演游戏“娶新娘”，户外自由活动时间，男孩成成把自己装扮成新郎，并在地上捡了一片银杏叶插在女孩朵朵的头上，把朵朵装扮成新娘，然后成成安排其他几个小朋友扮演接亲队伍。他让其他小朋友推着幼儿园的小车（接亲的花车），哼着歌，一边敲打着小车（打击乐），扮作迎亲的队伍开开心心地来接新娘。相较于角色游戏“坐飞机”，幼儿自编自导的“娶新娘”则更体现儿童戏剧的特点，成成集导演、编剧、道具师、化妆师等众多角色于一身，在他的带领下大家玩得不亦乐乎。幼儿喜欢扮演各种各样的角色，并在想象的情境中将自己的想法用行为表达出来，儿童戏剧与幼儿游戏有着千丝万缕的联系，因此教师要尊重幼儿的这一特点，鼓励幼儿自由想象、大胆创作，并将幼儿天马行空的想法以戏剧的形式展现出来。

---

① 参见林玫君《儿童戏剧教育的理论与实务》，第 32 页，复旦大学出版社 2015 年版。

② 案例来源于 2016 年全国幼儿园玩具与游戏研讨会北京市十一建华实验幼儿园李晓静园长主题报告：《角色游戏引发的幼儿研究性学习》。

（二）幼儿是戏剧的合作者

儿童戏剧是幼儿游戏由独立走向联合的结果。美国教育家帕顿根据幼儿游戏社会性参与水平由低到高依次归纳出幼儿的六种游戏水平。①无所事事：缺乏游戏目标，这里走走，那里看看，到处晃悠，这种行为基本上不是游戏。②旁观：在一旁观看别人的游戏，偶尔与对方交流一两句或提几个问题，但不参与对方的游戏活动。③独自游戏：幼儿自己玩儿自己的（玩儿的玩具与其他小朋友不一样），也不和同伴交流。④平行游戏：幼儿与其他小朋友玩一样的玩具，彼此之间很少有交流。⑤联合游戏：幼儿与其他小朋友一起玩，但这是一种貌合神离的游戏方式，彼此之间游戏目标不统一，且游戏角色不固定。⑥合作游戏：幼儿与同伴围绕一个主题进行游戏活动，目标统一、分工明确。儿童戏剧游戏是幼儿合作游戏的一种形式，在戏剧活动中，幼儿要清楚戏剧的主题及各自扮演的角色，相互之间要密切配合，才能使戏剧活动顺利进行。儿童在戏剧活动的交流、沟通与合作中学会如何处理与老师、与同伴的关系，不断发展自我的社会交往能力，从而促进自我社会化的发展。如戏剧游戏“照镜子”需要两个幼儿之间的默契配合，一个幼儿扮演照镜子的人，一个幼儿扮演照镜子人的影子，并模仿照镜子人的动作；同样的戏剧游戏雕塑家也需要雕塑家与陶泥之间的配合，雕塑家要把陶泥摆弄成任何想象的模样，同时陶泥还要根据雕塑家的表情提示，摆出相应的表情。任何一个演员都不敢说自己一个人就可以完成一部戏剧作品，戏剧的角色塑造、情节创作及舞台表演每一个环节都是集体智慧的结晶，是大家共同努力的结果，因此幼儿除了创作戏剧，他们还是戏剧的合作者。

（三）幼儿是戏剧的参与者

学前儿童戏剧教育立足幼儿的身心发展，因此幼儿必然要作为戏剧的参与者融入戏剧活动中。美国教育学家布朗芬·布伦纳根据人类发展生态学理论提出，幼儿的发展主要通过两个途径来实现：一是儿童与他们的交往；二是儿童参与的活动。我国学者陶行知也提出了做中学、做中教、做中求进步的幼儿教育理念，为发展幼儿的创造力，陶行知进一步提出六大解放的观点，即教师在日常教学活动中要“解放头脑，使之能想；解放双手，使之能做；解放眼睛，使之能看；解放嘴巴，使之能谈；解放空间，使之能‘飞’；解放时间，使之能‘闲’”。一言以蔽之，就是要让幼儿的身心充分参与到活动中，在活动中获得自身的全面发展。

我国学者庞丽娟采用同伴现场提名法的方式来研究幼儿同伴交往的类型，结果发现幼儿的同伴交往主要有四种类型，即受欢迎型（13.33%）、被拒绝型（14.31%）、被忽视型（19.41%）和一般型（52.95%）。幼儿早期的亲子交往经验、自身特征以及游戏材料的数量与性质等都会影响到幼儿同伴交往的质量，同时也影响幼儿参与活动的积极性。儿童戏剧是集体性的活动，教师可以采用全班参与或小组参与的形式，鼓励每一个幼儿都能够在戏剧活动中有一定的位置，特别是对于经常被忽略的幼儿来说，戏剧活动给了他们一个被别人关注的机会。戏剧活动中幼儿很多的角色，如导演、编剧、化妆师、道具师、场务、观众以及各种各样的戏剧角色等，每个幼儿都可以根据自己的兴趣选择自己喜欢的角色，融入集体活动当中。如戏剧《大灰狼娶新娘》这个故事发生在森林里，幼儿就可以想象以森林为背景的情境除了新郎、新娘外，还可以扮演哪些角色，如小猴子、小猪、小鸟、小兔子、小刺猬、小松鼠等，除了动物，森林里还有小花、小树、小草、石头还有蓝天、白云等，只要幼儿能想到的，他们都可以进行角色扮演。教师要鼓励幼儿积极参与戏剧活动，大胆地在集体面前表达自己的想法，经过一次又一次地反复练习，幼儿慢慢熟悉戏剧活动的组织形式，在接下来的戏剧活动中愿意主动参与活动，与大家一起开展活动。

此外，戏剧的演员和观众都由幼儿来扮演，人人都有可能扮演戏剧中某一个角色，人人也都可以扮演观众的角色，这是儿童戏剧教育的独特之处。而且演员与观众之间没有截然的界限，在演出中，观众可以与幼儿有直接的互动，甚至可以随机地加入到演员的表演中，扮演某一角色，演员与观众相互交流，融为一体。因为幼儿才是儿童戏剧真正的主人，教师要鼓励幼儿充分参与到活动中，调动、激发他们的想象力与创造力。

三、学前儿童戏剧教育过程中的师幼关系

师幼关系，是指幼儿园一日生活中教师与幼儿之间关系，两者之间是双向交流的人际关系。《幼儿园教育指导纲要（试行）》提出教师在一日活动中

应当关注幼儿在活动中的表现和反应，敏感地察觉他们的需要，既是以适当的方式应答，形成合作探究式的师生互动。在幼儿教育过程中教师、幼儿与教育影响之间呈双向互动关系，三者之间相互作用，直接影响教育过程的顺利进行（见图 4-1）。

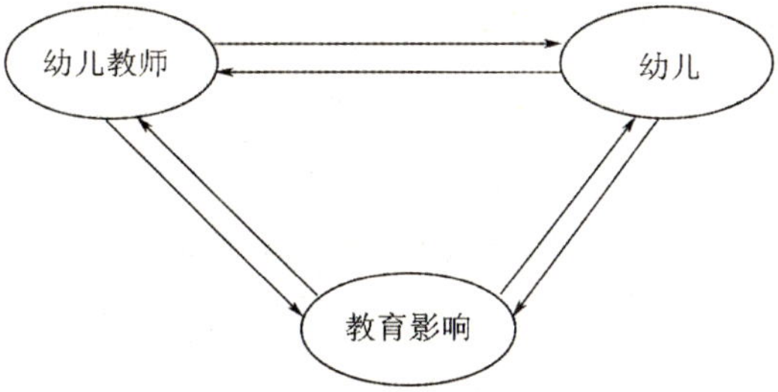

图 4-1 幼儿教师、幼儿与教育影响三者之间的互动关系①

基于此，我们发现在学前儿童戏剧教育中幼儿教师、幼儿及教育影响之间同样是相互影响、相互促进的双向互动关系，教师是课程实施的教学主体，幼儿是课程实施的学习主体，二者共同构成儿童戏剧课程的双主体。教师要成为教学的主体就必须对儿童戏剧教学工作具有发自内心的热情与动机，对教学过程有强烈的责任感，以思考者、研究者、参与者、组织者的身份融入戏剧教育过程中，带领幼儿灵活而有创造性地开展戏剧活动，同时对所开展的活动有成就感，看到幼儿的进步与变化会由衷地感到满足与幸福。幼儿要成为学习的主体，就要有发自内心的学习动机，能够在戏剧活动中体会到自主感与成就感，愿意参与戏剧教育活动。要让幼儿能够有这些体验，教师就要让幼儿在戏剧活动中获得自主学习的体验，为幼儿的学习提供鹰架，支持并引导幼儿学习。我国著名音乐制作人施人诚在音乐作品《给小孩》中这样写道："每张小小脸庞我们都该仰望，每一个小孩都是一道光；给小孩做梦的床，给小孩远眺的窗，看他们会带我们到多美地方，给小孩远扬的帆，给小孩勇气的桨，这世界一定会变得更明亮；给小孩拥抱和糖，给小孩吻和柔软，

① 蔡迎旗：《学前教育概论》，第 168 页，华中师范大学出版社 2006 年版。

教师要时刻树立我与幼儿是合作者关系的意识，才能在活动中有意识地让幼儿有更多的机会去表达、创作及表演，才能实现儿童戏剧教育对幼儿身心发展的价值。

（二）相互学习的关系

大多数教师对儿童戏剧教育都是无知的，如不知道如何激发幼儿创作戏剧情节，不知道如何应对幼儿出其不意的想法，不知道如何用肢体动作形象地表达某一角色，不知道如何布置戏剧舞台、如何站位、走位，如何上场、退场等，正是因为儿童戏剧对教师来说有太多的未知，因此就需要教师与天生的戏剧家——幼儿，一起学习，一起探索，一起进步。

承认自己的无知是教师开展儿童戏剧教育活动的第一步，如在儿童戏剧《再见鹈鹕》的表达环节，教师以学习者的身份与幼儿一起探讨如何用肢体动作表达故事中的情节、展现故事情境。如小潮到了海边，看到海浪、沙丘、被风吹弯了的树与草，他的心情是怎样的，面部表情如何，在有风的海边，小潮的身体状态又是怎样的？海水、沙滩是什么味道的，当小潮闻到这些味道时，他的心情、表情是怎样的，身体有什么反应？小潮会用什么动作来闻这些气味？教师需要与幼儿一起交流、讨论，然后将各自的想法表达出来，这个环节，所有的表达都是各自想象的结果，教师与幼儿一起自由发挥、自由设计动作，然后大家一起表达、交流、练习。同时在戏剧活动中教师要勇于承认错误，因为在这样灵活、开放的活动中，大家自由探索，自由创作之后需要在一起交流并汇总大家的创意，使其成为一个系统、连贯、完整的活动，因此在分享与交流环节总不可避免地会出现这样那样的插曲或失误，教师既要接纳幼儿的错误也要能够主动接受自己的错误。既然是学习，就难免会出错，这是很正常的情况，教师不要在心里把自己的形象贴上权威、正确、不犯错等标签，将自己的姿态放低，以学习的心态参与幼儿的戏剧活动，幼儿会感受到教师的真诚与平易近人，自然愿意与教师亲近。学为人师，行为世范。这是对教师形象的要求，教师要时刻为幼儿树立积极、正面的榜样，如果教师在戏剧活动的学习中，以认真、谦逊的态度与幼儿一起学习，幼儿必然会受到教师的影响，潜移默化地养成虚心向学的良好品质。

对教师来说，缺乏儿童戏剧教育方面的知识与技能是情理之中的，在戏剧教育活动中，教师对儿童的表现、认知会不断有新的发现与了解，对教师来说，也是在不断的成长；对于儿童来说，教师自始至终在儿童戏剧活动中起着引导的作用。年龄较小的儿童，对教师具有一定的依赖性，教师并不是直接将戏剧知识直接灌输给儿童，而是融合在日常的戏剧教育活动中，如参观剧场、制作道具，潜移默化地影响儿童对戏剧的感知，激发儿童参与学习的兴趣。教师和儿童在戏剧教育活动中相互学习，共同发展。

第五章　师范学前儿童戏剧课程评价

第一节　师范学前儿童戏剧课程评价的内涵与功能

一、师范学前儿童戏剧课程评价的内涵

（一）课程评价的相关概念介绍

评价是对事物价值的判断。因此，评价是一种与价值标准、价值判断相关的活动。每一个评价都会有相应的评价标准，即对评价对象的功效进行量化和质性的价值判断的准则和尺度。不同的评价活动有不同的价值取向，有不同的评价方式和特点，从而形成不同的评价模式。[①] 课程评价之父泰勒认为，评价就是对课程目标实际达成程度的描述。

在这里要注意，评价和评估意义非常相近，经常被人们混淆。因为它们都是对事物的价值做出判断。但是，二者并不是完全一样。评估更加侧重于事物的现象和事实的广泛性等，较多地运用模糊评价技术，对事物发展过程中的某些特征进行估量、估计或者推测，因此，评估是一种“评价＋估量”。[②] 而评价更多的是采用严格的评价方法和评价技术，对事物发展的过程及其结果给予价值上的判断。对于师范学前儿童戏剧课程的评价，其评价的主要对象是教育者、受教育者、课程本身。

---

① 参见虞永平等《幼儿园课程评价（第二版）》，第 23 页，江苏教育出版社 2009 年版。

② 参见程秀兰《学前教育评价》，第 7 页，北京师范大学出版社 2016 年版。

课程评价是以一定的方法、途径对课程的计划、活动以及结果等有关问题的价值或特点做出价值判断的过程。[①] 学前课程评价是一种特殊的认识活动。虞永平教授认为，幼儿园课程评价是一个多主体共同参与、协作的过程，这些主体包括教师、幼儿、家长及管理人员等，他们在评价过程中将发挥各自独特的作用。其中，教师的评价对于改进教育工作最为重要。[②]

（二）师范学前儿童戏剧课程评价相关概念介绍

在介绍师范学前儿童戏剧课程评价的内涵之前，首先将阐述学前儿童戏剧课程涉及的相关概念。

关于戏剧教育和教育戏剧的内涵，其概念是不同的，二者最大的不同之处就是培养目标不同。戏剧教育是一种专才、精英教育。目的是为了培养专业戏剧的编、导、演和舞台美术人才以及专业戏剧的鉴赏知识型人才。

教育戏剧是用戏剧方法与戏剧元素应用在教学或社会文化活动中，让学习对象在戏剧实践中达到学习目标和目的；教育戏剧的重点在于学员参与，从感受中领略知识的意蕴，从相互交流中发现可能性、创造性意义。在欧美国家，教育戏剧是一种非常重要的培养学生全面素质和能力的教学方法，甚至被认为是最好的一种教学手段。但是中国的教育戏剧目前处于起步阶段，不过越来越多的家长认识到教育戏剧的作用以及教育戏剧对孩子全面素质培养的重要性，因此教育戏剧即将迎来在我国发展的重要时期。

儿童戏剧是戏剧的一个分支，主要以 3—12 岁儿童为接受对象，是让儿童观看或参与表演的舞台艺术形式。其用语言、肢体、表情等表现形式进行表演，通常是剧情浅显易懂、气氛活泼、有较强互动性、有教育含义的表演。

学前儿童戏剧，顾名思义，是将戏剧作为一种能促进学前儿童全面发展的教育课程。关于学前儿童的概念，我国学前教育界和发展心理学界对学前儿童这一概念的认识并不完全一致。例如，许多人在翻译英语资料时，把学龄前儿童、幼儿以及早期儿童等不同内涵和外延的概念都译成学前儿童。

按照国内外现行的医学以及心理学的分类，人从出生到幼儿期可分为以

---

① 参见李雁冰《课程评价论》，第 2 页，上海教育出版社 2002 年版。

② 参见虞永平等《幼儿园课程评价》（第二版），第 24 页，江苏教育出版社 2009 年版。

下几个阶段。(1) 出生和新生儿期：出生—1个月。(2) 婴儿期：1个月—1岁，相当于乳儿期。(3) 学步儿期：1—2岁。(4) 早期儿童期：2—6岁，相当于幼儿期。尽管这一分类法正日益受到挑战，特别是对婴儿的分类更是莫衷一是。但是，通常把这几个阶段统称为儿童期，即把正式进入小学阶段学习前的儿童统称为学前儿童。

(三) 师范学前儿童戏剧课程评价的含义

学前儿童戏剧课程即是将戏剧作为一种能促进0—6岁儿童德、智、体、美等全面发展的教育课程。但是，师范学前儿童戏剧课程是指为了给学前教育相关专业的师范大学生，研究和实施幼儿园戏剧课程的教师、教师管理者等相关人员编辑和设置的课程。

因此，师范学前儿童戏剧课程评价是指学前教育相关专业的大学教师以及管理者，为了判断该专业大学生对学前儿童戏剧课程的学习情况，了解教师自己对该课程的教学效果、促进相关专业大学生的有效学习而对大学生学习信息进行采集、分析和利用，以一定的方法、途径对师范学前儿童戏剧课程的计划、活动以及结果等有关问题的价值或特点做出价值判断的过程。通过课程评价来改进高校教育工作，促进相关专业大学生更好地学习和发展。

二、师范学前儿童戏剧课程评价的功能

在介绍师范学前儿童戏剧课程的功能之前，首先阐述功能和作用两个既相互联系又相互区别的概念。功能是事物内部固有的效能，它是由事物内部要素结构所决定的，是一种内在事物内部相对稳定独立的机制。作用则不同，它是事物与外部环境发生关系时所产生的外部效应。同样的功能对外界的作用，既可能是正面作用，又可能是负面作用，这要看功能与外部环境的互动方式。一般来说，功能是作用产生的内部根据和前提基础，客观需要是测评产生作用的外部条件，作用就是测评的功能与客观需要相结合而产生的实际效能。

(一) 课程评价功能的理论基础

克隆巴赫曾经指出，一般而言，课程评价主要有三种功能。

(1) 课程改进：判断哪种教材和教法是适当的，需要在何处加以改进。

（2）针对学生的决定：诊断学生的需要以使规划适用于学生的教学；判断学生的成绩以便对学生进行选择和分组，了解学生的进步与不足。

（3）行政法规：判断良好的学校体制是什么，良好的教师有什么特征。

李雁冰指出，评价的功能大体可以归纳为以下几项：①需要评估。在一项课程计划拟订之前，应首先了解社会或学生的需要，以此作为课程开发的直接依据，这一任务便可由评价来承担。此外，诸如教师对进修的需要、学生对某一时段和某一学科教学的需要等，都可通过评价来完成。②课程诊断与修订。对正在形成中的课程计划，评价可以有效地找出其优缺点及成因，为修订提供建议。在这种反复的过程中，可使课程达到尽可能完善的程度。评价还可以诊断学生学习的缺陷，为矫正教学提供依据。③课程比较与选择。对不同的课程方案，通过评价可以比较其在目标设置、内容组织、教学实施以及实际效果等方面的优劣，从整体上判断其价值，再结合需要评估，就可以对课程做出选择。④对目标达成程度的了解。对一项实施过的课程计划，评价可以判定其结果，并通过与预定目标的比较对照，判断其达成目标的程度。⑤成效的判断。一项课程或教学计划在实施后究竟收到哪些成效，可以通过评价全面衡量，作出判断。这种判断不同于上述对目标达成程度的了解，而是对效果的全面把握，包括对那些预定目标之外的效果的把握。①

（二）师范学前儿童戏剧课程的评价功能

对于师范学前儿童戏剧课程的评价功能，主要体现在以下几个方面。

1. 评定学生对学前艺术领域戏剧课程的等级

教育是一种有目的、有计划、有组织地改变学生的活动，不论是教师、学生，还是学院部门，都需要知道，通过一定的教学活动，预期的教学目标是否达成。因此，评定大学生的课程等级是非常重要的。它不仅仅可以让学生衡量自己对学前儿童戏剧课程的学习程度，从而明确和调整自己的学习态度和学习方法，同时也给教师、家长、学院部门反应课程实施情况，甚至为将来的工作单位提供相应的参考。更重要的是，评定学生课程等级可以表明大学生在学习师范学前儿童戏剧课程之后，是否实现和达到了学校需要、教

---

①　参见虞永平等《幼儿园课程评价（第二版）》，第 7 页，江苏教育出版社 2009 年版。

师需要、社会需要的学习目标方面所达到的水平。例如，不少学前教育专业的大学生会选择考研或者出国留学，那么这个等级，就可以作为大学生日后选择的研究方向的成绩展示，也可以作为高校录取相关领域研究人才的一个考核标准。因此，评价大学生学习成绩的等级评价一定要非常慎重。因为这个等级会记录在大学生的成绩档案袋中，进入到学业成绩记录系统，成为他人做出关于学生所学课程的评价的重要依据，伴随学生的一生。

所以，学院管理部门在制定课程学分制以及教师在给学生评定成绩等级时，一定要做到证据齐全、全面分析，而且要做到公平公正，方法科学，合情合理。

2. 监控和诊断大学生的学习情况

教师和学院管理者，应该关心和留意学生的学习情况。师范学前儿童戏剧课程是一门较为复杂、抽象的课程，它包含情感态度价值观、认知、技能等多方面的知识体系和能力储备，多维度性很强。所以，通过学前儿童戏剧课程的评价，教师需要在教学的不同阶段，了解学生的学习情况和他们是否掌握了学前儿童戏剧课程所要求的知识和技能。除此之外，学前儿童戏剧课程的评价也是学生了解和掌握自己学习情况的一个重要途径。因为没有这个评价，学生也不清楚自己是否达到了该课程要求的标准。

除了了解之外，诊断也是一个非常重要的评价功能。比如，教师在教学过程当中，需要了解不同学生的兴趣爱好以及优缺点，从而能够做到因材施教，给予他们更有针对性的帮助。不只是教师，学院管理者也应如此。学院管理者也需要通过学院档案了解和记录学生的学习情况，总结重要的学习信息提供给教师，以便于教师对学生做出更全面的评价。为了查明学生在学习过程中存在的问题，或者什么样的教学安排和教学策略对他们来说最有效，以便使其取得最大程度的进步，教师需要对学生进行评价。为了实现这一目的进行的评价就是诊断性评价。通过诊断性评价，教师可以总结和梳理今后的教学重点和教学难点，更有效地帮助和引导学生达成课程目标，从而促进学生的全面发展。

3. 了解教师的教学效果，评估教师职称和课程质量

师范学前儿童戏剧课程的教师，除了包括学前教育专业毕业的教师，也包括音乐学院戏剧专业毕业的教师。究竟哪个专业的教学效果突出，至今都颇有争议。因此，不管是理论知识较强的学前教育专业教师，还是技能较强的戏剧专业教师，都需要通过师范学前儿童戏剧课程评价来了解和反思自己的教学理念、教学方法、教学技能等。

除此之外，师范学前儿童戏剧课程评价也可以帮助学院管理者来评估教师的职称，成为考核教师职称的一个重要因素。

通过师范学前儿童戏剧课程评价，可以反映学院教材提供的科学性和课程安排的合理性，从而评估学院课程质量。如果课程实施效果低于课程预期标准，那么就可以立即组织学院教师研讨，全面分析课程设置方案、课程安排进程以及课程实施效果的不足之处，从而改进不足。如果课程设置方案、课程安排进程以及课程实施效果均不及或者远远落后于师范学前儿童戏剧评价的各项维度的最低指标，那么学院即可以邀请领域内的专家，组织教师学习、研究和讨论，发问卷与学生沟通和交流，征求教师、学生以及专家等多方的意见和建议，尝试进行课程改革。

4. 改善学院管理制度，完善管理机制

师范学前儿童课程评价可以供学院管理部门参考，帮助学院改善课程管理制度，完善管理尺度和方向。课程实施的结果和效果不仅仅与课程方案、课程安排、教师和学生这些因素有关。除了课程本身，课程之外的管理制度也会影响课程的实施质量。比如，学院学生的师范学前儿童戏剧课程成绩普遍较低时，是否因为学院对该课程的重视度不够，对该课程的配合和管理较为松弛，管理方向是否过于注重戏剧技能的要求，管理方向极端或者走偏。如果是因为学院管理尺度较小，监督管理不够，学院可以通过提高课程学分、多邀请领域专家开展公开讲座、增加学生戏剧课程观摩和实践的活动，抑或举行相关课程的校园比赛。

如果课程管理方向走偏，这应该属于师范学前儿童课程理念的问题。课程理念的科学性尤为重要，课程理念是导航者，是旗帜手。它贯穿于课程方案、课程安排、课程实施效果每一个阶段，直接决定着课程的质量。因此，

学院管理部门一定要引进最科学的课程理念和教学理念，这样才可以保证学前教育学科课程质量，完善学院管理制度和管理方向。

5. 提高学院知名度和社会认可度，创建一流学科

高等教育培养的人才，大多是直接进入社会工作岗位。因此，各大高校不同专业不同学科的知名度和社会认可度，会直接影响大学生的就业前景和工资待遇。如今，党中央、国务院提出重大战略政策，建设世界一流大学和一流学科，简称“双一流”建设。要在21世纪中叶，打造一流大学和一流学科的数量及实力，进入世界先列。因此，学校一定要注重一流学科的建设，特别是211工程、985工程在国内就业的影响力度强而无法改变的背景下，建设学院一流学科是最好的教育策略。这样不仅可以享受到国家政策的经费支持，响应政策的号召，也可以增强学院的教育实力，提高学院的知名度，培养学科专业性人才，提升学院的大学生就业率。

因此，师范学前儿童戏剧课程评价可以影响学院戏剧课程和教学政策的制定者、课程编辑者、课程实施者以及课程接受者。它可以及时帮助学院的各个环节的课程组织者和实施者，尽早发现问题、分析问题、处理问题。适当应用师范学前儿童戏剧课程的评价方法，可以改进学院对建设一流学科的研究和实践，从而显示出评价促进学院教育水平的提高、增强高校以及学院知名度和社会认可度的强大功能。

第二节　师范学前儿童戏剧课程评价的目标与价值

一、师范学前儿童戏剧课程评价的目标

师范学前儿童戏剧课程评价的主体应该是多元的，不仅仅包括学院大学生，还有学院教师、学院管理者以及相关专业的社会就业单位。因此，进行课程评价必须确立多元的课程评价体系，建立多主体的评价机制。课程评价主体的多元化，必然会导致和促进课程评价目标的多元化。所以，介绍师范学前儿童戏剧课程评价的目标时，我们将从学生、教师、管理者三方维度进行阐述。

（一）学生

布卢姆分类学是美国教育心学家本杰明·布卢姆在芝加哥大学提出的目标分类法，根据布卢姆的理论，知识可以分成以下三个领域：认知领域、技巧领域及情感态度领域。每一领域对应学习的不同层次，而较高层次对应学科内较复杂的内容。布卢姆教育目标分类学的最终目标，是要鼓励教学者、受教育者对以下三个领域的教育目标都要做到，以达至整合的教育。因此，本章节中师范学前儿童戏剧课程评价以学生为评价对象，评价目标将分为认知、情感态度、技能三个领域。

1. 认知

布卢姆等人出版的《教育目标分类学，第一分册：认知领域》中把认知领域的目标分为五个亚领域，即知识、领会、分析、综合和评价。

知识目标要求学生在学习情境中把某种信息储存在大脑中，以后所要做的就是回忆这些信息。

领会指的是当学生要进行交流时，要求他们知道交流些什么内容，并能够利用材料或材料中所包含的观念。

分析指的是将交流分解成各种组成要素或组成部分，以便弄清各种观念的有关层次，或者弄清所表达的各种观念之间的关系。

综合指的是把各种要素和组成部分组合成一个整体。

评价指的是为了特定目的，对材料和方法的价值作出判断。

根据以上的理论基础，学生认知维度下，师范学前儿童戏剧课程评价的目标具体如下。

师范学前儿童戏剧课程评价的目的是为了增强学生对自身、他人、社会、文化、情感、经验的认识与思考，实现一种与现代儿童观和儿童教育理念相匹配的儿童教育模式。学生不需要具备戏剧专业的艺术基础，只需要在掌握一定的专业意识和专业能力之后，在该课程评价的指导下，体验戏剧元素在教育活动中的魅力，又使其有意识地进行学前儿童教育的专业思考和学习如何有效引导整个教学活动。例如，在了解和学习有关的学前儿童戏剧理论之后，领会学前儿童戏剧课程的理念，分析不同形态儿童戏剧教育活动形式等。同时，学会整合相关学前领域课程知识，且能够灵活应用到幼儿园主题教学或者一日生活中，并且能够有目的、有方法地对自己的组织教学进行评价和评估。

2. 情感态度

克拉斯沃尔、布卢姆等出版的《教育目标分类学，第二分册：情感领域》一书中把情感领域目标分为五个亚领域，即接受（注意）、反应、价值评价、组织、由价值或价值复合体形成的性格化。

那么，在师范学前儿童戏剧课程评价下，学生在情感态度评价方面，应该达到什么样的目标。师范学前儿童戏剧教育的情感态度目标有一定的特殊性，因为该课程培养的学生将会成为未来幼儿园戏剧课程的组织者和教师。所以，情感态度领域下，基于布卢姆目标分类学的理论基础，师范学前儿童戏剧课程评价学生应该达到的目的可分为五个维度，分别是接受、反应、价值评价、组织、由价值或价值复合体形成的性格化。

接受是指学习者感受到某些现象和刺激的存在，愿意接受或注意这些现象和刺激。它包括察觉、愿意接受和有控制的或有选择的注意。

反应是指学习者对出现在他面前的刺激已经不只是愿意注意而是上升到积极的注意。包括默认的反应、愿意的反应、满意的反应。

价值评价是指学习者确认某种事物、现象或行为是有价值的，即是说学习者将外在价值变为他自己的价值标准，形成了某种价值观、信念，并以此来指引他的行为。

组织是在学习者连续地将价值加以内化的过程中遇到各种不同的价值情境时，把各种价值组织成一个体系，确定价值之间的相互关系，确立占主导地位的和普遍性的价值的活动。其包括价值的接受、对某一价值的偏好、信奉。

由价值或价值复合体形成的性格化，是指各种价值已经在个体内在的价值层次结构中固定下来，已经被组织成为一种内在一致的体系，长期控制个体的行为，使个体长期地以某种方式去行动，包括泛化心向和性格化。

根据以上的理论基础，师范学前儿童戏剧课程评价的目标具体如下。

师范学前儿童戏剧课程评价的目标不是培养学生的戏剧艺术表演技能，而是通识教育理念下的全人格培养。例如，他能够迅速发现和感知幼儿园一日生活中发生的儿童戏剧，并且喜欢和愿意接受儿童戏剧，主动帮助学前儿童组织和实施儿童戏剧的表演、创作和延伸。他能够积极回应幼儿提出的有关戏剧的问题，对组织和指导儿童戏剧充满责任感和愉悦感。他认可学前儿童戏剧的教育价值，努力发挥和实现自己在学前儿童戏剧教育事业中的自身价值。

3. 技能

哈罗在《动作技能领域教育目标分类学》中提出了以学龄前教育为视角的动作技能教学目标分类。哈罗将动作技能领域目标分为六类，即反射动作、基本—基础动作、知觉能力、体能、技巧动作、有意的沟通。辛普森将技能领域目标分为下述七类，分别为知觉、定势、指导下的反应、机制、复杂的外显反应、适应和创作。

根据以上的理论基础，学生技能维度下，师范学前儿童戏剧课程评价的目标具体如下。

师范学前儿童戏剧课程评价的目的是为了将戏剧教育理念与活动方法加以整合，在培养学生的戏剧表演专业能力的同时，更加强调戏剧活动组织者的引导能力培养。尤其对于创造性戏剧活动的组织者，往往需要成为戏剧活动的教学者，活动节奏的控制者，活动方法的选择者。例如，在教学技能方面，他需要评价自己组织和指导幼儿在戏剧游戏、戏剧工作坊、戏剧主题活动中的优缺点；在组织技能方面，他需要评价自己在幼儿园戏剧活动的角色分工、教学方法以及教学策略的科学性；在创编技能方面，他需要评价自己在幼儿园戏剧表达、戏剧创作、戏剧表演活动中的教育机智。

（二）教师

教师作为课程评价的重要主体，教师可通过揭示学生学习成就和引导学生自我学习、自我反思直接促进学生发展；教师也可根据师范学前儿童戏剧课程评价诊断学生学习需要，进行教学设计和改进教学，从而间接作用于学生发展。接下来，将从教学理念、教学研究、教学能力三个领域介绍师范学前儿童戏剧课程评价在教师维度下的目标。

1. 教学理念

教学理念是对认识的集中体现，同时也是人们对教学活动的看法和持有的基本态度和观念，是人们从事教学活动的信念。教学理念有理论层面、操作层面和学科层面之分。明确表达的教学理念对教学活动有着极其重要的指导意义。在师范学前儿童戏剧课程评价中，特别是对于学前儿童戏剧课程的教育教学理念，教师一定要有科学的立场和观点。在教学中，一定要将最先进、最科学的理念传授给学生，因为这些师范大学毕业的大学生，大部分到最后会成为幼儿园的一线教师甚至园长，教学理念的科学性会影响着一大批幼儿园教师的教学指导思想，同时也会影响成千上万的学前儿童和家长。

因此，师范学前儿童戏剧课程评价的目标，首先是为了让教师不断反思和认识自己的教学理念，在课程专家的理论指导和自身教学实践的反思下，树立一种最科学的教学理念。特别是学前儿童戏剧课程是一种偏于质性研究的课程，在评定学生的理论成绩和实践考核情况时，很难给出一个科学客观、较为公平的戏剧课程成绩。所以，教师的评价理念也就显得尤为重要。有什么样的教学理念和课程理念，就会有什么样的评价观。

幼儿园实施学前儿童戏剧课程，是为了促进学前儿童身体动作、语言、社会性、认知、艺术能力、学习品质等多方面的发展，并不是为了把幼儿培养成专业的戏剧人才，成为戏剧演员。实施该课程是为了培养学前儿童乐于运用戏剧符号表达自我、思考和认识周围世界，成为开放、合作和有创造力的人。在高校实施学前儿童戏剧课程，是为了培养大学生能够正确、科学、灵活地引导和帮助学前儿童在幼儿园发生的戏剧活动。

师范学前儿童戏剧课程评价的目的也不是为了培养专业的戏剧人才而评价学生，而是为了给出更科学的评价理念来指导教师，客观、正确、多维度地评价大学生的戏剧课程成绩和戏剧课程等级，从而使得教师在学前儿童戏剧课程评价理念的引导下，树立科学的师范学前儿童课程理念、教育理念和教学理念。

因此，在师范学前儿童戏剧课程评价教学理念的范畴下，评价的目标是培养教师科学的教学目标观和教育价值观，树立科学的师范学前儿童课程理念，教育理念和教学理念。

2. 教学研究

教学研究主要讨论有关学生课程建设、教学方法改革等问题。如果是讨论某一具体课程，则希望通过讨论，对这一类课程乃至更大范围的课程具有借鉴作用。教学论前辈李定仁认为，教学研究就是运用科学的理论和方法，有目的、有意识地对教学领域中的现象进行研究，以探索和认识教学规律，提高教学质量，其观点注重教学质量的提高。而裴新宁将教学研究理解为以教学问题为对象，以科学方法为依托，以探索教学规律为目的的创造性认识活动。后者强调了教学研究对规律的探索，强调教学研究的认识功能。

在师范学前儿童戏剧课程评价中，我们将教师的教学研究归纳为三点，发现教学问题、改进教学方法、提高教学质量。

发现教学问题是指教师要有问题意识，需要在教学过程当中，敏锐地捕捉和总结教学各个环节存在的问题，分析导致问题出现的不同因素、问题的影响范围和影响力度。

改进教学方法是指教师不管在课堂教学还是课后组织活动，都应该在发现问题的基础上，不断思考，随时随地要有反思的意识，将教学理论与教学实践相结合，探索处理问题和解决问题的最佳方式。

提高教学质量是需要教师和学生共同合作来完成，教师不仅要关注自己的教，也要关心学生的学，要时时刻刻有一种合作意识，给学生不断地创造最近发展区，从而方便学生对师范学前儿童戏剧课程有更好地理解，促进大学生该课程成绩和学前儿童戏剧专业素养的提高，做到教学相长。

在师范学前儿童戏剧课程评价教学研究的范畴下，评价的目标是培养教师的问题意识、反思意识、研究意识。将研究贯穿于发现教学问题、改进教学方法、提高教学质量教学递进结构。教学质量的提高是发现教学问题和改进教学方法的终极目的，即发现教学问题和改进教学方法是为了提高教学质量，而优质教学质量的保持和持恒也需要发现教学问题和改进教学方法。

3. 教学能力

教师的能力素养主要包括：语言表达能力、教育教学能力、组织管理能力、自我调控和自我反思能力。此外，教师还应该具备教育科研能力、学习能力、观察学生的能力、创新能力以及运用现代教育技术手段的能力。

在师范学前儿童戏剧课程评价教学能力的范畴下，我们将教师的教学能力归纳为教学认知能力、教学设计能力、教学评价能力。教学认知能力包括理解课程目标的能力、分析和处理教材的能力。教学设计能力包括设计教学目标的能力、选择教学方法的能力、编写教案的能力。教学评价能力包括学生学业成绩评价能力和教师教学自我评价能力。

在师范学前儿童戏剧课程评价教学能力的范畴下，评价的目标是培养教师的教学认知能力，例如，教师首先需要具备理解师范学前儿童戏剧课程的目标价值，有了一个科学的课程目标，才可以具备分析教材的能力。因为高校使用的每一本教材不一定都是相同的，一字不差的。很多时候，教材的使用版本都较为陈旧，教学理念和方法已经过时。所以，作为教材的授课者，就应该具备灵活筛选教材的能力，将不恰当、不科学甚至错误的知识点及时淘汰和更新。

除此之外，评价的目标还有教师的教学设计能力，比如在师范学前儿童戏剧课程下，教师需要将课程的每一个总目标划分为多个子目标，渗透在课堂教学和课外教学中。当教师具备了设计目标的能力之后，需要将教学目标与教学方法相结合，开发和探索最佳教学方法和教学策略实现教学子目标，最终通过教案的编写总结教学规律，将教学规律应用到下一步教学当中，指导教育教学，提高教师教学设计能力。

最后，评价的目标是教师的教学评价能力。教师的评价能力是至关重要的，因为评价是教师反思的总结化和概括化。教师不仅要通过师范学前儿童戏剧课程评价，评价自身的同时也要学会评价学生，即不仅包括教师教学自我评价能力，还包括学生学业成绩评价能力。教师自我评价是指教师能够依照一定的标准对自身教学实践以及教学效果进行客观评判的能力，同时也是一种反思的能力。例如，教师能够在教学过程中，反思和评价自己的教学态度、教学理念、教学方法以及教学效果等。学生学业成绩评价能力主要是指教师对学生学业成绩是否达到教学目标的判断能力。要求教师应该具备正确运用评价方法的能力、合理设计考核标准和考试结构等。

综上所述，在师范学前儿童戏剧课程评价教学能力的范畴下，评价的目标是培养和发展教师的教学认知能力、教学设计能力、教学评价能力。

（三）管理者

师范学前儿童戏剧课程评价从管理者的维度论述评价目标，可以分为三方面，分别是促进学生全面发展、促进教师专业成长和增强课程实施的科学性。

1. 促进学生全面发展

师范学前儿童戏剧课程评价的目的就是为了提高学生学习戏剧课程的质量，促进学生全面发展。通过评价，可以端正学生学习态度，了解学生对学前儿童戏剧课程的学习进度、课程知识、课程技能的学习效果。同时，评价可以指出学生对该课程学习的薄弱环节，查漏补缺。最后让学生反思和意识到自己在学习该课程中的不足之处，并尽快改正。除此之外，评价也可以使得师范学前儿童戏剧课程更加接轨于社会就业岗位，不断更新课程内容和课程要点，培养社会所需之才。

2. 促进教师专业成长

师范学前儿童戏剧课程评价的目的是为了提高教师专业素养，促进教师专业成长。评价对象的多元化使得教师也可以不断地为自己充电。例如，教师可以通过评价，反思自己的教学进度、教学方法和教学策略，甚至是教学理念。在此基础上，可以向相关学院部门申请戏剧课程培训经费或者继续教育经费，甚至也可以是以国外访学的形式，去学习更多相关领域的知识。

除此之外，该课程评价的目的也是为了创建学院一流学科，提高学院知名度。教师不论是以哪种形式去学习和进修，评价总会为教师管理部门发出信号和建议，从而选择出一个教师最恰当的学习方式和学院最合理的管理模式，最终促进学科排名的进步，提高高校该学科的教科研水平。

3. 增强课程实施的科学性

师范学前儿童戏剧课程评价的目的是为了增强课程选择的严谨性，监督课程研发的科学性。不少高校在教材选择上，往往偏向于本校相关教授撰写的书籍。但是这些教材在一定程度上，并不是最合理、最科学的选择，也有部分高校选择的教材年限过早，内容陈旧，甚至部分内容已经属于被推翻的课程理念。这时，课程评价的目的就是衡量教材选择的科学性和合理性。同时，如果现有可供选择的教材在部分课程内容上有不足之处，或者缺乏最新内容，那么学院完全可以自行组织教研活动，开发和研讨最新最标准化的课程内容。除此之外，该课程评价也可以促进课程设置、课程安排、课程实施等更加合理化。

二、师范学前儿童戏剧课程评价的价值

价值是什么？价值在不同学科领域，不同研究范畴内，其具体概念和含义是不同的。例如，经济学认为的价值是体现在商品里的社会必要劳动。哲学认为，价值属于关系范畴，从认识论上来说，是指客体能够满足主体需要的效益关系，是表示客体的属性和功能与主体需要间的一种效用、效益或效应关系的哲学范畴。对于价值的标准概念，存在很多观点，至今也没有一个定论。本章中的价值主要立足于哲学范畴下的价值定义，结合三种价值观取向来阐述师范学前儿童戏剧课程评价的价值。

（一）工具价值和内在价值

1. 工具价值

工具价值是指一事物对别的事物而言，所具有的意义或者价值，是一事物对其他事物的有用性，即通过一种事物，可以将这种事物视为一种手段或者媒介，为其他事物带来效果和利益或者说就是实现终极价值的手段。我们说，评价的终极目的是为了促进学生的发展，培养社会所需之才。因此，对于师范学前儿童戏剧课程评价的工具价值，主要分析以下三个方面。

从高校师资队伍的维度来说，师范学前儿童戏剧课程评价的工具价值主要体现在对师资队伍的促进方面。师资队伍是决定教学成效的关键因素。师资队伍的评价涉及师资队伍的年龄结构、性别结构、学历结构及其工作水平等方面。当然，其中核心的是教师的工作水平。①

尤其是学前儿童戏剧课程的工作水平和研发水平。通过该课程的评价，教师不仅可以了解自己的教学方案、教学策略、教学方法的有效性，还可以梳理和更正自己的研究方向以及研究领域，研发出更多科学的学前戏剧教学方法以及戏剧课程教材。从而促进高校师资队伍水平的提高，打造师范学前

---

① 参见虞永平等《幼儿园课程评价（第二版）》，第 13 页，江苏教育出版社 2009 年版。

儿童戏剧学科的高质量师资队伍，最终培养出高水平大学生，为幼儿园、学前戏剧出版社、学前课程研发机构输送社会所需之才。

从高校基础设施和设备维度来说，高校学前儿童戏剧课程的实施，需要一定的基础设施和基础设备。比如高校教师讲解实施戏剧课程的要素时，不能单纯地展现戏剧课程的 PPT，还需要引进和结合相关要素的教学设备。同时，也需要开展该课程最基础的戏剧舞蹈室、戏剧排练室。基础设施评价主要是对该课程有基础作用的戏剧房舍、场地等条件的评价。教学设备评价主要是对高校在实施该戏剧课程中需要的条件和设备的评价。那么，高校学前儿童戏剧课程教学设备评价，主要是评价其各类戏剧活动器材、表演设备、教学辅助设施等。通过这类基础设施和设备的评价，来丰富高校戏剧教学形式，促进高校学生的专业发展，培养相关专业所需之才。

从高校管理水平的维度来说，师范学前儿童戏剧课程评价主要是针对学院管理队伍、管理规章制度、管理成效等方面的评价。因此，其工具价值也体现在这几个方面。学院管理队伍的评价会涉及管理人员的专业化程度、管理人员的学历结构，以及管理人员的工作业绩。管理规章制度是确保管理工作取得成效的基本文件，也是指导人们行为的基本原则。管理规章的完整性、科学性是管理工作开展的重要影响因素。管理规章制度的执行是管理工作取得成效的关键。① 通过对高校管理水平的评价，来优化学院管理制度，提出更加科学的管理方案，最终促进相关专业大学生的发展。

2. 内在价值

内在价值是一事物自身的存在意义和价值，是一事物对自身的有用性，即一事物对自己的利用价值，对自身发展的积极性。② 评价也可以作为一门学科去研究，它可以是课程评价，也可以是教育评价，同时也能成为其他领域的评价。评价除了作为一种评价媒介之外，它有着自己的本质功能，为了传递其他学科的知识、达成其他学科的目标或者解决其他问题而存在。

因此，师范学前儿童戏剧课程评价的内在价值就体现在它的本质，它可

① 参见虞永平等《幼儿园课程评价（第二版）》，第 13 页，江苏教育出版社 2009 年版。

② 参见李雁冰《课程评价论》，第 31 页，上海教育出版社 2002 年版。

历史发展中所形成的个性化的价值追求，它所表征的是人们在价值追求上的差异性。①

1. 共同价值

师范学前儿童戏剧课程评价的共同价值主要体现在为社会服务，促进社会的发展。不论是教师、管理者还是课程本身，评价的终极目的都是为了促进学生的发展，培养社会对该领域的所需之才或精英之才。

因此，不管是对于实施学前戏剧课程的人还是课程本身这件物，他们都有共识的价值追求。每个部分都是在为一个宗旨服务，不管是评价教师、教学设备设施还是评价课程方案、课程实施、课程结果，都是为了促进教学水平的提高，学生学科能力的发展，高校科研成果的突破，最终贡献于社会，造福于社会。

2. 多元价值

关于师范学前儿童戏剧课程评价的多元价值主要体现在学生、教师、高校三个方面。

（1）对于学生的价值着重阐述学生在就业岗位、就业范围和就业薪资上的显性价值。

师范学前儿童戏剧课程评价对于学生的价值主要体现在，课程评价可以督促高校课程实施时刻与社会就业岗位保持一致性，培养岗位所缺人才规格和人才质量。同时通过对社会相关专业就业范围的了解，课程评价可以指导高校为学生提供不同选修课，使学生能够与实践相联系，特别是对于高校的研究生，能更有效更实际地选择自己的研究方向，不仅可以满足其研究兴趣，同时有利于该专业硕士生的就业。大学生就业薪资也是备受关注的一个问题。课程评价除了可以提高教师教学水平，更重要的是培养学生的学习能力和自我评价能力。特别是在高薪资的就业岗位招聘上，往往要求 985 或 211 或一流学科的高校学历，因此，这对于非 211 或非 985 的高校学生来说，一流学科的头衔无疑是找高薪工作的敲门砖。而这块敲门砖必须要通过师范学前儿童戏剧课程评价，不断地改革和调整课程，监督和指导教师的工作，促进学

① 参见李雁冰《课程评价论》，第 30 页，上海教育出版社 2002 年版。

科专业水平的提高，增强学院学科软实力，实现一流大学和一流学科的建设。

（2）教师的价值，着重解释评价对教师职称评比、薪资以及纵向流动功能的有效价值。

师范学前儿童戏剧课程评价可以指导教师了解和认识自己教研方面的不足，从而提高其教学和研究水平。高校的教师职称评比，其中文章发表数量和质量在评比中占很大比重。通过评价，老师可以反思和总结自己的教学经验和科研经验，最后总结发表后，可以带来很强的职称等级提高价值。比如，教师的相关学科文章发表数量多且质量高。那么其职称评选的优势就大大增加。职称提高之后，相应的薪资必然也会有所提高。同时，项目经费也会增加，这将会给学前儿童戏剧课程甚至相关领域课程的学术研究带来更强大的物质基础和有利条件，促进学术研究良性循环。除此之外，教师职称等级提高之后，相应的高校教师纵向流动功能也体现出来了。高校纵向流动功能指的是高校教师社会地位的变化，例如职位的升迁等。

（3）高校的价值重点从增强高校学科竞争力、吸引优秀教师人才、吸纳更多经费和社会资助方面解释。

对于增强高校竞争力，无疑是需要师范学前儿童戏剧课程评价的监督和引导才可以实现。一个课程的优质度与其评价原则和评价方法有着非常密切的联系。因为，课程评价就是课程的指挥棒，它的评价号令会指导着整个课程的落实，不管是课程前的课程设计，还是课程后的影响效果。因此，师范学前儿童戏剧课程评价对高校的首要价值，就是增强学科竞争力，提高学科软实力，使其在全国师范大学中名列前茅。以这样的高校实力，除了可以申请到充足的教育研究经费之外，在此基础上，高校很容易吸引到优质教师资源，比如吸引优秀海外留学生或者海外教师，从而为师范学前儿童戏剧课程注入新的活力。最终增强高校竞争力，学科竞争力，从而吸纳更多社会物质资助、奖金资源和良好生源。

通过结合以上三种价值取向的总结和分析，我们发现，不管是在工具价值与内在价值的维度下，还是物质价值与精神价值的维度下，甚至共同价值和多元价值的维度下，师范学前儿童戏剧课程评价都有其存在和应用的价值。

第三节 师范学前儿童戏剧课程评价的原则与方法

一、师范学前儿童戏剧课程评价的特点

师范学前儿童戏剧课程评价的原则是指导我们进行师范学前儿童戏剧课程评价的行动准则。它贯彻于整个课程的始终，是整个课程评价指导思想的体现，是统领师范学前儿童戏剧课程评价工作的总纲领。所以，进行师范学前儿童戏剧课程评价，必须遵循一定的评价原则。

本书将基于师范学前儿童戏剧课程的特点，结合英国评价研究组提出的促进学生学习的十项原则①来阐述师范学前儿童戏剧课程评价的原则。

首先，师范学前儿童戏剧课程具有两大典型的特点。分别是内容整合性和实施创造性。

（一）内容整合性

内容整合性主要体现在，师范学前儿童戏剧课程是将师范学前戏剧教育理念、教育内容、教育方法加以整合，在培养大学生学前戏剧表演能力的同时，更加强调培养戏剧教育活动组织者的引导能力培养。师范学前儿童戏剧课程的组织者往往具有多重身份。他需要成为戏剧活动的教学者、组织者。要负责在活动之前提出问题、引导讨论、诱发建议、厘清规则。他需要学会将戏剧课程与学前领域的相关课程进行整合，既需要把学前戏剧教育课程融入其他主题课程中，又需要把课程内容渗透到幼儿园教学活动甚至一日生活当中。

（二）实施创造性

实施创造性主要体现在师范学前儿童戏剧课程要培养学前戏剧创造性人才。其实，上述提到的戏剧整合课程就是教师一种创造性的体现。除此之外，创造性戏剧活动是师范学前儿童戏剧课程重要的组成部分。在创造性戏剧活动中，要培养充满创造性和灵活性的学前戏剧教育大学生，即教育机制。他

① 参见沈玉顺《课堂评价》，第 20 页，北京师范大学出版社 2006 年版。

需要成为活动氛围的营造者，要有足够的感染力和组织技巧，能运用戏剧游戏或者戏剧活动，营造欢愉的戏剧气氛，破除参与者彼此间不熟悉或者不信任的感觉，唯有破冰成功才能开展后续戏剧活动。他需要成为活动节奏的控制者，要有能力制造戏剧情境及气氛，汇聚参与者的注意力，控制节奏和时间。他需要成为活动方法的选择者，要因时因地选择最适合的戏剧策略，促使参与者更好地感受和表现戏剧角色。①

评价是为了促进学生的学习，提高学生学习水平。英国评价研究组提出的促进学生学习的十项原则，用以指导课堂实践。②

（1）促进学习的评价应该是有效的教与学计划的组成部分。

（2）促进学习的评价应该集中于学生是如何学习的。

（3）促进学习的评价应该成为课堂教与学活动的核心。

（4）促进学习的评价应该被视为教师关键的专业技能。

（5）促进学习的评价应该是敏感的和建设性的，因为任何评价都具有情感作用。

（6）促进学习的评价应该考虑到学习者动机的重要性。

（7）促进学习的评价应该增进学习者对学习目标的投入及其对评价他们的准则的共同理解。

（8）促进学习的评价应该使学习者得到关于如何改进建设性指导意见。

（9）促进学习的评价应该发展学习者的自我评价能力，使其成为反思型和自我管理型的学习者。

（10）促进学习的评价应该认可所有学习者在所有领域的学习成就。

二、师范学前儿童戏剧课程评价的原则

根据以上课程特点和课堂教学原则内容的陈述，以及参考了华东师范大学沈玉顺教授的《课堂评价》相关内容，将对师范学前儿童戏剧课程评价的

---

① 参见张迪《创造性戏剧活动融入儿童戏剧课程的实践研究》，《学前教育理论与实践》2014 年第 1 期。

② 参见沈玉顺《课堂评价》，第 19 页，北京师范大学出版社 2007 年版。

六项基本原则展开具体论述。

（一）整体性原则

师范学前儿童戏剧课程评价是教学过程不可分割的组成部分和关键因素，应该有机地整合到教学过程之中。评价和教学不是分离的，是整体的。在师范学前儿童戏剧课程评价中，一定要把评价结合到教学过程中，成为教学过程的有机组成部分。

一个好的教师，不仅仅要有出色的教学能力，还要有科学评价学生的评估能力。因为教师只有能够做到全面、客观的评价学生，才能更好地指导学生。在师范学前儿童戏剧课程评价中，教师需要结合师范学前儿童戏剧课程的评价内容、评价原则、评价方法，合理安排教学活动和教学评价。教师需要在教学过程中监测学生学习的进展情况，以便了解自己的教学是否达到了预期的效果，学生的学习是否达到了预期的课程计划和课程目标。如果教师不去评价学生的学习，教师就无从知道自己的教学方法、教学策略是否应用合理，是否促进学生对师范学前儿童戏剧课程的理解和把握。

因此，缺少课堂评价的教学不可能是高效的。教师只有以系统采集的学生学习信息为基础，才能够做出更有效的教学决策。而学生的有效学习，也需要从教师那里获得有关自己学习表现的信息及改进学习的建议，以便更好地达成学习目标。不论从改进教师教学还是从改进学生学习的角度看，评价都是教学过程中不可或缺的关键因素。①

（二）全程性原则

师范学前儿童戏剧课程评价不是为了评价学生而评价，而是为促进学生的学习和发展而评价，这就需要评价要服务于课程实施的整个阶段，这样才能更好地促进学生的专业发展。根据评价的功能，可以区分出两种类型的评价，即形成性评价和总结性评价。

所谓形成性评价，是指评价结果用于改进教学活动的评价。这种评价一般是在高校学前儿童戏剧课程过程中进行的。可以通过课堂提问、教材内容测验、戏剧表演来实施。这种评价的目的在于了解戏剧教学的结果以及学生

---

① 参见沈玉顺《课堂评价》，第 17 页，北京师范大学出版社 2006 年版。

学习戏剧课程的情况，以便教师及时了解师范学前儿童戏剧课程教学中取得的成绩和存在的问题，调整或改进教育教学工作，使戏剧教学在不断测评、反馈、调整的过程中趋于完善，最后达到师范学前儿童戏剧课程的教学目标。

所谓总结性评价一般是在学期或学年结束时进行的一种评价，其目的主要是了解学生经过一学期或一学年的学习，是否达到课程目标，据此做出总结性评价。总结性评价除了给学生评定学习成绩外，对后阶段学习还具有预测、评估的作用，能确定学生在后继课程中的学习起点。

因此，师范学前儿童戏剧课程评价可以参考这两种类型相结合的评价方式，将评价贯彻于课程教学活动的始终，有效促进学生的课程学习。

（三）可行性原则

师范学前儿童戏剧课程评价应该是具体的、可操作、切实可行的，师范学前儿童戏剧课程评价如果没有可行性，那么评价也就失去了意义。因此，要保证师范学前儿童戏剧课程评价的可行性，需要注意以下几个问题。

1. 评价指标体系和评价方法科学客观、简便有效

科学的评价体系是进行科学评价的前提。师范学前儿童戏剧课程指标体系不仅仅能够体现该课程目标的实质性内容和终极目标，同时，它也是对师范学前儿童戏剧课程目标的细化和分解。因此，在进行师范学前儿童戏剧课程评价工作之前，一定要建立、制定好该课程的评价体系。否则，在评价某个环节或者某个对象时，就会出现随意性、盲目性和不公平性，无法保证评价工作的顺利进行。同时，建立评价体系时，应该将评价的内容分为不同的指标元素，按照内部逻辑顺序，将每个系列的指标元素分为一级指标、二级指标不等，最后建构一个完整科学、简洁明了的评价指标体系。与此同时，在选择评价方法的同时，也要注意评价方法的适用性和适宜性。尤其师范学前儿童戏剧课程本身就具有抽象性和复杂性，在进行该课程评价时，要注意评价方法的灵活性，采用不同的研究范式。例如，哪些情况适用于质性分析评价，哪些事件适用于定量分析评价。

2. 评价指标要具有一致性和目标性

师范学前儿童戏剧课程评价指标的一致性主要是指以下三方面的含义。一是与高等教育课程评价的总目标一致。即培养大学生成为德、智、体、美

全面发展的具有高素质、高水平、高层次的社会主义建设者和接班人。二是与国家文化教育政策、艺术教育政策保持一致。例如，评价指标可以参考《学校艺术教育工作规程》《教育部关于推进学校艺术教育发展的若干意见》等制定。三是师范学前儿童戏剧课程评价指标体系中的各个指标要具有一致性，各个指标要具有包含与被包含的关系，要相互联系，相互影响，形成统一的指标体系。

目标性主要是指评价的每一个指标都是有目的、有计划地指向师范学前儿童戏剧课程的总目标，所有的评价指标在评价体系中，都有其特定的价值来服务于课程子目标或者总目标。

3. 要注重过程评价

师范学前儿童戏剧课程的内容丰富、活动形式多样、表现形式丰富、组织形式灵活。因此，影响这门课程实施质量的因素有很多。变量太多，这必然导致可控性差。因此，很难对其做出精确的评价，我们必须学会注重整个过程的评价，防止单纯结果衡量和评价的片面化。

（四）定量评价与定性评价相结合的原则

在阐述定量评价与定性评价相结合的原则之前，首先介绍二者的相关概念。

1. 定量评价

根据参考相关文献，定量评价是采用数学的方法，收集和处理数据资料，对评价对象做出定量结果的价值判断，如运用教育测量与统计的方法，模糊数学的方法等，对评价对象的特性用数值进行描述和判断。

定量评价强调数量计算，以教育测量为基础。它具有客观化、标准化、精确化、量化、简便化等鲜明的特征。它在一定程度上满足了以选拔、甄别为主要目的的教育需求。但定量评价往往只关注可测性的品质与行为，处处、事事都要求量化，强调共性、稳定性和统一性，过分依赖纸笔测验形式，有些内容勉强量化后，只会流于形式，并不能对评价结果做出恰如其分的反映。因而，它忽略了那些难以量化的重要品质与行为，忽视个性发展与多元标准，把丰富的个性心理发展和行为表现简单化为抽象的分数表征与数量计算。

2. 定性评价

定性评价是不采用数学的方法，而是根据评价者对评价对象平时的表现、现实和状态或文献资料的观察和分析，直接对评价对象做出定性结论的价值判断，例如：评出等级、写出评语等。定性评价是利用专家的知识、经验和判断通过记名表决进行评审和比较的评标方法。定性评价强调观察、分析、归纳与描述。

就应用于教育评价这一领域的现象而言，定性评价更加关注学生在质的方面的发展，关注教育结果与教育目标之间的一致性；强调对学生的优缺点进行系统的调查，并对个体独特性做出质的分析与解释，是具有实质性内容的一种评价机制。因此，定性评价可以关注更广泛的教育目标及学习结果，强调关注现场和专业判断，对学生种种表现试图做出具有教育学、心理学意义的解释与推论。如果说定量评价关注量而走向抽象并且侧重定量描述，那么定性评价则关注质而走向具体并且侧重定性描述。所以，定性评价是更具有现代人本思想和发展性评价的理念。但是，定性评价有时使评价结果模糊笼统，弹性较大，难以精确把握。

总之，定性分析侧重于质的方面，通过对评价对象进行深入的分析和综合做出评价。而定量分析侧重于量的方面，通过数量化的说明对所要评价的人或者事物做出评价。定性与定量评价相结合的原则就是既要用定性的评价，也要用定量的评价，是一种将二者结合起来进行的评价。①

那么，师范学前儿童戏剧课程不仅仅需要质性的评价，也需要量化的评价。一是因为师范学前儿童戏剧课程本身的两面性需要。比如，师范学前儿童戏剧课程在学生成绩评定、学分定制、论文发表数量和期刊质量，以及教师在学前戏剧领域内的职称、教龄、参加相关专业国内国际会议数量等大多可以使用量化的方式去分析和表达。但是对于学生对这门课程的兴趣、专注力、创造力等学习品质进行分析和测量，量化的方式就出现了明显的不足之处。除此之外，教师的专业素养、教学机智、教学理念以及教师对这门课程的教育教学态度等，都需要通过从质的方面去评价。二是因为单纯的质性评

① 参见程秀兰《学前教育评价》，第 7 页，北京师范大学出版社 2016 年版。

价和量化评价都有其自身的局限性。任何一种评价方式都不能全面、客观、直白、灵活地反映评价的对象和评价结果。所以，只有两种评价方式相结合，评价过程才能更加完整，评价结果才能更加科学、客观。这也是近些年来社会科学研究领域普遍认可的一种方式。

（五）动态评价与静态评价相结合的原则

在阐述动态评价与静态评价相结合的原则之前，首先介绍二者的相关概念。

根据参考相关文献，静态评价是对评价对象目标到达程度的评价，其特点是不考虑原有状态和发展趋势，只考虑评价对象在特定时空范围内的现实状况。它有利于横向比较，有利于强化竞争机制，但无法进行纵向比较。动态评价是根据动态原理提出的进行教育评价活动的行为法则。其基本要求是教育评价过程中要注意对评价对象的历史情况、发展水平及发展趋势进行评价，并研究其对一定社会需要的敏感程度和响应能力。

另外，评价的目的、内容、标准、方式应随时间的变化而逐步改进，评价的结论也应根据教育活动、教学水平的发展而不断修正。动态评价的使用有利于指导、激发被评价对象的进取精神，明确前进方向，但无法进行横向比较。只有将静态评价与动态评价结合起来，才能相互补充，避免出现相对主义现象。

也就是说，动态评价关注的是对评价对象发展的过程，重视纵向比较。而静态评价只关注评价结果，不考虑被评价者在过程中所发生的变化，也不考虑被评价者过去的发展情况和未来的发展趋势，重视横向比较。

师范学前儿童戏剧课程的评价一定要结合动态评价和静态评价，因为这门课程的特点是，该课程既具有很强的艺术性质，同时也包括学前儿童身心发展的心理学知识，在此基础上，学前教育原理以及高等教育原理也是其重要的组成部分。更重要的是，戏剧教育作为艺术教育的一个板块，其课程组织和实施是非常灵活的。因此，师范学前儿童戏剧课程评价需要动态评价，也需要静态评价。比如，不同师范大学同一专业的两名或者多名学生，同样在经过三年的戏剧课程实施，在最后的各项戏剧技能、戏剧知识体系、戏剧情感态度等这些方面的评价，就适合静态评价。而动态评价更适用于学生的发展、教师专业的成长以及高校排名的进度做出评价，其关注的是一个动态变化的过程，是一个关注他们成长的过程。

总之，在进行师范学前儿童戏剧课程评价时，一定要灵活、科学应用动态评价和静态评价。尤其是在使用静态评价时，一定要考虑到学生的情感因素。不能因为一个不当的评价结果使得学生失去了对这门课的信心和主观能动性，更不能因为一个评价结果使得学生全盘否定自己，不再追求进步。如果是这样，那么评价就是失败的。评价是为了指导学生的学习，促进学生的进步，而不是为了单纯地给出一个评价结果。当然，也不能完全只依靠动态评价。因为只进行纵向比较，会使得评价对象看不到自己与他人的差距，认识不到自己的不足，满足于自己所取得的成绩和点滴进步，从而成为“方仲永”。因此，在进行师范学前儿童戏剧课程评价时，一定要将动态评价与静态评价结合起来使用。

（六）客观性与主观能动性相结合评价的原则

客观性原则是课程评价的基本要求。因为进行课程评价，目的在于给学生的学和教师的教以及学院的管理都要回归到课程本身，都要以客观的价值判定。如果缺乏客观性，就会完全失去意义，还会提供虚假信息，导致错误的教学方法、教学策略和偏离的管理制度、管理政策。

贯彻客观性原则，首先要做到评价标准客观，不带随意性。其次要做到评价方法客观，不带偶然性。再次要做到评价态度客观，不带主观性。这样才能如实地反映出教师的教学质量和学生的学业水平以及学院的管理水平，并作为指导改进教学工作的依据。这就要求要以科学可靠的检测技术和方法为工具，取得真实可靠的数据资料，以客观存在的事实为基础，实事求是，公正严肃地进行评定。

主观能动性亦称自觉能动性，它是指人的主观意识和实践活动对于客观世界的反作用或能动作用。哲学上认为的主观能动性是对外界或内部的刺激或影响做出积极的、有选择的反应或回答。人的能动性与无机物、有机生命体、高等动物的能动性有别，称为主观能动性。

当然，在师范学前儿童戏剧课程评价中，主观能动性原则指的是评价者要综合、多维度地对评价对象以及评价原则进行分析，不能一成不变地按照评价原则机械式地进行评价。因为评价指标和评价标准本身就带有主观性，各项指标均是由工作者编制出来的，虽然指标的制定也是参考了很多文献，按照一定的规律制定完成，但并不完全是科学的、标准的。

因此，评价者在对不同的评价对象以及评价阶段进行评价时，一定要全方位的思考、分析，发挥自己的主观能动性，做出全面客观的评价结果。比如，在省级示范园的评选中，基础设备相关指标会规定，塑胶操场的面积要达到多少才算达标。事实上，是不是幼儿园一定要具备塑胶操场呢？纯自然的土地操场为什么就不可以？特别是农村幼儿园，为什么一定要把农村幼儿园最质朴、最宽广的自然泥土操场全部拆掉，铺上砖头、水泥，改造成为塑胶操场？跟随现代化的同时，并不意味着要否定一切自然的东西。实际上，日本的幼儿园好多都是以最原始、最自然的土地作为幼儿园的奔跑场地。因此，规定指标和相关政策文件并不完全是客观、科学的，评价工作者一定要发挥自己的主观能动性，为评价的对象做出最合理、最有益的评价，提高评价质量，指导评价对象更好的进步和成长。

三、两种典型的质性课程评价方法

一般说来，在传统的评价中，由于评价要涉及一些复杂的量化技术和手段，因此，评价往往成了评价专家的专利。但随着从量化评价向质性评价的转向，一些处在实践第一线的教师以自己丰富的实践经验为基础，逐渐摸索、创造出一些独具特色的评定方法。这些方法虽然不像评价专家所提出的模式那样具有严格的体系，但它们完全突破了传统评价的局限。这是评价领域中极其宝贵的财富，应不断地进行总结和推广。这里，我们选取当前在美国评定领域中两种有影响的质性评定方法加以介绍。①

师范学前儿童戏剧课程是偏向于艺术领域的学前课程，艺术价值的课程应该是偏向于质性研究。质性研究追求主观了解，重视研究者亲自参与的心理，感同身受；质性研究重视质的存在，而非量的多少；质性研究重视完整性而非程序，易言之，质性研究是从不同抽象层次的理论来组织大量的非结

① 参见李雁冰《课程评价论》，第 201 页，上海教育出版社 2002 年版。

构化数据，使其成为有意义的数据；质性研究重视发现，而定量研究则重视验证研究假设及理论。艺术领域的课程评价很难有绝对的评价标准，因为艺术本身就具有抽象特征，且戏剧属于艺术的音乐分支，是音乐的姊妹艺术，相对来说更具体化和复杂化。更重要的是，学前儿童戏剧课程又是戏剧在学前教育中的融合、应用，既具有艺术特色，又具有学前教育课程的特点，相对于量化研究，学前教育的很多课程更适合于质性研究。

因此，师范学前儿童戏剧课程评价方法，将主要介绍质性评价的方法，即两种典型质性课程评价方法，苏格拉底式研讨评定以及档案袋评价。

（一）苏格拉底式研讨评定

苏格拉底（公元前 469—公元前 399 年），古希腊著名的思想家、哲学家、教育家、公民陪审员。他和他的学生柏拉图，以及柏拉图的学生亚里士多德并称为“古希腊三贤”，被后人广泛地认为是西方哲学的奠基者。苏格拉底不仅是一位哲学家，也是一位教育家，他把哲学家的沉思与教育家的责任结合在一起，审视和指导现实生活，提出了许多重要的哲学和教育问题。

苏格拉底式研讨评定是集中体现课程教学与评定整合的又一种典型的质性课程评价方法。该方法源于古希腊著名思想家苏格拉底创立的“产婆术”。因此，首先介绍苏格拉底的产婆术，然后介绍苏格拉底式研讨评定的内涵、步骤及其应用法则，进而阐述在师范学前儿童戏剧课程中应用该评定方法时需注意的问题。

1. 苏格拉底的产婆术

（1）创产婆术。

苏格拉底在向人传授知识时不是强制别人接受，而是发明和使用了以师生共同谈话、共同探讨问题而获得知识为特征的问答式教学法，即所谓的产婆术又译精神助产术，这种方法也叫苏格拉底法。

苏格拉底在教育学生时，首先摆出一副很无知的样子，向学生请教一个问题，然后顺着学生的思路一步步地发问；当学生有了迷惑时，他并不急于告知答案，而是举出一些实例，引导和启发学生从中得出正确的结论。后人将这种方法概括为四个部分：讥讽、助产、归纳和下定义。但是这种教育观，实质上是天赋观念的一种反映，而且这种方法并不适用于低龄儿童。仅适用于已经掌握了一定基础知识，并拥有一定实践经验的学生，对于青年人树立正确的人生观及道德观大有益处。这种方法也并不适用于所有的学科，仅适应于道德教育中。

苏格拉底认为，理想的教育方法不是把自己现成的、表面的知识教授给别人，而是凭借正确的提问，激发对方的思考，通过对方自身的思考亲自发现潜藏于自己心中的真理。正像接生婆帮助孕妇依靠自身的力量分娩婴儿一样，教育者也要帮助学生依靠自身的力量去孕育真理、产生真理。苏格拉底的母亲是产婆，终生从事生理助产；苏格拉底本人是一名教师，终生从事精神助产。

(2) 苏格拉底"精神助产术"① 的两个阶段。

苏格拉底"精神助产术"一般包括两个阶段。第一阶段称为破的阶段，即苏格拉底在使对方认识真理之前，首先清除干扰物错误的观点，与此同时，使之觉悟到自身的无知，激发其追求真理的热忱，唤起求知的强烈欲望。

苏格拉底与学生之间展开的对话总是从提出谁都关心的日常生活问题开始的，而且这种发问在许多场合往往有几种可能的选择，可以任凭自己的想法自由地加以肯定或否定。当对方的回答不合他的意图时，他从另一个角度提出新的问题，引导答辩朝着所希望的方向前进。这样，倘若对第一个问题做出恰当的回答，意见获得一致，那就以第一个回答为线索转入第二个问题；倘若对方不能直接作答，而是滔滔不绝、长篇大论，对话不能沿着所希望的方向进行，苏格拉底便借助他那独特而辛辣的讽刺或其他方法，引导对话纳入正轨。通过巧妙的、智慧的对话，苏格拉底首先探询对方的观点，使对方认识到自己所拥有的知识不含有任何真理、极其愚蠢、不合理，从而觉悟到自己的无知，以致陷入无言以对的状态，苏格拉底把这种状态称为逻各斯窘态。这就为认识真理做好了准备。

第二阶段可称为立的阶段。第一阶段奠定了认识真理的基础，接着苏格拉底继续通过问答对话，引导对方得出一定的正确见解。这样，苏格拉底并不授予对方任何现成的知识，他只是通过频频发问，使对方叙述自己的见解，

---

① 参见李雁冰《课堂评价论》，第 248—249 页，上海教育出版社 2006 年版。

并最终达到对真理的认识。这两个阶段实际上是融为一体的，因为对旧观念的破的过程，同时也就包含了真理性见解的某种程度的立。

色诺芬在《回忆苏格拉底》一书中记录了苏格拉底与青年尤苏戴莫斯有关正义问题的谈话，这段谈话可以作为苏格拉底精神助产术的一个较为典型的例子。尤苏戴莫斯想当一名政治家，于是苏格拉底便向尤苏戴莫斯提出了有关正义的问题。苏格拉底问尤苏戴莫斯："能否举出什么是正义的行为和什么是非正义的行为？"尤苏戴莫斯回答说："能够举出。"

苏格拉底建议他把正义的行为归入一边，把非正义的行为归入另一边。接着，苏格拉底与尤苏戴莫斯展开了下列对话。①

"虚伪是人们中间常有的事，是不是？"苏格拉底问。

"当然是。"尤苏戴莫斯回答。

"那么，我们把它放在两边的哪一边呢？"苏格拉底问。

"显然应该放在非正义的一边。"

"人们彼此之间也有欺骗，是不是？"苏格拉底问。

"肯定有。"尤苏戴莫斯回答。

"这应该放在两边的哪一边呢？"

"当然是非正义的一边。"

"是不是也有做坏事的？"

"也有。"尤苏戴莫斯回答。

"那么，奴役人怎么样呢？"

"也有。"

"尤苏戴莫斯，这些事都不能放在正义的一边了？"

"如果把它们放在正义的一边，那可就是怪事了。"

"如果一个被推选当将领的人奴役一个非正义的敌国人民，我们是不是也能说他是非正义的呢？"

"当然不能。"

"那么，我们得说他的行为是正义的了？"

---

① 参见李雁冰《课程评价论》，第 250 页，上海教育出版社 2002 年版。

“当然。”

“如果他在作战期间欺骗敌人，怎么样呢?”

“这也是正义的。”尤苏戴莫斯回答。

“如果他偷窃、抢劫他们的财物，他所做的不也是正义的吗?”

“当然是。不过，我还以为你所问的都是关于我们的朋友哩。”

“那么，所有我们放在非正义一边的事，也都可以放在正义的一边了?”苏格拉底问。

“好像是这样。”

“既然我们已经这样放了，我们就应该再给它划个界限：这一类的事，做在敌人身上是正义的，但做在朋友身上，却是非正义的，对待朋友必须绝对忠诚坦白，你同意吗?”苏格拉底问。

“完全同意。”尤苏戴莫斯回答。

苏格拉底接下去又问道：“如果一个将领看到他的军队士气消沉，就欺骗他们说，援军就要来了，因此，就制止了士气的消沉，我们应该把这种欺骗放在两边的哪一边呢?”

“我看应该放在正义的一边。”尤苏戴莫斯回答。

“又如儿子需要服药，却不肯服，父亲就骗他，把药当饭给他吃，而由于用了欺骗的方法竟使儿子恢复了健康，这种欺骗的行为又应该放在哪一边呢?”

“我看也应该放在同一边。”尤苏戴莫斯回答。

“又如一个人因为朋友意志沮丧，怕他自杀，把他的剑或其他这一类的东西偷去或拿去，这种行为应该放在哪一边呢?”

“当然也应该放在同一边。”尤苏戴莫斯回答。

苏格拉底又问道：“你是说，就连对于朋友也不是在任何情况下都应该坦率行事的?”

“的确不是。”尤苏戴莫斯回答，“如果你准许的话，我宁愿收回我已经说过的话。”①

---

① ［古希腊］色诺芬：《回忆苏格拉底》，第145—147页，商务印书馆1984年版。

在这个对话里，苏格拉底首先姑且承认尤苏戴莫斯关于正义问题的见解，然后基于尤苏戴莫斯的见解引出种种新的问题请他回答，最终使尤苏戴莫斯意识到自己最初关于正义的见解是不完善的、愚蠢的，从而愿意“收回我已经说过的话”。通过对自己的已有见解的“破”的过程，个体也就深化了对问题的认识，这不仅为真理的确立奠定了基础，而且其本身就是确立真理的过程。

苏格拉底的对话法后来被命名为发现方法或发现性对话，这一方法的本质就在于引导学生自己去批判性地检讨已有的观念或见解，进而自己去顿悟真理，发现真理。

2. 苏格拉底式研讨评定的内涵

苏格拉底式研讨评定法是芝加哥哲学研究所所长莫蒂默·阿德勒的工作成果。它把学生在班级参与和课堂讨论中的表现作为学生学业成绩评定的一个部分。但是对于班级参与和课堂讨论，它又有特别的要求，其中最重要的就是让学生学会更有成效地思考并为自己的见解提出证据。传统的课堂讨论，教师既是讨论问题的提出者，又是讨论方向的引导者，主导着整个讨论的过程；而学生在这种形式下，自然没有多少表现的机会，参与讨论也成了念一些材料或者背一段发言稿，这明显与苏格拉底式问题研讨相违背。①

苏格拉底式研讨评定法就是把学生在班级参与和课堂讨论中的表现作为学生学业成绩的一部分。对班级参与和课堂讨论形式和本质的最根本要求是让学生学会更有成效地思考，并为自己的见解提出证据。可见，它与古希腊苏格拉底提出的产婆术有着共同的见地和追求。②

3. 苏格拉底式研讨评定的步骤

苏格拉底式研讨评定法需要遵循一定的具体步骤，这些步骤既表明了进行苏式研讨评定所需的条件，也显露出了运用该评定方法的一些原则。

---

① 参见陈瑞生、王肖红《评价学视域下的教学反思后再行动：意蕴、规约和场域建构》，《教育测量与评价》2012 年第 4 期。

② 参见牛楠楠《“苏格拉底式研讨评定法”及其在课堂教学中的运用》，《教育测量与评价》2011 年第 6 期。

第一，明确教育结果。传统评价只是把目标作为评价的标准，而苏式研讨法则注重评价如何才能真正实现这些结果。因此，它并不像传统评价那样对目标进行过细的分类。这些目标可以是批判性思维、阅读理解技能、听说技能、多样的写作能力等各个方面。

第二，选定研讨采用的文本。苏式研讨法对文本没有特别的限制，它可以是一本小说或一部电影，也可以是实验的一个步骤或是一幅画的某一细节；它既可以是学科内的文本，也可以是跨学科的文本，只要能促进学生的学习，教师都可以把它选为文本。

第三，教师提出一个起始问题。教师提出一个高质量的问题是很重要的，它直接影响到研讨的质量与进展。一个好的问题往往不期待某单一或最合适的答案与预期反应，而是开放式、探索性的，能不断引发对话并引起学生对学习内容更深入的理解。

第四，选择记录研讨过程的方式或设计简明的记录表。记录应当完全客观地反映研讨进程，它是进行评定的客观依据。通过一系列研讨记录的分析、对比，评价者就可以对学生的各种教育结果的成绩做出判断。

第五，以多种方式完成评价。有些学校把它作为毕业学业展示的一部分；而有些学校把它作为课堂评价的工具；还有些学校把它当作离校学业展示以接受下一级水平的学校教育。在各个有关学科中，苏式研讨法及其附属练习都是评价学生技能和进步的有力反馈工具。此外，它还为学生的自我评价提供了良好、积极的媒介，特别是通过观看问题研讨的录像带，学生可以对自己的表现进行评价，从而产生自我激励和新的自我要求。

可见，苏格拉底式研讨评定法不仅是一种评定的有效方法，更提供了一种课程和教学改革的思路。把课程、教学和评价进行统整，使它们融合为一个有机整体，这种思路，也是当前各种质性评定方式的一种共同趋势。①

4. 苏格拉底式研讨评定在师范学前儿童戏剧课程评价中的运用

依据苏式研讨评定法的基本步骤，我们在师范学前儿童戏剧课程中运用

---

① 参见陈瑞生、王肖红《评价学视域下的教学反思后再行动：意蕴、规约和场域建构》，《教育测量与评价》2012 年第 4 期。

该评定法时要做好以下几方面。

（1）明确师范学前儿童戏剧课程的教育结果。

我们在运用苏式研讨评定法对师范学前儿童戏剧课程进行评价时，一定要明确教育结果，注重评价如何才能真正实现这些结果。例如，通过这门课程，我们的教育结果是将学生培养成什么样的教师，他们应该具有哪些戏剧教育技能，哪些戏剧教育知识体系，哪些戏剧教育教学理念以及哪些戏剧教育指导思想。这其中很大一部分是属于学生的隐性知识和潜在的戏剧教育理念，是需要靠授课教师在班级参与和班级讨论才能发现和挖掘的。

因此，教师一定要发散思维，灵活提问，并且要善于倾听学生的思想观点，全面分析，启发诱导。特别对于师范学前儿童戏剧课程来说，课程的最终教育结果就是将相关专业的大学生，培养成为能够具有科学戏剧教育理念，具有高质量高水平组织能力和指导能力的戏剧教育组织者和实施者。从而发挥戏剧教育对学前儿童终身发展的正向功能。

（2）研讨文本多样化，研讨问题准确化。

选定研讨采用的文本。苏式研讨法对文本没有特别的限制，它可以是一本小说或一部电影，也可以是实验的一个步骤或是一幅画的某一个细节；它既可以是学科内的文本，也可以是跨学科的文本，只要能促进学生的学习，教师都可以把它选为文本。因此，在师范学前儿童戏剧课程中，教师可以根据需要对戏剧文本进行自由选择，选取的研讨文本可以是学生自己的戏剧作品，可以是关于某一场戏剧表演的一个场景，也可以是与其相关的艺术教育或者学前艺术教育的文本。除此之外，也可以包括学前儿童戏剧游戏、戏剧工作坊、戏剧主题活动等关于儿童戏剧教育不同的教育形态。

确定研讨文本之后，开始研讨问题。首先，教师需要提出一个具有引发作用的起始问题。这个问题的深度和质量，直接影响着研讨的质量与进展。一个好的问题往往不期待某一单一或最合适的答案与预期反应，而是开放式、探索性的，能不断引发对话并引起学生对学习内容更深入的理解。因此，教师需要具备苏格拉底式那种哲学与教育相结合的问题逻辑思维，促进学生思考。

（3）选择合适的记录方式，客观记录研讨结果。

记录是进行评定的客观依据，它应当能够完全客观真实地反映学生进行研讨的过程。因此，选择记录研讨过程的方式或设计简明的记录表，就显得尤为重要了。

对于师范学前儿童戏剧课程来说，其本身就有多学科交叉的特点，较为抽象和复杂，记录方式多元化。因此，在使用苏格拉底等研讨评定时，教师一定要选择最合适的记录方式，能够记录学生研讨过程的记录方式。科学、客观地记录研讨结果。比如，对于学生模拟创造性戏剧游戏活动和戏剧工作坊时，我们可采用视频记录方式。对于戏剧静态作品或者戏剧内容的研讨，我们可以采用图片记录或者录音记录方式。总之，我们要选择能够记录学生研讨全过程的有效的方式方法，或者设计简明的记录表来客观、真实、全面地记录学生在研讨过程中的表现。

在运用苏式研讨评定法时，教师最好事先通过与学生商量来确定采用何种记录方式，比如，是用录音的形式来记录学生的每一次发言，还是采用录像的形式记录学生在研讨过程中的种种表现，抑或是采用笔录的方式找固定的同学来做发言记录等。①

（4）全面分析记录结果，以多种方式完成评价。

在得到记录结果后，教师和学生一定要全面分析记录结果。学生可以借助记录材料进行自我评价、对他人进行评价，教师也可以就此发表自己对某个学生的评论意见。通过一系列研讨记录的分析、对比，评价者就可以对学生的各种教育结果上的成绩做出判断。例如，学前师范儿童戏剧中，我们可以通过记录，评价学生的戏剧兴趣爱好，课程学习动机，课程内化程度等。

此外，评价结果也可以以多种方式呈现。比如，有些学校把它作为毕业学业展的一部分；而有些学校把它作为课堂评价的工具；还有些学校把它当作离校学业展示以接受下一级水平的学校教育。②

---

① 参见牛楠楠《“苏格拉底式研讨评定法”及其在课堂教学中的运用》，《教育测量与评价》2011年第6期。

② 参见陈瑞生、王肖红：《评价学视域下的教学反思后再行动：意蕴、规约和场域建构》，《教育测量与评价》2012年第4期。

5. 运用苏格拉底式研讨评定应注意的问题

（1）教师要接受充分的相关培训。

苏式研讨评定法是一个自上而下的归纳过程，评定过程的开始不强调对问题进行理论假设，假设可以在评价过程中形成，也可以随着研讨的不断进行而改变。虽说该方法有一定的步骤，但带有很大的灵活性，不一定严格按照程序执行，前一步资料收集的情况往往决定了下一步的方向。因此，它是一个连续的动态过程，是一种共同参与的活动，是一种连续评定、不断反馈的模式。①

特别是在教师提问的时候，好的起始问题能够在学生的问题研讨过程中引发对话、交流，甚至产生共鸣，因此，教师能否提出具有启发性、引导性的起始问题成为苏格拉底式研讨评定法能否顺利实施的基础。②

因此，师范学前儿童戏剧课程在使用该评定法的时候，对教师的能力要求很高。学院管理者一定要规定和限制评价主体的能力水平，对不合格的评价教师进行严格培训和指导，比如，如何结合师范学前儿童戏剧课程的特点制订一系列的评定标准和准则、如何对戏剧教育专业的学生的研讨给予适当的引导、如何提出有关戏剧教育与幼儿园衔接与应用等实际问题、如何处理好研讨和教学的比例关系等。总之，培训就是为了让评价主体能够灵活且准确应用苏格拉底式研讨评定法，将评定成果共享于教师、学生、学院。

（2）把握好使用的频率。

为帮助学生提高思维能力和表达交流技能，教师可以经常使用该方法，但是，切不可盲目地使用，更不能绝对化地认为它就是最好的教学手段、最先进的培养学生的方法，甚至让它替代传统的课堂讲授。只有运用得当，才会促进教育的发展，运用不当，则可能会导致教学质量下降。③

---

① 参见凡勇昆《苏格拉底式问题研讨评定——涉足一种新的学生评定领域》，《现代教育论丛》2008 年第 4 期。

② 参见牛楠楠《“苏格拉底式研讨评定法”及其在课堂教学中的运用》，《教育测量与评价》2011 年第 6 期。

③ 参见牛楠楠《“苏格拉底式研讨评定法”及其在课堂教学中的运用》，《教育测量与评价》2011 年第 6 期。

因此，在师范学前儿童戏剧课程中，评价者一定要结合课程的设置安排、课程的内容与形式，以及师范学前儿童戏剧课程的特点、课程理念，包括高校招生的生源特点以及学生的个体差异性，合理恰当地控制苏格拉底研讨评定法使用的频率。尤其是学前教育专业的招生主要集中于文化课学生，即艺考生很少。所以学生在戏剧技能方面，难免与专业戏剧演员有很大的差距。但是，我们高校在制定培养戏剧课程人才的计划方案时，一定要明确这门课程的教育理念和人才培养终极结果。学院可以定期展开评价研讨会，制定出评价方法使用频率合理建议。最重要的是教师，教师一定要根据课程教学灵活应用评价方法，将传统评价模式与苏格拉底式典型的质性评价方法相结合；将档案袋评价与苏格拉底式研讨评定相结合，科学平衡不同于评价方法使用频率，从而更好地反馈和指导师范学前儿童戏剧课程的理论与实践。

（二）档案袋评定

1. 档案袋评定的含义

作为一种从实践中涌现出来的评定方法，档案袋评定尽管已经有十年左右的历史，但从教师们对档案袋评定的使用情况来看，我们很难给它一个确切的定义。正如对此有详细研究的美国课程评价专家比尔·约翰逊所说，如果要求五个不同的教师给档案袋评定下定义，你很可能会得到五个不同的答案，其中每一个都没有错。这是由档案袋评定的性质决定的，它们通常是与特定情境或发现这种方法的学校联系在一起的。

通常档案袋内容的选择或提交是由被展示作品的作者与档案袋提交的对象，即由学生和教师共同决定的。制作档案袋的进程涵盖了一项任务从起始阶段到完成阶段的整个跨度。例如，从事撰写教学任务的教师要求学生提交头脑风暴记录：第一份提纲、早期的草稿、修改过或再次修改的草稿以及最终的作品。但必须说明的是，对于档案袋中究竟选择哪些内容，并没有硬性的标准。关键是必须清楚建立档案袋的目的是什么，档案袋要适应的观众是哪些，档案袋将如何使用，它对学生有什么帮助，这些都会影响到档案袋内容的选择。①

① 参见李雁冰《课程评价论》，第 202 页，上海教育出版社 2002 年版。

档案袋评价是指通过有目的收集学生在一段时间或者一个学期内，一个或者多个学科领域内的努力、进步，以及取得各种能力的材料和证据，将这些材料和证据收集起来，从而建立一个连贯的记录。这种收集包括：个人技能、思想、兴趣、成就证据等。例如，学生的作文、日记、作品、笔记、小组报告、测试试卷、阅读书目、问卷调查、同龄人评价、家长评价、自我评价、反映学生成就的光盘、VCR、录音等。其是一种学生学习的记录档案袋，档案袋的内容是由学生、教师、家长以及工作组一起来收集，集中反映学生向预期目标进步的过程。

那么，学前儿童戏剧课程评价的档案袋评价指的是什么?

学前儿童戏剧课程档案袋评价是针对高校戏剧课程相关专业的大学生建立的评价方法。它和一般的档案袋评价的内容也并不完全相似。学前儿童戏剧课程评价的档案袋评价是指学生、教师、学院、社会（实习机构）在修师范学前儿童戏剧课程期间，将学生在这门课的理论学习与实践应用当中取得的成就证据，例如戏剧表达、戏剧创作和戏剧表演等这些课程领域的实践作品和研究成果，记录在每个学生的个人课程学习档案中。最后以档案记录、档案储存、档案分析的流程将评价结果呈现出来，指导学生的学习方式，调整教师的教学策略，改善学院的课程管理。

2. 不同学科档案袋的内容

比尔·约翰逊①则把档案袋评定分为最佳成果型、精选型和过程型。以最佳成果型档案袋为例，各学科选入档案袋的内容可以包括以下内容。

语言艺术：一系列写作类型的最佳作品说明的，创作的（诗歌、戏剧、短篇故事），报刊的（报告、专栏作品、评论），广告副本，讽刺作品或幽默等。

科学：学生取得的最佳实验室成果，所开发的最佳原创假设，对教师提出的科学问题的最佳解决，就科学问题阐明自己主张的最佳论文（以那些能在科学家的讨论会上展示的风格写成），对科学杂志或期刊上的文章做的最佳评论，学生在长期的实验中所做的最佳纪录或日记。

---

① 参见李雁冰《课堂评价论》，第 207 页，上海教育出版社 2006 年版。

社会研究：学生撰写的最佳历史研究论文，学生参与的一定量的最佳争议和讨论，学生提出的最佳原创历史理论，关于历史问题的最佳议论短文，关于当前事件的最佳评论，对所读历史传记的最佳评论。

数学：对教师所提问题的最佳解答，学生开发出的最佳原创数学理论，对数学期刊的最佳评论或学生撰写的数学家传记，对问题解决的最佳描写（描写问题解决的过程），学生探究过的数学理念的一张照片、图解或概念图。

精选型档案袋要求了解更广泛的学生成果。它要求学生提交他们感到最困难的成果例证，其时间往往要持续一年以上，使之成为深刻反映学生成长的概要和高度揭示学生一般成绩的证据。

过程型档案袋则寻求发展性成果证据。它要求学生一步一步地检查自己在一定领域中取得的成果。提交内容的类目可以由教师确定，但学生仍负责收集必要的成果。更为重要的是，学生成为他们自己成果和进步的积极评定者。

由上可见，档案袋评定具有极大的灵活性，它的具体构成可因不同的使用目的、档案袋要提交的对象以及学生的具体情况而不同。但无论如何，档案袋的使用需要有一定的目的和精心的设计，最为重要的是，档案袋的使用要伴随一系列课程和教学观念、评定观念乃至学生观念的变革。否则，仅仅把学生的一些作业收集起来放在一起，哪怕这样做是经过了精心的设计，其结果也未必符合档案袋评定的精神实质。①

那么，学生、教师、校长、教育行政管理人员如何设计档案袋？如何开展学前儿童戏剧课程的档案袋评价？使用档案评价需要注意哪些问题？下面我们对这些问题进行介绍。

3. 如何设计学前儿童戏剧课程的档案袋评价

档案袋评定的主要意义在于它为学生提供了一个学习机会，使学生能够学习自己，判断自己的进步。在传统的评价中，测验或考试对学生而言具有相当的神秘性，从标准的制定、试题的选择直到分数的评判，学生完全被隔绝在外。这是传统测验对客观性的追求所决定的。

---

① 参见李雁冰《课程评价论》，第208页，上海教育出版社2002年版。

档案袋评定与此迥然不同。由于要考查的是学生运用所学知识的表现，学生就成为选择档案袋内容的一个决策者甚至是主要决策者，从而也就拥有了判断自己学习质量和进步的机会。特别是在使用某档案袋类型，如使用精选型档案袋或过程型档案袋时，学生成了所提交的作品的质量和价值的最终仲裁者。因而，在考虑档案袋体系的开发时，允许学生反省和自我评定是最为重要的。当然，这一切都要基于一种评定观念的转变，即对学生成就的评定是对其进步的连续考查，而不是对学生掌握内容范围的阶段性审计。

对档案袋评定的分类，从不同的角度入手也可以有不同的分类方法。美国南卡罗来纳大学教育学院教育心理学教授格莱德勒根据档案袋的不同功能，把档案袋评定分为：理想型、展示型、文件型、评价型、课堂型，其中最有代表性的是理想型。因此，着重介绍一下理想型档案袋的结构与内容。

理想型档案袋主要由三部分构成，分别是作品产生过程的说明、系列作品以及学生的反思。作品产生过程的说明，主要是产生和编制学习计划的文件记录。通过这部分档案袋内容，学生选择计划时的理想就能展现出来。它的形式有多种，既可以是配有说明的一系列图表，也可以是几盒录音带。

档案袋的第二个组成部分，即学生的系列作品。系列作品是学生在完成某一学习计划的过程中创作的各种类型的作品集。如果说对一项作品产生过程的记录表明了学生在某一学科领域中成就的深度，则也表明了学生取得成就的广度和范围。例如，在语言艺术中，一个档案袋也许包含了被杂志录用的文章、论文、诗歌以及课堂表现录音等。

第三个部分是学生的反思记录。对于学生在学习上的成长，在不同时间，教师要求学生充当专门的批评家或传记作家的角色，让学生描述自己作品的特征、自己在成长过程中的进步、已经实现的目标等，这些都可作为反思记录的内容。这种反思一方面为学生的成长提供了重要契机，另一方面也培养了学生自我反思和自我教育的习惯。

从档案袋的上述组成可以看出，在班级里，理想型档案袋可以作为不断发展的信息来源为教师和学生双方提供服务，让他们及时准确地掌握学习进展的实际情况，以便调整下一步的学习。此外，档案袋的建立促使教师和学生经常讨论关于创造有价值的作品的过程、有效批评的组成以及对尚在发展的作品进行评论的方式等。这一切的重要性在于可以帮助学生把讨论评定作为学习的机会，评定由此实现了与课程、教学的整合。当学年终结时，对最后一份作品产生过程的记录、反思，以及最后一份作品产生出来，它们变成了学生成长历程中永久记录的一部分。①

师范学前儿童戏剧课程评价中，理想型、展示型、文件型、评价型、课程型这五种类型设计的具体结构和具体目标如下。

理想型档案袋评价：主要是戏剧作品产生和戏剧作品入选介绍和说明，戏剧表达、戏剧创作、戏剧表演等系列作品，除此之外，还需要学生在这门课有关戏剧教育领域的作品发表和论文发表，以及代表学生分析和评定自己作品能力的反思记录。其目标是为了提高学生对师范学前儿童戏剧课程的学习质量，通过自己对作品的积累和说明，促进学生在儿童戏剧教育领域的成长，帮助学生成为关于自己的学习历史的思索者和非正式的评价者。

展示型档案袋评价：主要是由戏剧相关专业的大学生选择出自己最好和最喜欢的戏剧作品集，这个作品集可以是儿童戏剧游戏的设计流程图纸，也可以是戏剧工作坊的展示，同样也可以是戏剧主题活动的组织与指导图片，当然也可以是高校戏剧社团活动的参与照片，不论是演员、导演、化妆师还是道具师，都可以成为自己喜欢的展示型档案袋作品。展示型档案袋评价非常重视大学生自我反思与自我选择的能力，以及对师范儿童戏剧课程的自我感知和自我体验，其目的是为大学生日后的就业单位提供参考和借鉴，表明该学生对该课程学习态度和学习成果。同时，也是为高校的展览会提供学生作品的范本，为高校学生留下一本戏剧课程开展和学习的纪念册。

文件型档案袋评价：文件型档案袋评价是根据一些学生的反映以及教师的评价、观察、考查、轶事、成绩测验等得出的学生进步的系统性、持续性记录。以学生的作品、量化和质性评价的方式，提供一种系统的记录。在师范学前儿童戏剧课程中，文件型档案袋评价主要是指大学生对自己的了解和反映，教师和学院对学生在师范学前儿童课程实施期间的观察以及考查，学生的学业成绩，课程内容以及课程组织形式的不同测验结果等做出系统性、

① 参见李雁冰《课程评价论》，第205页，上海教育出版社2002年版。

持续性的记录。包括戏剧元素、戏剧表达、戏剧创作、戏剧表演等方面。系统性是指师范学前儿童戏剧课程的不同组织和实施形式下学生的学习评价结果。持续性是指高校在落实师范学前儿童戏剧课程这门课的整个时间段，贯彻于这门课的始终。目的是，以学生在师范学前儿童戏剧课程的作品为基础，以量化和质性评价的方式，提供一种系统学生课程学习的记录。

评价型档案袋评价：师范学前儿童戏剧课程评价型档案袋主要是由教师、管理者、课程实习基地或者见习基地共同建立的学生作品集。其评价的标准是既定的，是将课程目标和学院实施目标相结合，通过参考国内外的相关课程标准以及儿童戏剧教育专家的建设性意见，创建出学生戏剧作品集的评价标准。其目的是向教育部门和学院管理者提供学生在作品方面所取得的成绩的标准化报告，为高校争取一流学科提供课程成就展示和学科成就证据。

课程型档案袋评价：课程型档案袋评价也叫作教师型档案评价。指教师根据本年度的课程和教学计划，对学生的学习情况和学业成绩的综合性评价，它的材料构成包括教师本年度的课程和教学计划，教师对学生表现的总结，教师给学生的评语。

师范学前儿童戏剧课程由三部分组成：第一，依据师范学前儿童戏剧课程的目标描述所有学生取得的成绩的总结。第二，教师的详细说明和对每一个学生的观察。比如，教师自己所带课程，以及课程内容的范围、组织与实施。对于师范学前儿童戏剧课程，教师只需要说明自己的戏剧课程教学范围、研究领域、自我专业介绍和相关课程教学经历即可。第三，教师对于师范学前儿童戏剧课程的课程安排、教学计划及修订说明。在一定情境中与大学生实践机构单位、学院管理者及其他戏剧课程或者学前艺术课程的教师进行交流，对学生的成绩做出判断。

4. 如何开展师范学前儿童戏剧课程的档案袋评价

（1）充分了解档案袋评价的相关内容。

在开展师范学前儿童戏剧课程档案袋评价时，首先一定要对档案袋评价有足够的了解，例如什么是档案袋评价？档案袋评价的特点和功能是什么？这种评价方法的目的是什么？评价的标准是什么？如果将这种评价方法应用到课程教学或者班级管理当中，我们应该怎么样衔接，或者怎么样进行科学评价。

对于师范学前儿童戏剧课程的档案袋评价的了解，是建立在对学前教育、戏剧教育、儿童戏剧、学前儿童心理、早期艺术教育等领域理解的基础上，结合评价方法的书籍，例如北京大学陈向明教授的《教师如何做质的研究》《质的研究方法与社会科学研究》，了解档案袋评价的历史、方法。由于档案袋评价源起于美国，所以可以参考一些美国学校的档案袋评价，例如美国南卡罗来纳州哥伦比亚市希思伍德·豪尔学校的数学档案袋、美国纽约市布朗克斯城中学的全球性学习档案袋、美国纽约市的东哈莱姆区中央公园东方中学的毕业档案袋和美国费城的克里费尔德学校的毕业档案袋等。

（2）准备材料，制作作品档案袋。

准备纸质材料、塑料袋、卡片、相册、记录设备等。每个档案袋里都应该有纸张、表格、轻薄相册、U 盘、小夹子、卡片、自我评价书、评价标准说明书等。

（3）制定学生档案袋计划。

对于师范学前儿童戏剧课程的档案袋评价，一定要结合师范学前儿童戏剧课程的课程理念，最好让教师、学生、学院管理者三者进行商讨，共同制定出能够多角度展示学生学习成果和进步历程的档案袋评价，最后让相关课程专家把关，将师范学前儿童戏剧课程的档案袋评价进一步修改，形成适合这门课程的档案袋评价的计划。例如，可以参考其他高校或者其他学科的档案袋，根据戏剧课程的特点，学生的兴趣爱好，有选择、有取舍、有创造性地设计出师范学前儿童戏剧课程的档案袋封面、封底、目录，以及内容栏目等。

（4）确定参与评价的教师人员。

在师范学前儿童戏剧课程档案袋内容收集的过程中，学生需要从任课教师那里获得指导。在学期开始到学期末，最好是多名教师共同指导学生收集档案内容信息，教师可以各自负责一部分。例如，一部分负责戏剧美术作品收集，一部分负责戏剧照片收集，其他的可以负责戏剧发表研究成果收集等。这样，不仅有利于确保戏剧课程档案袋评价的质量，更能促进师范学前儿童戏剧课程师生关系的发展。

（5）总结与思考。

在上述工作结束后，教师、学生以及学院管理者，都应该有一个总结反思，将每一个学生在这门课中获得的最有价值和意义的建议，记录在档案袋中。教师可以写一份档案使用总结，学生可以写一份档案资料收集感受，学院可以写一份档案管理和档案质量提升建议。这个档案质量建议可以邀请相关课程专家，与教师、学生共同商讨，指导学院完善师范学前儿童戏剧课程的档案袋评价，提高档案袋评价质量。

5. 使用档案袋评价需要注意的问题

（1）关于理念问题。

档案袋评价是为了提高学生对师范学前儿童戏剧课程的学习质量，促进学生专业能力的发展，不是收集满学生的作品和材料并装在档案袋里就够了。切忌只重视作品收集数量而忽视作品收集质量，将档案袋和无目的收集作品的文件夹混为一谈。这样不但不会为师范学前儿童戏剧课程的评价带来任何价值，而且会加重学生和教师的负担，影响学生的学习和教师的工作，造成不必要的人力、物力、财力的浪费和损失。

因此，引用沈玉顺教授对使用档案袋评价方法给出的建议，来指导和服务于相关课程的评价者。

①档案袋评价必须与教学相结合。②档案袋评价应与其他评价方法并存使用。③档案袋评价应采用渐进式、引导式，循序渐进。④档案袋评价应实施多次、阶段性的反思与协助。⑤档案袋评价应估计学生的承受力和利用资源。

（2）关于格式问题。

档案袋内容的标准格式包括内容目录、主要内容简介、自我评价三部分。而且还应该限定档案袋的时间期限、内容数量、必做部分和选做部分。对于这个标准规定，教师一定要给予学生充分的指导，否则会让学生觉得无从下手。特别是将档案袋评价应用于师范学前儿童戏剧课程时，一定要灵活应用，指导教师可以在这个标准格式的基础上，与其他任课教师和课程专家共同研讨，创建出更适合这门课程的作品收集标准和评价标准，以便引导学生更科学地进行档案袋内容收集，鼓励学生的创造性。

（3）关于合作问题。

关于合作问题，主要是指学生在作品收集过程中，如果一件作品涉及他人的知识产权时，即该作品是与他人共同合作完成的，除注明自己在这个作品中的贡献，还要注明他人的姓名、帮助、贡献并致以感谢。

第四节 不同评价模式下的师范学前儿童戏剧课程评价

20 世纪初的课程改革带动了课程评价的发展，一些评价理论家纷纷转向对课程评价模式的探究，试图揭示不同模式彼此之间的异同及其根本所在，以期为开发新的评价模式提供理论依据。①

一、课程评价模式的源起

作为一种理论研究方法，模式意指一种小的模型或体系，它蕴含着一定的思想取向和结构，并表现为一定的操作规则和方法。步骤课程的评价模式是评价人员或研究工作者依据某种教育理念、课程思想或特定的评价目的，选取一种或几种评价途径所建立起的相对完整的评价体系，它对评价的实施作了基本的说明。因此，一种评价模式通常有着一以贯之的教育或课程理念，这是一种模式区别于其他模式的根本所在。

由于 20 世纪 60 年代的课程改革带动了评价的发展，评价领域日渐繁荣，各种各样的评价思想、目的、方法、途径层出不穷。但这种理论上的繁荣容易给实践中的选择带来困惑，人们日益意识到对评价的系统化以及为一些实践中发展起来的评价方法和途径寻求理论辩护的需要。因此，自 20 世纪 70 年代始，一些评价理论家纷纷转向对评价模式的探究，即以一种系统化、整体化的观点看待评价问题，并在不同评价之间进行比较与综合，试图揭示不同模式彼此异同的根本所在，也为开发新的评价模式提供依据。模式化的研究途径由此盛行。

评价的模式化研究为人们提供了如何实施一种特定评价的一般轮廓。但

① 参见天津师范大学课题组《课程评价模式研究综述》，《天中学刊》2006 年 04 期。

是，模式不是一种问题清单，评价的实施并非亦步亦趋地遵循模式提出的步骤而不顾学校的具体环境。学校对某一评价模式的采用，应当使得参与评价的有关各方都感到满意，且能对模式的一般价值取向达成共识。

对于采用的模式，学校应该准备予以修正，甚至在理由正当的情况下完全放弃。这样做，也许会导致要重新考虑采用新的模式甚或创造新模式，但事实上，这往往是产生良好课程计划的关键。①

课程评价在教育学的发展当中有着举足轻重的作用，它作为一种“反馈—调节”的手段直接影响着教育的良好发展。我们只有了解了课程评价的发展脉络才能对课程评价模式的产生和发展过程更加清楚，才能对其分析和综合更加深入，把握结构，并结合实际，为我国课程评价的发展推陈出新，使课程评价的发展更适合人与社会的发展。在课程评价的发展过程中产生了多种评价模式。② 接下来，我们将根据师范学前儿童戏剧课程以及高校教育的特点，选取其中的三种典型模式进行介绍，并且引入到我们师范学前儿童戏剧课程评价中，为高校提供多种课程评价模式进行参考，方便教师、学生对师范学前儿童戏剧课程的学习进行总结和评价。

二、三种典型的课程评价模式

（一）泰勒课程评价目标模式

1. 泰勒课程评价目标模式简介

评价的目标模式是为解决教育实践中存在的问题而在实践过程中发展起来的一种模式。1929 年，泰勒应俄亥俄州立大学教育研究所所长查特斯之邀，主持成绩测验室的工作。当时，大学本科生退学现象严重，对教学提出了新的挑战。泰勒在课程科学化运动先驱查特斯的要求下，以生物学课程作为切入点，与任课教师密切协作，通过使用各种测量和测验有效改进本科生的教学。

---

① 参见李雁冰《课程评价论》，第 66 页，上海教育出版社 2002 年版。

② 参见刘佩佩《几种典型课程评价模式探析》，《湖北第二师范学院学报》2011 年第 28 卷第 3 期。

泰勒通过研究发现，当时学校中普遍采用的典型测验，只是让学生回忆起所学的具体知识，却忽略了课程计划中原定学生习得的复杂行为。这种测验不能客观地评估课程计划的实际进展情况，学生也因此只注重那些测验中所需要的知识，忽视了其他重要的东西。因此，泰勒和教师们认为，应当编制新的测验来取代旧测验。泰勒提出，新测验的编制者应该了解学生需要完成的每一类内容是什么，并且对教育目标应该有一定的看法。接下来，泰勒与教师们一起讨论了教育目标的解说问题，并进一步扩展了测验的类型，使之不再局限于传统的多项选择。在生物学课程测验中取得的这项经验，当时也被其他学科的教师反复采用。

1934 年，泰勒应邀主持八年研究的评价工作。在这一规模宏大、影响深远的实验研究中，泰勒与同事一起，根据实验进展的需要，把评价融入整个课程与教学设计中，使评价成为课程与教学设计的一个有机环节。这不仅使评价的目标模式更趋成熟，而且促成了泰勒对课程与教学领域的另一卓越贡献是出版了《课程与教学的基本原理》一书，提出了课程与教学领域中的泰勒原理。①

2. 泰勒课程评价目标模式的基本观点

泰勒在教学实践中形成的泰勒原理其中之一便是教育评价原理，即课程评价目标模式。泰勒的课程评价目标模式是教育评价史上第一个体系完整、影响巨大的理论流派，自诞生以来无论是对教育教学领域内的改革，还是对教育评价学科自身的发展都产生了巨大的影响，甚至成了近几十年来学校实践课程中发展与评价的主导模式，至今仍有强大的生命力。

泰勒评价原理的中心是目标，一切评价过程都必须围绕着目标。它预先确定评价目标，用预定的结果作为尺度去衡量学生的变化情况，使学生行为有了目的性和计划性，从而提高了评价效果。

泰勒认为，只有清晰界定了目标，才能知道期待学生产生哪些行为，才能了解这些目标实现的程序，才能进行判断。目标是教育活动和评价活动的主要依据，它使评价有可以参照的标准，并以此来衡量是否要循环实行评价

① 参见李雁冰《课程评价论》，第 71 页，上海教育出版社 2002 年版。

或修改目标。

泰勒的评价模式使评价的焦点不仅仅在学生身上，也关注到教学的其他方面，评价者必须对教学目标、教学的行为目标以及目标实施的程序等方面有所了解，才能对学生做出评价，扩大教育评价的范围，使教育评价进一步科学化。①

3. 泰勒课程评价目标模式的基本步骤

结合泰勒对评价程序或编制评价程序的表述，大体包括以下几个步骤：

第一，确立课程计划的目的和目标。

第二，按照行为和内容两个维度解说单个目标。

第三，确保学生有机会表现教育目标所指行为的情景。

第四，选择和编制相应的评价工具。

第五，设计获取学生行为记录的方式和使用的计分单位。

第六，收集反映学生行为变化的有关信息。

第七，将收集到的信息与行为目标作比较。

泰勒的评价模式克服了教育测验只重视分数和选拔而忽视课程改革的缺陷，充分认识到课程评价在整个课程中的作用。但其也存在着一些缺陷：把教育目标看成是预先设定的，忽视学校教育活动的生成性；强调教育结果与教育目标的达成度，忽视教育过程的活动性、复杂性，具有一定的片面性。但在以后的发展过程中，其缺陷也会慢慢地修订和完善。

4. 泰勒课程评价目标模式在师范学前儿童戏剧课程评价中的应用

（1）确立师范学前儿童戏剧课程的一般目标和具体目标。

泰勒课程评价目标模式的核心是了解教育目标是否实现及其实践情况如何，因此，在师范学前儿童戏剧课程评价中应用泰勒模式时，首先应该确立该课程的一般目标和具体目标。一般目标主要是指，通过师范学前儿童戏剧课程的实施，让学生对自身、他人和社会以及文化、情感和价值观方面有一定的认识和思考，在未来职业实践中学习如何使用戏剧元素与技巧关注儿童的语言、肢体动作和面部表情，激发儿童的思维想象力、创造力和逻辑数理

---

① 参见郑志军《泰勒课程评价目标模式给我们的启示》，《成功教育》2012 年第 2 期。

空间能力，实现一种现代儿童观与儿童教育理念相匹配的教育形式，即双理念下的全人格培养。

具体目标是：第一，学生对学前儿童戏剧感兴趣，愿意欣赏和体验戏剧元素在教育活动中的魅力。第二，理解并掌握有关学前儿童戏剧的教育基本理念和理论知识。第三，学生具备鉴赏、表演、创编儿童戏剧的基本能力，初步胜任教师对儿童的戏剧活动设计，具备学前儿童戏剧教育活动的组织能力和指导能力。第四，能够有意识地思考和总结学前儿童戏剧课程的目标、过程、实施和评价，为学前教育教学活动提供丰富优秀的、有价值的理论和实践经验。

（2）解释、加工定义每一个具体目标。

我们对以上四个具体目标进行进一步的细化，并结合实际课堂教学与课程实践，将其转化为一种更直观形象的要求。具体如下。

首先，学生对该课程的兴趣可以表现在三个方面。一是学生对相关戏剧选修课的积极性高，戏剧选修课比例扩大；二是学生喜欢参加戏剧社团、聆听优秀戏剧大师以及课程的讲座；三是主动参与幼儿园戏剧教育教学活动的实施，顶岗实习中认真观摩学习幼儿园教师组织、实施的各类形式戏剧教育教学活动。

其次，关于学前儿童戏剧教育理念和理论知识的学习，主要表现为学生自发了解和学习儿童戏剧发展史，熟悉相关著作。例如，周汉友的《我国儿童戏剧发展之历史回眸与现实描述》、郭沫若的《儿童文学之管见》、陈世明的《儿童戏剧的多元透视》、张金梅的《学前儿童戏剧教育》等。此外，院系应鼓励学生欣赏古今中外的优秀儿童戏剧作品，如《麻雀与小孩》《小小画家》《葡萄仙子》《月光摇篮曲》《马兰花》《宝贝儿》《阿里巴巴与四十大盗》等，帮助学生感受和理解作品的深度，体会儿童戏剧教育的理念和价值。

再次，学生的能力和技能方面。主要表现在理解学前儿童戏剧理论知识基础上，能够欣赏儿童戏剧，乐意参与到幼儿的戏剧表演游戏活动中，具备创编不同情境下幼儿戏剧的能力；可以结合 3—6 岁儿童身心发展特点，科学、创新地设计不同年龄段的戏剧教学活动。此外，戏剧表达需要一定的媒介，比如发声器官、乐器、美术等，这也对学生的声乐基础、演奏能力、艺术绘画和幼儿心理这些专业的知识有一定的要求。

最后，关于学前儿童戏剧教育的课程思考。主要表现在学生对戏剧课程特点和价值的深度挖掘，考虑幼儿园和当地的资源与中华传统文化相结合；将城乡结合，通过交换场地、共用资源等方式推广儿童戏剧教育的实践；学生和老师组成调研小组，实地考察、收集儿童戏剧教育实施的现状和反馈数据，用量化研究证实儿童戏剧教育的价值，并形成作品或论文，在提升科研专业能力的同时推动儿童戏剧教育的发展。

（3）确定目标的教育情境。

师范学前儿童戏剧课程评价目标所涉及的情境有以下四个方面。

第一个子目标，让学生感受戏剧元素的魅力，学校或学院可以创设校园戏剧话剧情境，让学生感受和参与其中；学校每周推荐两部戏剧电影或戏剧纪录片；组织参观北京电影学院和中央戏剧学院的专业表演，现场感受和学习。艺术来源于生活，充满戏剧的环境可以产生潜移默化的影响。

第二个子目标，让学生通过课堂教学、考试测验、戏剧教育案例分析等多种方式，掌握和巩固学前儿童戏剧教育的基本理念和理论知识。例如，设立“每周一本”的微信公众号（学生均可以录音、录像或者文字的形式向大家推荐一本儿童戏剧教育书籍），评选出每周最受欢迎的儿童戏剧教育书籍，同时对该书籍的推荐人实施奖励。此外，为了进一步深化儿童戏剧课程体验、内化所学相关理论知识，每月可定时安排 5—10 名同学组成表演团队，演出经典儿童戏剧作品。

第三个子目标，学生的能力和技能方面，这些目标可以通过学生在顶岗实习期间，现场观摩、记录幼儿教师的戏剧组织活动，同专业教师讨论活动目标，参与幼儿园戏剧活动，设计和实施儿童戏剧活动，在真实情境中学习；在教师指导下，学生之间模拟幼儿戏剧游戏、戏剧表演，都可以成为目标适合的教育情境。

第四个子目标，关于学前儿童戏剧课程思考。课堂对于儿童戏剧教育基本原理的质疑（理念、价值等）；对于有民族风俗的地区，通过访谈了解如何将当地的优势资源同儿童戏剧教育相结合；组成实地调研小组，每月定时交流汇报经验，处理出现的问题，进而规划之后的工作；通过创设相关课后研讨活动、小组课程讨论等教育情境，帮助和指导学生合作发表相关戏剧教育文章和作品。

(4) 选取合适的评价工具。

评价工具分类及其适用范围。试题、实验报告、研究报告等，比较适合戏剧理念与理论知识的评价；交谈法、作品分析、个案分析等，比较适合学生对学前儿童戏剧课程兴趣的评价和分析；技能表演、作品分析、个案分析等，比较适合鉴赏、表演、创编儿童戏剧技能的评价；行为观察记录、交谈法、个案分析等，比较适合戏剧教育活动的组织能力和指导能力的评价；作品分析、实验报告、考察报告、个案分析等，比较适合师范学前儿童戏剧课程思考的评价。

总而言之，评价工具可以多元化使用，也就是说一种评价目标并不是只有一种评价工具，可以根据组织者需要来选择两种或者三种，甚至多种。同样地，评价工具也并不只是评价一种目标，它可以被多个评价目标所采用，可以存在于多个具体评价目标中，只要适合且满足需要即可。当然，教师也可以根据具体的实际情况，自行创编相应的评价工具。

(5) 记录和收集学生行为变化的资料，进行研究分析。

将上一步利用不同的评价工具获得的不同资料，进行整理和分析。例如，偏于量化的行为变化资料可以通过 SPSS 统计软件进行数据处理和分析，以实验报告的方式呈现；偏于质性研究的行为变化资料，通过科学归类、系统整理之后，可以使用档案袋评价法和苏格拉底式研讨评定法对其进行分析，研究学生行为变化的结果与预期行为目标之间的差异程度。

例如，在第三个子目标中，学生具备鉴赏、表演、创编儿童戏剧的基本能力，初步胜任教师对儿童的戏剧活动设计，具备学前儿童戏剧教育活动的组织能力和指导能力。通过收集资料发现，在一个月的幼儿园实习结束后，关于第三个子目标的戏剧表演，幼儿园 A 班级的实习生的戏剧打击乐技能水平普遍高于幼儿园 B 班级的实习生；幼儿园 B 班级的实习生，戏剧组织能力普遍高于幼儿园 A 班级的实习生。通过对学生的访谈发现幼儿园 A 班级的实习生偏爱和擅长打击乐，所以对打击乐的组织教学活动较多；而幼儿园 B 班级的孩子喜欢戏剧舞台表演，教师就会经常组织幼儿轮流充当导演、演员、道具准备师等不同角色，戏剧表演技能、配合度都很高。因此，A 班级的实习生和 B 班级的实习生在不同的班级实习一个月后，感知和体验到不同的戏剧氛围和戏剧教学，从而习得不同的戏剧教育特长。

最后，经过对幼儿园教师的访谈之后，我们发现：其实 A 班和 B 班之前互为相邻班级，两个班经常合作表演戏剧，且分工明确，A 班级负责戏剧打击乐伴奏，B 班级负责戏剧舞台表演。

（6）得出结论，对评价中反馈的问题做调整。

评价活动之后要将所有的研究成果形成结论，并针对评价中反映的问题做出调整。① 也就是说，将收集到的信息与行为目标进行分析比较之后，总结得出结论，将经验和结论应用于实践当中，并以此衡量学生的学习状况，提高学生的学习效率；或者是否要循环实行评价或修改目标，提高课程评价质量。

（二）斯塔弗尔比姆的 CIPP 课程评价模式

1. CIPP 课程评价模式的简介

CIPP 是四种评价方式的缩写，即背景评价、输入评价、过程评价、成果评价。

美国著名教育评价家斯塔弗尔比姆于 1967 年提出 CIPP 评价模式，又称为决策导向或改良导向评价模式，是基于对泰勒目标评价模式的反思，该模式由背景、输入、过程和成果四个评价环节构成。

CIPP 课程评价模式具有以下基本特征：一是决策导向，即由目标的达成度转变为决策提供有效信息的完整过程；二是重在改进，斯塔弗尔比姆认为，评价最重要的目的是为了改进，不是为了证明；三是全面整合，CIPP 课程评价模式注重将诊断性评价、形成性评价和终结性评价三者整合在评价全过程中，以此突出评价的发展性功能；四是操作灵活，在运用 CIPP 课程评价模式时，不用考虑评价模式的数量和时间，使用者既可以根据实际需要采用一种评价，也可综合运用多种评价，既可以在方案实施后使用，也可以在方案实

---

① 参见程秀兰《学前教育评价》，第 72 页，北京师范大学出版社 2016 年版。

施前、实施中等环节灵活运用。[①] 斯塔弗尔比姆指出，评价只有符合服务对象才是有价值的，最有用的评价应是能够为决策者提供反馈信息，而不只是简单地评价一门课程的优劣。

斯塔弗尔比姆在《系统评价》一书中提出了评价的特征：第一，评价是一个机构（比如学校）中正规运作的一部分，而非仅仅是创新方案中的一项特别活动，应将方案的评价看作方案开发过程。第二，评价在方案变革方面所扮演的角色极为重要。第三，只有在现有信息不足时才有必要采用 CIPP 课程评价模式中的四种评价，但不必按程序全部进行。可根据具体的评价需要，采取不同评价策略，收集不同的信息资料实施评价，既可以在方案实施前，也可在实施中进入角色，并且允许只实施一种评价（也可以实施几种评价，这取决于评价听取人的需要，它是一种十分灵活的模式）。第四，评价所获取的信息不仅可以指导与方案实施有关的各机构解决其问题，而且可以将评价信息保存下来。[②]

CIPP 课程评价模式的基本观点：评价最重要的目的不在证明，而在改进。它主张评价是一项系统工具，为评价听取人提供有用信息，使得方案更具成效。在完成评价活动中，评价设计大纲和实施流程是必要的。

CIPP 课程评价模式的优势是回答了泰勒模式中部分疑难问题，整合了诊断性评价、形成性评价和终结性评价，突出了评价的发展性功能，提高了人们对评价活动的认可程度。当然，也存在局限性即缺乏价值判断，可能为决策者政治上的便利提供虚假伪证，适用范围仍受到质疑和挑战。

2. CIPP 课程评价模式的基本内容

从理论上说，C1PP 课程评价模式属于一般方案评价的范畴，考虑了目标的选定及其合理性问题，克服了目标评价模式的不足，适用于高校课程评价。CIPP 课程评价模式的基本内容如下。

---

① 参见侯建军《基于 CIPP 评价模式的高职课程评价机制建设》，《中国职业技术教育》2015 年第 11 期。

② 参见黄静宜《CIPP 课程评价模式简析》，《职业技术教育》2005 年第 10 期。

（1）背景评价。

背景评价是对方案目标合理性进行的评价和判断，服务于计划决策，在特定环境下评定其需要、问题、资源和机会。需要主要包括那些为实现目的所必需的、有用的事物；问题是指在满足需要时必须克服的障碍；资源则指在本地或当下可以得到专家指导和提供的服务；机会主要指满足需要和解决相关问题的时机。

背景评价的基本取向在于比较方案目标与方案实际影响之间的差距，本质上属于诊断性评价。其主要目的在于：描述所需服务的背景情况；界定预期的受益人并评定其需要；找出满足需要所存在的问题和障碍；界定本地资源和资助时机；评定方案、教学和其他服务目标的清晰度和适切性。

（2）输入评价。

输入评价是基于背景评价，对达到目标所需的条件、资源以及各备选方案的相对优点所做出的评价，其本质是对方案可行性和效用性进行判断。输入评价所要回答的问题是采用何种计划、程序和预算来满足这些需要，其实现目标的可能性有多大；考虑过哪些备选方案；为什么选择此方案而不选择其他方案；所选方案的合理性、合法性、道德性程度有多大；它潜在的成功度如何；预算资金能在多大程度上满足评定的需要；各种人员的利用以及对外界资源的需要等。

输入评价的主要目的在于帮助委托人在需求与环境允许的前提下，考虑可能实施的方案策略，发展一些适用的方案，最终形成一种最佳方案。同时，输入评价也能够帮助委托人节省时间、金钱，避免不必要的资源浪费。

（3）过程评价。

过程评价是对方案实施过程中进行连续地监督、检查和反馈。它的目的：一是为方案制定者、管理人员和执行人员提供反馈信息，以便了解方案实施的进度，如是否依原计划实施，是否有效地利用可用的资源。二是发现方案实施过程中的潜在问题，为修正方案提供指导。三是为定期评价方案的参与人员提供工作情况的有效信息。四是为真正付诸实施的方案提供详尽的记录，包括实施的方案与原订方案的比较、在实施中所花费的账目以及观察者与参与者对方案品质的整体评判等。

过程评价在于调整和改进实施过程，本质上属于形成性评价。过程评价要回答的问题是方案实施的程序如何；方案本身及实施过程是否需要调整或修改，如果需要应如何进行修改。过程评价还要求对实施过程进行全面记录，以获得文字资料信息。

（4）成果评价。

成果评价是对目标达到程度所做的评价，包括：测量、判断、解释、确证需要满足程度等。成果评价本质上属于总结性评价。成果评价所要回答的问题是观察到了何种结果（肯定的和否定的、预期的和非预期的）；各类资助人怎样看待这些结果（价值、优点等）；所得结果满足方案与预期对象需要的程度如何。①

3. CIPP 课程评价模式的基本步骤

第一，背景评价。即确定课程计划实施机构的背景、明确评价对象及其需要、明确满足需要的机会、诊断需要的基本问题、判断目标是否已反映了这些需要。背景评价强调应根据评价对象的需要对课程目标本身做出判断，看二者是否具有一致性。

第二，输入评价。主要是帮助决策者选择达到目标的最佳手段，进而对各种可选择的课程计划进行评价。

第三，过程评价。主要是通过描述实施过程来确定或预测课程设计本身或实施过程中存在的问题，从而为决策者提供如何修正课程计划的有效信息。

第四，成果评价。即要测量、解释和评判课程计划的成绩。它要收集和结果有关的各种描述与判断，把它们与目标以及背景、输入和过程反面的信息联系起来，并对它们的价值和优点做出解释。

4. CIPP 课程评价模式在师范学前儿童戏剧课程评价中的应用

CIPP 课程评价模式是一种系统的、改良取向的评价观。斯塔弗尔比姆认为教育评价不应该局限于目标的达成，而应是一种广义的评价；评价最重要的目的不在于为评价对象的优劣提供证明，而在于改良评价对象。因此，师

---

① 参见王盈、黄静宜、李平《CIPP 模式在高校文化素质教育课程评价中的应用》，《宁波大学学报（教育科学版）》2009 年 03 期。

范学前儿童戏剧课程在 CIPP 课程模式下，应该包括以下基本内容。

（1）关于背景评价。

在师范学前儿童戏剧课程中，背景评价必须要回答以下几个问题。

首先，实施师范学前儿童戏剧课程，应该提供什么样的教育背景，评价对象需要什么？因此，一定要对课程实施方案的各种背景进行分析。例如，课程方案实施的场所，除了课堂教学之外，需不需要在戏剧剧院、戏剧博物馆、幼儿园等地实施。除此之外，也需要了解不同特定情境下的教育需求，包括戏剧课程实施的教育教学基础设备（场地、多媒体、戏剧材料等）；教师的戏剧教育教学辅助材料（戏剧教材、教具、通识戏剧教育课程导读与讲解等）；学生的课程学习需要（学习兴趣、学习态度、学习目的、学习学前儿童戏剧知识技能等）。

其次，在对教育背景和教育需要了解之后，需要回答第二个问题：解决这些不同的教育需要，要克服哪些困难和障碍？因此，需要通过对教育需要的分析，明确解决这些需求存在的困难（教育经费缺乏、优质师资的匮乏、场地等基础设施的供给不足等），界定本地资源和资助时机（教育慈善捐款、社会企业资助、戏剧文化基金项目申请、杰出校友资助等），从而制定满足需求的方案。

最后，要回答的问题是课程目标的设置是否反映了评价对象的需要。立足于师范学前儿童戏剧课程的需要对课程目标做出分析，判断二者是否具有一致性和契合性，即课程目标的设置是否反映了课程背景下的需要。如果有所体现和反映，那么进一步确认方案目标对需求的反映程度，从而调整方案目标，以更好地满足特定的教育需求，建立更科学的课程评价目标体系。

（2）关于输入评价。

输入评价即为了达成方案目标的几种方案设计的评价，筛选出适用、经济的最佳方案。例如，对师范学前儿童戏剧课程的背景以及需要充分了解之后，经过课程组会讨论，会得出几种不同的课程实施方案，但是最终选择哪种实施方案，还需要分析评定。例如，对达到戏剧课程目标所需的条件、资源以及各备选方案的相对优点所做的评价，判断哪种实施方案更具操作性、可行性，哪种效用性高、潜在的成功性大，最后选择出最合适且利益最大化的课程实施方案，也就是说，解决问题有多种方案，究竟选择哪一种方案，是基于哪种方案的解决问题程度高且效果好。但要注意的是，师范学前儿童戏剧课程实施方案的利益最大化，并不是单纯指向经济利益的最大化，而是根据不同的教育理念、评价需要以及伦理道德等前提，评选出最佳的课程实施方案。

总之，在师范学前儿童戏剧课程中，输入评价就是将教师、学生不同评价对象下的需求信息进行输入、分析、整理，结合师范学前儿童戏剧课程评价目标，通过对比可选择的不同课程备选实施方案，输出一个最佳课程实施方案，即帮助决策者选择达到目标的最佳手段。切忌直接使用其他高校的课程实施方案，因为每个高校的培养目标、教育理念、教育经费、教育教学基础设施并不相同，且其中存在不可控因素。例如，有些师范高校是偏向于培养研究型人才，而有些高校则偏向于培养实践型人才。因此，一定要结合本校的实际情况，选择符合院校特点的校本课程评价方案。

（3）关于过程评价。

在选择出最佳的师范学前儿童戏剧课程的实施方案之后，需要进一步对方案实施情况进行监督检查，而过程评价恰好发挥了这一作用。过程评价需要监督和检查课程方案实施的进度和程度，方案本身是否存在不合适或不科学的地方，如果不合适，是否需要对实施方案进行调整或修改，如果要修改，那么如何修改。过程评价需要全面记录实施过程，如教师和学生对学前儿童戏剧课程教材的使用评价，学生对学校安排这门课程的春、秋季课程时间安排的满意度，该课程的学分比例是否科学，教育教学设备使用质量以及频次如何等。如果部分教学设备不被教师和学生所青睐，那就没有实质性的教育意义，在下学期的课程实施方案中，就要考虑更换甚至取消这类教育教学设备。

例如，师范学前儿童戏剧课程过程的内容，大体包括以下几个方面。

第一，课程实施的进度如何。如实际戏剧课程教学进度与课程方案计划中的进度是否存在较大差异，若存在差异，造成差异的原因是什么。

第二，教学可用资源的利用程度如何。如是否出现部分戏剧教学资源闲置或者部分戏剧教学资源匮乏等不均衡状态。

第三，课程执行程度如何。如相关戏剧课程教师的出勤率、课程设备及课时配备和使用率、课程内容的进展、课程实习以及课程测试的安排等。

第四，课程方案的修订如何。通过对各个环节的督察，评价者与方案参与者一定要对方案的质量和可行性进行评判。如可以通过收集教师的课程教案，进行教师访谈，对学生发放戏剧课程满意度的调查问卷等形式进行数据收集和整理，全面分析数据资料，确定是否修改课程实施方案。在条件允许的情况下，可以邀请相关领域戏剧教育专家，一起商讨和修改该课程的实施方案。

（4）关于成果评价。

成果评价是对实施方案的成绩和成就的测量、判断和解释。成果评价决定着课程实施方案是否继续使用、终止使用或修订更正。成果评价在师范学前儿童戏剧课程中主要包括以下四个方面。

第一，关于课程目标与需求的达成度。如在师范学前儿童戏剧课程方案实施之后，评价成果出现了预期效果和非预期效果，那么预期效果与课程目标的达成度以及评价对象的需要程度有多少是达成一致的；如果是非预期的结果，那么它是正面效应还是负面效应。

第二，关于获得的评价结果与评价对象需要的程度。如果获得的评价结果与评价对象的需要程度较为一致，则说明，这种课程方案至少在总体上是成功的课程实施方案计划；如果与需求程度大相径庭，那么很可能会出现以下三种情况：课程实施方案有很大的问题；课程方案执行过程出现了问题；课程方案与实施过程都存在问题，导致脱轨。

第三，方案结果与其背景、输入、过程之间的关系。假设评价结果的目标达成度较高，接下来分析和总结不同步骤下的背景、输入、过程之间的顺序关系。即判断方案是否实现高达成度的根本依据是该方案在背景、输入、过程三大环节下的关系处理。

第四，关于评价结果的价值和优点。如评价结果达到了预期的效果，且正面效应明显，那么各类资助人应该怎样看待这种结果的价值和意义。通常情况我们会把它的前期实施方案、步骤、执行过程进行总结和梳理，全面分析其优点和价值，将优点和有价值的方案实施内容保留，实现课程方案计划的最大利用价值。

总之，这四种类型的评价目的、方法与功效各不相同。在CIPP模式运用中，评价者可根据需要采用不同的评价策略，各种评价既可以在方案实施前使用，也可以在方案实施中使用，可以实施一种评价，也可以实施几种评价。这完全取决于评价听取人的需要，它是一种十分灵活的模式。

（三）斯泰克CSE评价模式

1. 斯泰克CSE评价模式的简介

CSE评价模式是以美国洛杉矶加利福尼亚大学评价研究中心命名的一种评价模式，该中心自20世纪60年代后期以来一直在研究和推广这一评价模式。CSE评价模式是由斯泰克提出，古巴、林肯等人进一步发展进而形成的课程评价模式。

CSE评价模式究其发展历史而言，它是一门正在蓬勃发展中的新兴学科。可以进行教育评价，进而评价教师。

为了提高高校的课程实施效果及其课程质量，教师的教育培训是一个关键点。只有提高了学前儿童戏剧课程实施教师的师资水平，才能更好地促进师范学前儿童戏剧课程的开展质量。因此，为促进该课程教师的专业发展，结合师范学前儿童戏剧课程的特点，本书采用适合教师评价的CSE评价模式，着重对师范学前儿童戏剧课程的任课教师进行有目的、有指导性的评价。

2. 斯泰克CSE评价模式的特点

CSE评价是一种综合性评价，有以下几个特点。

第一，它是一种为教育改革提供服务的评价模式。

第二，对评价的形成性功能与总结性功能进行整合。

第三，是一种动态的评价，贯穿于教育改革的过程中。

CSE评价模式从教育目标的确立开始，到教育质量的全面检查为止，在教育改革的各个阶段，根据教育改革的需要为教师和管理人员提供评价服务。

3. 斯泰克CSE评价模式的四个阶段①

第一阶段：需要评定阶段。需要评定阶段的核心问题是确定教育目标，

---

① 参见一帆《教育评价的CSE模式》，《教育测量与评价》2013年第8期。

它是为决策者设定目标而服务的，决策者需从以下问题中进行选择，如自己感兴趣的问题、教学中遇到的难题、自己没办法梳理的问题、学生与老师看法不一致的问题、教师意图与课堂实施效果不一致的问题等。同时，评定者思路的清晰也是非常重要的，如你是否纠结一个长期需要解决的问题；你希望发挥哪些优势；你的教学有没有出现过使你烦躁不安或不解的时候；学生对什么不满意；你希望改进什么，怎样才能改进等。

第二阶段：选择计划阶段。这一阶段工作的目的是对各种可供选择的计划进行评价，并在各种方案中选择一个能够满足教育需要的计划。研究者制定行动计划时可以参照以下步骤和问题：确定行动计划的名称；寻找行动计划的理论支撑；描述计划的内容，准备教材（材料）；如何使用材料的陈述；制定行动研究工作计划（执行方案时间表）；确定数据收集的工具、时间；说明和描述评价工具，论证其有效性；整理所需资源和技术支持。

第三阶段：形成性评价阶段。这一阶段的评价主要是确定所实施的计划是否与原定计划一致，发现计划在教育过程中的成功与不足之处，随时准备修正某些偏离目标的内容，以保证目标的达成度，又称为计划的修正阶段。

第四阶段：总结性评价阶段。总结性评价的重点是对教育质量做出相应的判断和全面的评价，然后对所评价的计划做出推广、保留、修正还是放弃的最终选择，这一阶段又称为计划的批准或采纳阶段。

CSE 是一种为教育改革提供服务的综合性评价模式，在该评价模式中，评价的形成性功能与总结性功能得到有机统一，评价活动贯穿于教育目标的确立和教育质量全面检查的过程之中，CSE 模式根据教育改革的需要为教师和管理人员提供评价服务，是一种动态的评价。

4. CSE 课程评价模式在师范学前儿童戏剧课程教师评价中的应用

本书根据 CSE 课程评价模式的四个阶段，结合师范学前儿童戏剧课程教师应该具备的专业素养，即通识教育下的学前儿童戏剧教育教师专业素养，分别介绍在这四个阶段，教师应该如何进行自我评价。

（1）需要评定阶段。

评价的第一个阶段，核心是确定教育的目标，主要是为决策者设定目标而服务，即选择课题。问题的范围很大，因此，教师可以根据以下几点选择问题。第一，自己感兴趣的问题，如对专业戏剧的元素、舞台表演和排练非常感兴趣，教师就可以跨过通识戏剧教育，邀请相关专业戏剧专家，评价自身的专业戏剧素养，从而科学、灵活地将其擅长的技能引进师范学前儿童戏剧课程中。第二，教学中遇到的难题，如新教师对幼儿园戏剧活动观摩和组织甚少，不知道如何指点相关专业的学生对幼儿戏剧教育活动进行科学引导。第三，自己难以梳理的问题，如教师自己对通识下的学前儿童戏剧教育与专业戏剧教育之间的困惑，找不到明确的分界点；学生与老师的看法不一致的问题，如戏剧教育价值观的问题。第四，教师的意图与课堂实施效果不一致的问题，类似于学生对教师所抛出的问题不感兴趣，或者学生不太喜欢教师对某一内容的课程实施方式。如戏剧五大基本元素人物、情节、主题、对话、特殊效果的讲解，可以播放相关图片或者观看视频，教师可以选择采用多媒体教学或课堂讲授式教学方式，在一般情况下，学生可能更加喜欢多媒体教学方式。

总之，对问题的选择可以是任何一种发生在教学中的、教师最希望了解和最希望改变的现实问题，通过对问题的解决，提高教学效果。

（2）自我发展方案评定阶段。

第一阶段的目标确定后，第二阶段的主要目的是对各种可供选择的计划进行评价，并在各种方案中选出一个能够满足教育需要的计划，又称为计划的选择阶段。以下是我们在制定行动计划时可参照的步骤和需要考虑的问题。

第一，确定行动计划的名称。这其实是一个计划方案命名阶段。如计划方案可以命名为戏剧教学策略的提升。

第二，寻找行动计划的理论支撑。就是说，为什么要采用这种行动计划，这种行动计划的理论基础是什么，理论论证是为了提高计划方案的科学性，增强计划方案的说服力。

第三，描述计划的内容，准备教材（材料）。如戏剧教学策略提升的方案计划，可以描述方案所需要实施的内容，即关于该方案计划包含角色塑造、情节创作、场景创作三部分教学策略；准备相应的使用材料，如剧本、戏剧教具、针毡等，并说明如何使用这些材料。

第四，制定行动研究工作计划（执行方案时间表）。

第五，确定数据收集的工具、时间。主要指的是，可以通过拍照、录音、摄像、笔记以及填写问卷等形式，记录并收集相关数据。

第六，说明和描述评价工具，论证其有效性。如实践报告、考察报告、自制量表、相关测验表等。

第七，整理所需资源和技术支持。即介绍自己在实施该方案时，所需要被提供的资源和技术上的支持。

（3）形成性评价阶段。

这一阶段的评价主要是确定所实施的计划是否与原定计划一致，挖掘计划在教育过程中的成功与不足之处，随时修正某些偏离目标的地方，以保证目标的达成度，又称为计划的修正阶段。如对于戏剧教学策略提升的方案计划，教师发现计划方案一些要求对于愿意参加戏剧活动的幼儿来说，要求太高，不符合其年龄身心发展特点，不少幼儿已经开始厌烦该戏剧活动，实施进度面临困境，目标发生偏离。此时，需要马上修改方案实施计划的不足之处，降低要求。

总之，形成性评价阶段是在计划实施过程中，根据实际情况对计划方案进行评价和修改，记录优点与不足，多读多思，坚持写教学随笔，提高自己的戏剧课程理论层次，增加知识储备量，让自己真正成为一名合格且优秀的师范学前儿童戏剧课程教师。

（4）总结性评价阶段。

这一阶段评价的重点是对教育质量做出相应的判断和全面的评价，然后对所评价的计划做出推广、保留、修正还是放弃的最终选择，这一阶段又称为计划的批准或采纳阶段。也就是说，如果计划方案的教育质量低且实施效果差，就需要考虑更换该计划；如果计划实施教育效果明显，即可以将实施方案中的可行之处和有价值的计划或步骤保留下来，且将这些最佳计划环节和教学效果明显的高效率教学策略进行肯定和推广。同时，将计划的不足之处进行修改和更正。

第六章　国内外师范大学学前戏剧课程开发的实践探索

第一节　我国师范大学学前戏剧课程开展现状

近年来，尤其对学前教育阶段，无论幼儿园、学前机构或者是中、高职院校以及高等院校，都对儿童戏剧教育这个比较新的教学方法充满期待。据了解，目前开设学前戏剧教育课程的大学有：北京师范大学、南京师范大学、华东师范大学、首都师范大学、温州大学等。以下将对首都师范大学学前教育专业戏剧教育课程的实践、北京师范大学珠海分校儿童戏剧研究中心的概况以及由北京师范大学举行的第三届、第四届儿童国际戏剧节暨戏剧教育研讨会做一些简单介绍。

一、首都师范大学学前教育专业戏剧教育课程的实践①

首都师范大学学前教育专业主要培养领会戏剧教育理念、熟悉活动方法并自如应用于实践的学前教育工作者，从 2012 年开始开设了教育戏剧、儿童戏剧、儿童戏剧表演三门课程。这三门课程是戏剧教育方向限定的选修课程，从戏剧教育理念的树立一直到儿童戏剧的设计、组织表演及评价，相互贯通，培养更加完善的学前教育专业人才。

---

① 参见张征、崔晔、佟舒眉《基于通识教育理念的戏剧教育融入学前师范教育课程的研究——以首都师范大学学前教育学院为例》，《艺术教育》2015 年第 2 期。

1. 首都师范大学教育戏剧的实践

教育戏剧是教育与戏剧的交集，其定义可以通过教育与戏剧各自的概念而得出，即“通过想象与扮演的方式有意识地再现并传递善的人类经验的社会活动”①。尤其可见，教育戏剧是用戏剧的方法让学习者在戏剧实践中达到学习目标和目的；教育戏剧的重点在于学员参与，从感受中领略知识的意蕴，从相互交流中发现可能性、创造新意义。教育戏剧起源于法国思想家卢梭的两个教育理念：在实践中学习和在戏剧实践中学习。随着渐进式教学和赫兹·麦恩斯的创造力教学等理论的提出，教育戏剧的影响逐渐在欧美国家扩大。此后，美国儿童戏剧教育学家温妮弗瑞德·沃尔德在实践基础上提出了创作性戏剧教学方法，英国教师芬蕾·琼森与教育家德威尔·库克把运用戏剧进行教学的方法带入了课堂。20 世纪中期以后，英国儿童戏剧教育传统发展已经成为成熟的戏剧教学方法，这种方法最大的关注点为学员的参与。在欧美国家，从教育戏剧的产生到发展，教育戏剧已经成了为一种非常好的培养学生全面发展的教学手段。在我国，直到 1995 年李婴宁和香港、台湾等少数几个人在参加国际教育戏剧联盟会议后，李婴宁老师才开始将教育戏剧引入中国。中国的教育戏剧虽处于起步阶段，但对教育戏剧的关注力却越来越大。目前我国许多地方已经成立了教育戏剧团体，例如武汉的安吉拉教育戏剧、贵州的成长教育戏剧、山西的 31th 剧社、重庆的布鲁克儿童教育戏剧、上海的静安教育戏剧工作坊等。因此，教育戏剧在我国即将迎来其发展的重要时期。

首都师范大学聘请了毕业于中央戏剧学院、爱尔兰圣三一学院的曹曦博士开设教育戏剧课，通过即兴表演、角色扮演、模仿、游戏的方式进行授课。其教学的重点不是表演本身，而是去引导学生进入学习主题，在表演中学习和思考。学生在本课程的学习中强化教育戏剧的理念，感受教育戏剧对儿童发展的重要性，掌握基本的教育戏剧活动设计方法。

---

① 徐俊：《教育戏剧的定义：“教育戏剧学”的概念基石》，第 31—37 页，《湖南师范大学教育科学学报》2014 年 13 卷第 6 期。

2. 首都师范大学儿童戏剧的实践

1947 年宋庆龄女士创办了中国福利会儿童艺术剧院，她认为：“儿童是国家未来的主人，通过戏剧去培养下一代，提高他们的素质是最有意义的事情。”可见，儿童戏剧对于儿童的发展具有很大的价值作用。首先，儿童戏剧具有娱乐价值。儿童的娱乐就是游戏，儿童戏剧对儿童来说就是一种游戏。这种游戏通过设计、安排，最终与教学合二为一。其次，儿童戏剧具有艺术价值。儿童在亲自参与、体验的过程中，接受艺术的熏陶。最后，儿童戏剧具有教育价值。必须提到的是，儿童戏剧是儿童自愿参与的一种活动，它自然而然也就成了儿童喜爱的活动。一方面，儿童在这种活动中不断地进行言语训练，受到了语言教育。另一方面，儿童也受到了人格教育、社会性教育。目前国内的儿童戏剧主要包括童话、寓言故事或者木偶剧，无论是以成人为中心演戏给孩子看，还是以孩子为主、更加关注孩子的参与，都带给了孩子一种轻松的教育环境。

首都师范大学儿童戏剧课程的目的建立在教育戏剧的基础上，在了解儿童戏剧的基础上，训练学生编排、设计、表演、鉴赏的基本能力。同时，学院还引进了创造性戏剧。创造性戏剧的理念首先是由美国儿童戏剧教育学家温妮弗瑞德·沃尔德提出。她在《创造性戏剧》一书中对创造性戏剧进行了描述，这标志着创造性戏剧的正式确立。沃尔德所提出的创造性戏剧主张解放儿童天性，让儿童在参与过程中的个性和社会性都得到发展。沃尔德将创造性戏剧分为了五个部分，分别是：肢体运动或哑剧、感知力、性格分析和特征化、对话以及故事戏剧。继而美国儿童戏剧协会对创造性戏剧下了定义：创造性戏剧是一种即兴的、非展示性的、以程序进行为中心的戏剧形式。其中，参与者在领导者的引导之下，去想象、实践并反映出人们的经验，以人类的激情与能力，表现其生存世界的概念，使学生了解世界。创造性戏剧同时需要逻辑与直觉的思考，个人化的知识，并产生让人愉悦的美感。到 20 世纪六七十年代，在美国儿童特殊教育、儿童人格教育与儿童艺术教育等领域都可以看到创造性戏剧的身影。虽然美国在这段时间内深受战争困扰，经济下滑，但这并没有阻碍创造性戏剧的发展。创造性戏剧在战争与经济的双重压力下，努力提高自身地位。从 20 世纪 80 年代开始，学者针对创造性戏剧提出了更多理论与实务研究。著名儿童戏剧教育家奈尔丽·麦凯瑟琳更是把许许多多的新鲜血液注入了创造性戏剧的研究。她把创造性戏剧带进校园、教室、课堂，这种新的方式打破了传统的局限，并进入到剧院、社区。由此可以看出，创造性戏剧的目的并不在于训练专业的演员和追求戏剧的完整性，关注更多的是参与者在过程中的自我表达。创造性戏剧对于儿童的发展具有重要作用，其中最突出的是对儿童创造力的激发。儿童在特定的环境下通过回忆他们丰富的经验，运用想象，通过行为来表现并不在眼前出现的事件，所获得的想象力能够超越他们平时固有的思维模式，并逐渐将其运用到今后的学习、生活中。正如罗森伯格预言的："创造性戏剧在 21 世纪的教育中将成为一股最有力的开发人的潜能的力量。"

首都师范大学的创造性戏剧课程正是以此理论为基础并结合本校的实际情况而编制，旨在以一种注重即兴创作的模式去培养学生的表现力。同时，首都师范大学还开设了儿童戏剧表演课程，它以培养戏剧教育活动组织者的引导能力为目的，使其具备开展戏剧教育活动的多重身份。不仅能够成为戏剧教育活动的教育者，还要成为活动氛围的营造者、活动节奏的控制者和活动方法的选择者。

总体来看，首都师范大学学前教育专业戏剧教育课程的实践目的已经不再局限于对学生戏剧表演技能的专业化训练，而在于对学生全人格的培养。该戏剧教育课程针对专科二年级和本科三年级开设。

首都师范大学学前教育专业开设戏剧教育课程已有四年，无论从收回的问卷调查反馈分析，还是对已走入社会、踏进幼儿园入职的学生地跟踪研究，都可以看出戏剧教育这种新的活动模式越来越受到幼儿园、幼儿教师、幼儿、幼儿家长甚至是社区的欢迎，戏剧教育正散发着它独特的魅力。

二、北京师范大学珠海分校儿童戏剧研究中心的概况

北京师范大学珠海分校儿童戏剧研究中心成立于 2015 年 3 月，是我国成立的第一个具有国际视野、聚焦儿童戏剧教育领域的学术机构。儿童戏剧研究中心特聘了英、美、澳等国具有引领性学术地位的儿童戏剧教育学家、学者，包括英国摄政大学前副校长、人文艺术与社会科学学院院长茱蒂斯·阿

克洛伊，美国纽约大学教育剧场项目主任戴维·蒙哥马利，澳大利亚格里菲斯大学教育与专业研究学院硕士项目主任朱莉·邓恩等。

儿童戏剧研究中心主任张金梅是我国学前儿童戏剧教育研究与实践的开创者与领军人，其所创立的生长戏剧是继西方三大戏剧教育范式之后的又一重要范式。海外学界称赞张金梅教授为儿童戏剧教育领域真正的国际领导者。张金梅出版了我国第一部有关儿童戏剧教育的专著、第一套“幼儿园戏剧教育课程理论与课程丛书”（该丛书荣列“十二五”国家重点图书出版规划项目）。

张金梅老师从南京师范大学调任北京师范大学珠海分校学前教育学科带头人后，又连续两次成功策划主办了国内、国际关于儿童戏剧教育的大型学术会议，即“2015 儿童戏剧教育·珠海论坛”“儿童戏剧教育国际大会2016·珠海”（cde2016）。儿童戏剧研究中心作为学术支持单位，积极支持 2016 年在北京举办的国际戏剧教育大会。

儿童戏剧研究中心正以珠海为原点，在全国各地建立研究基地，加强横向联系协同创新，同时借助新媒体微信平台“梦之岛儿童教育智库”，推广学前儿童戏剧教育范式生长戏剧，分享儿童教育先进理念，引领全国儿童戏剧教育广泛实践。

三、儿童国际戏剧节暨戏剧教育研讨会

2016 年 11 月 6 日至 8 日，北京师范大学举行了第三届儿童国际戏剧节暨戏剧教育研讨会。

本次大会共吸引了近两百名国内外艺术教育界专家与北京师范大学基础教育合作办学平台和友好单位的教师与家长。北京师范大学正积极贯彻落实教育部关于全面加强和改进学校艺术教育工作的意见，北京师范大学校园戏剧研究与实践传统悠久，具有丰富资源和丰硕成果，用戏剧整合多种艺术教育手段，深入推进戏剧教育，丰富教育教学策略，深化课堂教学的改革实践。这不仅仅有效促进了艺术教育与学科教育的融合，还推动了以美育人、立德树人的育人目标的实现。会上，来自北京师范大学奥林匹克花园实验小学、昌平附属学校、石家庄附属学校、厦门海沧附属学校的 94 名中小学学生联合

奉献上了长达 90 分钟的中英文音乐剧《*Shua*》。该音乐剧的创作灵感来源于中国神话《神笔马良》并做相应改编。它植根于中国传统文化，融合西方现代元素，描述了中国家喻户晓的神话故事，让古今中外在平行时空中进行了一次完美的对话。

北京师范大学国内合作办学平台一直致力于合作办学平台及合作区域的戏剧教学的发展，目前已经与英国戏剧协会进行战略合作，在戏剧教学法教材研发、教师认证体系构建、学生戏剧表演等方面取得了令人瞩目的成效，获得了良好的社会影响力。

2017 年 7 月 10 日至 16 日，北京师范大学举行第四届儿童国际戏剧节暨戏剧教育研讨会。本次活动旨在传播戏剧教育新理念，以及共享国内外儿童戏剧教育实践探索经验。在此次大会中，由北京师范大学介绍了本校在戏剧课程方面所做出的一些实践探索。

（1）教师戏剧课程工作坊。

教师戏剧课程工作坊以澳大利亚教育大纲为标准，澳大利亚中小学戏剧教育活动为案例，给参与者详尽地讲解戏剧在课堂中的合理应用，为何开展以及如何开展戏剧课程。工作坊将通过范例讲解、主题练习等方式带领参与者亲身感受戏剧教育的魅力。参与者将有机会学习到如何有效地安排戏剧课，以及如何创造实用性的教学方法。

（2）身体创意工作坊。

身体创意工作坊以启发身体智慧和通过即兴形式构成舞蹈两方面为主要探索方向。首先用不同方法开启各种感官能力，在轻松而细微的观察和体会中聆听和重新认知身体，以尽可能地摆脱大脑中固有思维的控制，让隐藏在身体中的智慧得到重新觉醒，然后将运用针对性的练习来帮助参与者了解即兴中的形式和方法。最后将根据工作坊进程，安排活动适量地体会如何运用即兴来开发思维，构建关系。

（3）戏剧与教育工作坊。

戏剧与教育工作坊是将戏剧方法与戏剧元素应用在教学或社会文化活动中，让学习对象在戏剧实践中达到学习目标和目的课程。工作坊的重点在于师生互动，从相互直观感受中领略对方的意图、思想的碰撞以及知识的意蕴，从相互交流中发现戏剧创作形式的可能性以及语言行动的现实意义。

四、师范大学学前戏剧课程实践的思考

依据我国戏剧教育的发展及部分师范大学戏剧课程开展状况的概述，对我国师范大学学前戏剧课程的实践做出以下思考与建议。

1. 教育政策推动了儿童戏剧教育的发展

在我国的教育政策中，有关戏剧教育的具体内容是在2012年发布的《教育部关于加强和改进中小学艺术教育活动的意见》里所体现的，但就落实的实践情况来看，戏剧教育的开展状况仍然以课外兴趣小组的形式为主，多在中小学中进行，事实上开展的数量很少。而针对幼儿园来说，在幼儿园的相关课程中，戏剧教育体现在了《3—6岁儿童学习与发展指南》中，在这一文件中所提出的目标与目前国际上所倡导的创造性戏剧的教育目标和任务有许多相似的地方，尤其在想象力与创造力的培养方面。正因为此，虽然我国真正的戏剧教育开展时间还很短，但这些文化教育政策的颁布，在一定程度上促进了我国戏剧教育的发展。

2. 目前的儿童戏剧教育缺乏独立性

从目前进行的戏剧教育课程来看，它还是没能形成完全独立的一门学科，在这点上有遗憾，但也有其无奈性。戏剧教育虽然有其自身的特点，可归根结底它仍属于艺术教育的范畴，其中有许许多多与音乐、美术、舞蹈等相交叉的部分，因此在这点上，戏剧教育课程的设计者、组织者更应该重视的是它与其他学科的整合。这一整合就势必要提到让戏剧教育作为教育教学的工具，去服务于其他学科。

据调查了解，目前已有部分地区在做这方面的尝试。例如有学校、幼儿园以戏剧教育来尝试开展校本课程、园本活动，在课程设计、活动开展的表现和结果来看，虽不是很成熟，但已经在戏剧教育这方面迈出了一大步。厦门市翔安区教育局就曾下文，要以厦门市中小学艺术教育年为契机，以落实中小学生艺体项目2+1工程为中心，以“阳光下成长”为主题，实施素质教育，培养学生体验美、欣赏美、表现美、创造美的能力为重点，以整合资源、深化改革、强化学生艺术实践为抓手，以优化师资配置、提高师资素质为保

证，不断开拓该区学校艺术教育的新局面。厦门梧村小学、艺术幼儿园、西林幼儿园与泉州刺桐幼儿园等学校、幼儿园，在戏剧教育课程的建设方面已经迈出了可喜的一步。①

从实施戏剧教育的目标方面来看，我国并没有单独关于戏剧教育的目标，实施时只能以现有的艺术教育目标为指向，所以有些方面不免会显得笼统、宽泛。从戏剧教育活动社会各界、企业的支持、赞助方面来看，力度也不是很大，甚至可以说微乎及微。那谁为儿童戏剧艺术发展买单这一问题就很难得到解决，儿童戏剧活动的物质保证就无法实现。

3. 师范大学对儿童戏剧课程的初探

最后专门针对师范大学学前戏剧课程实践的情况做如下简单总结和思考。据调查了解，我国师范大学学前教育专业本科教学中开设专门的戏剧教育课程的学校特别少，比较具有代表性的有北京师范大学、首都师范大学、华东师范大学和温州大学等几所高校，这些学校已经将学前儿童戏剧课程单独列成一门学科，并由专门的老师来制定课程目标、研发课程内容、开展活动等，其中有学校也为了学前戏剧课程的实施聘请了戏剧方面的专家学者进行授课，并且还专门成立了儿童戏剧教育研究中心。可见，在我国师范大学中学前戏剧课程已经推进了一大步。但从总体来看，我国师范大学学前戏剧课程开展的院校数量还是很少，许多院校在开展戏剧课程时仍是将其归入学前儿童艺术教育而进行，也没有专门的戏剧教育老师，基本都是由负责艺术教育的老师来进行统一授课。可见，学前戏剧课程还是没能引起师范大学学前教育专业相关工作人员的足够重视。因此，为了要让儿童戏剧教育能发展地更好，各师范院校在这方面理应起更大的作用。关于国内师范大学学前戏剧课程开发的具体建议，将在本章第三节进行阐述。

① 参见陈世明等《儿童戏剧的多元透视》，第 10 页，上海复旦大学出版社 2014 年版。

第二节 国外大学戏剧课程开发的实践

一、美国大学戏剧课程的实践

（一）美国戏剧教育发展历程简述

从 19 世纪末一直持续到 20 世纪 50 年代在美国兴起了一种教育革新思潮，杜威成了当时最具影响力的教育学家。杜威在论述儿童与教育的关系时，首先提出了他对于教育本质的看法，包括：教育即生长、教育即生活、教育即经验的改造。杜威说：“生活就是发展，而不断发展，不断生长，就是生活。”① 在杜威看来，教育应该是儿童现在的生活，而不是为未来的生活做准备，最好的教育就是从生活中学习、从经验中学习。杜威在此基础上又推出了做中学的观点，他认为教育过程应该是由大量的活动组成，儿童可以亲自参与其中，通过动手实践和真实操作来获得经验。

杜威在对传统教育的弊病进行批判的同时，继承卢梭和佩斯泰洛奇的思想提出了儿童中心论。这不仅对当时的学前教育实践产生巨大影响，更为重要的是确立了人本主义的重要地位。其中，美国儿童戏剧教育的发展就受到了这一思潮的影响。

20 世纪初，美国戏剧课程受到儿童中心论的影响，在进行儿童戏剧教育时以儿童为中心，重视戏剧对儿童语言、社会性、身体、思维的促进。直至温妮弗瑞德·沃尔德开展一系列戏剧活动后，她才开始重视戏剧本身的价值。她在《儿童戏剧创作》一书中，就对戏剧本质表达了自己的理解，她虽然同样重视人的作用，但也十分重视戏剧技巧。她认为戏剧课程应包括律动与哑剧、敏感度的练习、人物刻画、对白以及故事戏剧等。

进入 20 世纪 50 年代，乔瑞丁·希克丝由于受到温妮弗瑞德·沃尔德课程概念的影响，在其著作中更加重视参与者对于戏剧本身知识与概念的了解。她针对儿童戏剧教育课程提出了自己的教学架构，这一架构以儿童为中心，

---

① 吕达、刘立德、邹海燕：《杜威教育文集》，第 6 页，人民教育出版社 2010 年版。

周围扩散出三个概念：第一概念为戏剧参与者，包括肢体放松、集中注意力、信赖感、身体动作、五官感受、想象情景、即兴口语、人物刻画等。第二概念为戏剧制作者，包括剧情、人物、主题、对话、声音韵律、其他特殊剧场效果等。第三概念为戏剧欣赏者，包括感受、反应、反省评价等。

楠妮·马凯撒琳是温妮弗瑞德·沃尔德的学生，她与戏剧家芭芭拉·沙里斯贝利在延续温妮弗瑞德·沃尔德的观点基础上，提出了戏剧课程的三要素：身体与声音的表达性应用、创造性戏剧和通过戏剧的欣赏来增加审美的能力。

进入 20 世纪 80 年代后，戏剧课程在美国课程体系中显得愈发重要。在许许多多戏剧团体交流学习的过程中，由美国中等学校戏剧协会与其他相关组织联系七十余名学者历经四年共同完成了《戏剧/剧场之课程模式报告书》。此报告书在幼儿园、小学、中学、大学乃至专业戏剧剧场都产生了重要影响，为它们提供了相应阶段的课程模式。

根据年龄该课程分为了六个阶段，分别是：

第一阶段：幼儿园时期。

第二阶段：一至三年级。

第三阶段：四至六年级。

第四阶段：七至八年级（初中）。

第五阶段：九至十二年级的一般程度（高中或专科学校）。

第六阶段：九至十二年级的专业发展，包括表演、剧场技术与戏剧制作等内容。

根据内容该课程分为了以下四个类别。

（1）发展个人内外在资源：感官和情绪的知觉、想象力、身体动作、语言、声音、常规及自我概念。

（2）戏剧与社会生活的连接：戏剧/剧场与人生、角色与生涯发展与剧场传统。

（3）以艺术合作来创作戏剧：人际互动技巧、问题解决、即兴呈现、人物刻画、剧本创作或编写、剧场技术、导演以及剧场管理。

（4）审美赏析：戏剧元素、剧场参与、剧场和其他艺术的连接、审美上的响应。

90年代起，美国教育部委托各项艺术教育的相关单位共同拟定了《国家艺术教育课程标准》。1994年国会通过的《目标2000：国家教育法案》标志着在正规学制中的艺术教育得到了法令上的规定。此法案分为四个阶段，分别是：幼儿园至四年级、五至八年级、九至十二年级（一般）、九至十二年级（专业），并在内容上对学生在艺术教育上的基本要求做了规范。①

其中，针对戏剧教育方面，在幼儿园至四年级的第一阶段中，主张在教室中进行即兴创作，包括剧本创作、人物刻画、视觉设计、计划演出、资料搜集、各类艺术形式的比较。个人形成对戏剧作品的偏好并建构其意义、了解各种戏剧形式（电影、电视等电子媒体）对个人生活的意义。在五至八年级的第二阶段中，课程目的为培养学生的戏剧专业素养，开展即兴创作和以文本为基础的方式进行剧本创作、人物刻画、导演、数据搜寻整理、戏剧作品（电影、电视等电子媒介）的比较与欣赏、戏剧作品的意义建构与评议、了解各种戏剧形式（电影、电视等电子媒介）与其他文化的关系。在九至十二年级（一般）的第三阶段中，课程内容包括学习戏剧的脉络，学生可以通过创造、表演、分析和批判的方式，以更完整深刻的方法进行戏剧研究，发展个人自省与对外界的思考。在九至十二年级（专业）的第四阶段中，此课程将引导学生进行更专业化的学习，如参与戏剧、影片、电视和电子媒体等的制作。

（二）美国各年龄段戏剧教育的实践

从20世纪初美国儿童戏剧发源一直到现在可以看出儿童戏剧受到了美国学界乃至政府的重视。同时针对不同的年龄阶段，戏剧教育也存在着差异。

小学戏剧课程主要以训练学生用清晰洪亮的声音讲话、控制肢体做出各种动作为目的，在游戏的教学形式下带领学生创造性地表现自己的想象。这些活动能够促进学生自信心的建立，为其肢体训练和社会性训练打下基础。

进入初中后，美国学生开始接触讲故事、即兴表演和剧本表演，演出的

---

① 参见丁东红《美国NAEP1997年艺术教育评估及音乐教育评估框架述评》，《中国音乐学》2000年第2期。

剧本可能是童话故事，也有可能是经过改编的莎士比亚的作品。到了初中阶段的戏剧课程已经开始鼓励学生去独立进行批判性地思考，并且培养学生积极主动的态度和勇敢的精神。

进入高中后，继续参加戏剧活动的学生通常已经是真正的戏剧爱好者，他们会利用课余时间来进行活动。这些剧目不仅会在校内上演，还会参加地区性或者国家性的活动。在美国高中的戏剧课程中，会引导学生进行文本分析、剧本创作、戏剧导演和戏剧制作，这些活动在无形中锻炼了学生的领导力，为大学生活的成功打下基础。根据调查研究，参与戏剧活动的学生不仅学习成绩有所提升，还培养了自信心。同时，在活动的过程中，学生还学会了体验角色人物、其他参与者的思想，对个人社会性的发展大有益处。

大学后的戏剧课程呈现了一番新的景象。校园化与体制化是这个阶段戏剧课程的主要特征。首先校园化体现在两个方面。第一，参与戏剧制作与演出的大多是在校学生，他们有时候充当演员的角色，有时候又坐在台下作为观众观看演出。第二，无论从剧本的选择、修改、编排到舞台的布置，大部分都由学生完成。其次是体制化。简言之，体制化指的就是有一套能够保障学生戏剧活动顺利进行的体制，它既包括一系列的课堂理论教学，也包括戏剧实践活动。

格林内尔学院所开设的戏剧课程比较具有代表性，美国戏剧课程的校园化和体制化在此校表现也很突出。在校园化方面，每个学期、每个学生都会在教授的指导下，选择两出大型剧目作为戏剧演出作品，这些作品中有一部分是现有戏剧作品，有一部分是学生自己创作的。在体制化方面，该校戏剧课程整体设置、授课、演出都呈现出科学高效性。

理论是实践的基础，必要的理论储备是实践活动达到更高质量的保证。格林内尔学院戏剧课程设置有戏剧文学研究、表演艺术研究、舞台美术研究。

戏剧文学研究又包含两种课程设置，分别是戏剧文学课和戏剧精读课。戏剧文学课指仔细研读西方从古希腊开始的戏剧文学作品，分析文化内容或理论问题，着重问题的解释和讨论，包括古希腊悲剧和中世纪戏剧等。戏剧精读课是细致阅读某一个戏剧话题。一般按学期开课，每个学期精读不同的话题。

表演艺术研究课程设置演出实验室、戏剧表演艺术研究、表演基础、导演研究等。戏剧表演艺术研究是课程中比较重要的部分，学生在教师的引导下，对自己的训练、经历进行研究。因此，选择此课程的学生必须已获得戏剧文学和剧场历史的学分。

舞台美术研究基础课程包括舞台设计、舞台工艺研究、剧场设计等，不仅仅对作品的制作技术进行介绍，还要对专门的舞台布景、灯光、服饰、化妆、道具等进行研究。

格林内尔学院的戏剧课程还包括长期课程和短期课程，其中长期课程开设五门，但无论哪种课程，学生参加都需提前登记选课。并且，其所开设的戏剧课程并不是要培养专业的戏剧表演人才，主要任务仍是为了传播戏剧教育理念、提升学生的戏剧素养。

在2000年之后，美国许多大学已经开始走艺术整合教学的路线，如美国田纳西大学的东南艺术中心将各类艺术形式与各科课程进行整合，突破了原有的完全分科形式。尤其针对戏剧课程，因为戏剧本身就跨越了多个领域，并将多领域整合为了一体，因此美国大学戏剧课程的整合作用显得更为重要，它在整合中促进学生对不同学科的理解和学习，也在整合中使得戏剧教育走出了学校，在与当地社区、博物馆合作之中，使得戏剧教育更加多元化地发展。

二、英国大学学前戏剧课程的实践

（一）英国戏剧教育发展历程简述

19世纪末20世纪初，戏剧教育开始出现在英国历史之中。哈丽雅特·芬蕾·强森首先在教学中实验戏剧化教学的方式。同时，受奥地利维也纳艺术教育以及福禄贝尔幼儿园教育理论的影响，哈丽雅特·芬蕾·强森又尝试将儿童游戏的概念应用到自己的学校教学现场之中。在他的教学之中，他尝试把原有的主题课程教学转化成戏剧活动来呈现，在教室中开展戏剧扮演，通过这种新的课程形式去激发学生的学习动机。

同期，英国的亨利·卡德威尔库克也是一位尝试将戏剧教育与原有的课程学习相整合的教师。他曾经是一名英语教师，但在当时校方的鼓励与支持下，使用一些游戏活动的技巧以及戏剧活动的方式引导学生将文学内容表现出来，最终达到学习的目的。在教学活动中，亨利·卡德威尔库克重视学生参与活动的自主性以及教师引导者的角色作用。无论是哈丽雅特·芬蕾·强森还是亨利·卡德威尔库克，他们都在英国的教育历史中开始了戏剧教育的初探。

20 世纪 60 年代后，人本主义教育观开始受到人们的关注，人们更加重视戏剧教育与人本身的关系，将戏剧教育的重点放在了人的发展上。剧场教育家彼得·史雷和儿童剧场导演兼戏剧教育家布瑞恩·维共同编写了《由戏剧而成长》一书，书中集结了许许多多与戏剧教育相关的活动。布瑞恩·维在书中指出，“戏剧是儿童自发性游戏的延伸”，特别强调通过即兴戏剧活动来发展全人教育。因此，他认为戏剧正是一种用来表现自我的手段。在 20 世纪 60 年代，这个时期的英国的戏剧教育可以概括为以人为中心。这种思想还影响了当时中小学的课程，中小学的课程不再是一味地以学习学科知识为重点，而是重视学生在整个学习过程中的自我成长。

但是在之后的研究实践中，以人为中心的戏剧教育思想也遭到了一些学者的质疑，他们认为，由于戏剧教育属于艺术教育的范畴，那戏剧教育的关注点就不应该完全倾向于人的发展，而还是应该注重其专业化发展。因此在 20 世纪 70 年代，英国戏剧教育的关注点有了新变化，从以人为中心转化为以问题为中心。这个时期对于戏剧教育的研究关注点放在了社会、生活与学习的关系上，认为在戏剧教育中，可以为学生提供不同的戏剧情境和事件场合，让学生在这些情境中不仅仅发展自我，还联系了人与社会的关系。当时比较出名的代表人物有英国儿童戏剧学者桃乐丝·希斯考特，她是戏剧教学的创始人。桃乐丝·希斯考特主张将戏剧视为教学的媒介，即在教育教学中运用戏剧来丰富儿童的觉察力，使他们能够通过想象发现现实，发掘行为表面下所隐含的深刻意义。例如在主题活动“中世纪的服装”中，教师给儿童设置了一个中世纪教堂的情境，让儿童置身于其中，儿童会装扮成各种中世纪骑士的角色，然后进一步对主题进行探索和学习。在桃乐丝·希斯考特的这一方法中创造剧本或扮演角色并不是真正目的，真正的目的是深入体验学习主题。她所创造的这一独特的教学风格甚至流传到了美国，引起学界的关注。

后来，华格纳女士对桃乐丝·希斯考特的教学风格进行了研究，并出版了《桃乐丝·希斯考特：戏剧为学习之媒介》，在这本书中，华格纳女士将桃乐丝·希斯考特的教学理念、风格、方法技巧等展开了全面阐述。同期，桃乐丝·希斯考特的同事盖文·伯顿也针对此观点下的戏剧教学进行研究，并对戏剧教育这一概念进行了研讨。当今一般研究者称之为教育戏剧的理论就是当时盖文·伯顿教授所开创的，他认为儿童能同时做自己和别人，并同时存在于不同地方。换句话说，就是指儿童能够通过想象在游戏活动中感受剧场的艺术形式。盖文·伯顿曾在《教师戏剧的新观点》一书中提到过一个案例，他与一班 6 岁儿童进行的以“道路安全”为主题的戏剧教学。具体内容如下：通常，教师会让孩子们用身体探究想象过马路的各种方法，然后出现了一个关于道路安全的冲突。但是，他先虚构了一个故事情境，故事中的人物是一个叫作迈克的 5 岁男孩，教师则扮演迈克的父亲，孩子们扮演迈克的邻居。父亲回到家时，发现迈克不在，他以为迈克已经放学回家了，只不过躲在了家里某个角落。父亲喊道：“迈克，迈克，我知道你躲起来了，快出来吧!”但是每次呼喊后，都没有得到回应，父亲的语气有些着急了，并询问邻居有没有看到迈克呢？迈克是不是躲在了邻居家里？父亲根据邻居的建议打电话给学校，尽管他实在太害怕而不敢打通电话：“你们有没有人看到……”后来得知，迈克过马路的时候，没有注意左右车辆，发生了意外，现在已经在医院了。① 教师在活动中以入戏的方式引导儿童探讨道路安全问题，作为邻居的孩子们感受到了迈克父亲的焦急，又避免了直接面对车祸的负面状态。很有意思的是，迈克这个角色以隐身的方式存在。他的研究为当时英美国家儿童戏剧教育的发展提供了有力的理论依据。

在 20 世纪 70 年代，英国关于戏剧教育所呈现出的以问题为中心的导向影响了当时学校课程实施，此时的学校教育者通常会先提出一个有价值或有争议的问题，引导学生入戏，在戏中，学生通过角色扮演展开激烈的讨论，从而在讨论中梳理问题，最终得到解决问题的观点、办法。

---

① 参见［英］大卫·戴维斯、盖文·伯顿《教育戏剧精选文集》，第 3 页，台湾心理出版社 2014 年版。

英国戏剧教育从以人为中心到以问题为中心，不断地发展、改革，但是英国戏剧教育却始终受到传统文化的影响，没有从传统的科目中独立出来。1988年《教育改革法》颁布，该法案是一项对教育体制进行全面改革的法案。其中针对戏剧教育就提到："戏剧仍属于英语的一部分，尚不能算是'艺术教育'的范畴。"这个观点在当时遭到了许多学者的反对，戴维、宏恩·布鲁克就是典型代表人物。他们认为，戏剧具有其独特的本质内涵，在开展戏剧教育时重点应该放在戏剧与剧场艺术方面，换句话说，是要以学科的视角去看待戏剧教育和戏剧课程，应该正确确立戏剧在艺术教育中的位置。

针对戏剧课程的课程阶段，宏恩·布鲁克将戏剧课程分为了四个阶段，分别是：第一阶段（5—7岁）、第二阶段（小学7—11岁）、第三阶段（中学11—14岁）、第四阶段（中学14—16岁）。其中，课程在前两个阶段的重点是扮演、即兴表演创作，在后两个阶段的重点是青少年的剧场舞台呈现。

针对戏剧课程的内容及目的来看，宏恩·布鲁克将戏剧课程分为了以下三个部分。

（1）创作：目的在于提升学生的戏剧能力，使得学生能够运用戏剧的形式来表达自己的理解与看法。

（2）表演：目的在于提升学生参与戏剧表演的能力。

（3）回应：目的在于提升学生的戏剧知能与美感判断能力。

对于将戏剧课程完全独立出来的观点，也有学者有不同的看法。近代学者约翰·桑姆斯就是持此看法的代表人之一，他所著的《戏剧在课程中》就指出戏剧课程的发展可以以融入式的方式进行。戏剧课程如果能够成为单独一科固然是最佳，但是在此之前，戏剧课程的发展仍可依托于其他课程，与其他学科课程进行整合，让戏剧的方式成为学习其他课程的手段，从而更灵活性地达到课程目的。这不仅仅帮助了学生活学课程，也在一定程度上加深了学生对于戏剧、剧场的了解。同时约翰·桑姆斯还提出了两点主张：第一，要让学生学习戏剧式语言。因为在戏剧中，本身就有其自身特殊的语言，那么，要想在课程中使用戏剧，就必须先学会戏剧式语言，这是使其更好发挥工具作用的必需品。因此教师在开展融入式课程之前，应该教给学生戏剧的专业术语。第二，教师可以在了解学生的背景和兴趣之后，选择"戏剧中的议题”来开展活动。他不仅主张将戏剧融入其他课程，还主张将戏剧融入生活，使学生通过戏剧来了解更多的生活。

学者强纳森·尼兰德丝与乔·温斯顿和约翰·桑姆斯持有类似的观点，如强纳森·尼兰德丝针对戏剧教育的方法就主张戏剧教育本来就是戏剧或剧场由来沿用的戏剧习式或惯用手法，引发儿童投入戏剧之中，在活动中学习到戏剧艺术的本质内涵，也学会如何面对自己、自己与他人、自己与社会的联系，最终理解人类共同的生命经验。

乔·温斯顿则在2010年发表了“美、笑声与戏剧教育——三者何时再相遇?”的演讲，在这一演讲中他提出了以下看法：美、笑声与戏剧教育的共同发展，是近年来欧美戏剧教育的发展大趋势，我们在除了重视戏剧、剧场美学的陶冶外，也应该重视戏剧、剧场的跨领域协作及与全球本土化的多元表述现象。

近期，在英国关于戏剧教育是该完全属于艺术教育的范畴，还是该只属于“学习的工具”这一二元论的争论声已经逐渐降低。近年来，该国戏剧教育更是打破固化的教学场地与形式，逐渐走出了学校的范围，走进了社区、博物馆、企业等场所，向应用型戏剧/剧场的方向发展。应用型戏剧/剧场这一名词的出现正展现了英国戏剧教育更加民主、开放的态度。

（二）英国高等教育中戏剧教育的实践

无论过去还是现在，英国的戏剧教育发展一直都处于领先的状态，尤其在高等教育阶段。对于想要学习戏剧专业的学生来说，英国无疑是一个不错的选择。除了英国专业分支细、开设众多的戏剧相关专业外，伦敦西区更是与纽约百老汇齐名的世界两大戏剧表演艺术中心之一。英国戏剧在不同时刻有着不同的表演形式，有奇迹剧、道德剧、插剧、喜剧、悲剧、传奇剧等，英国各大学所培育的戏剧方面的人才，为英国戏剧的发展做出了重要的贡献。针对英国不同的大学，戏剧专业也分为不同的优势方向，例如埃克赛特的优势方向为戏剧实践总规划；爱丁堡大学为剧本创作；格拉斯哥大学为编剧及戏剧创作和戏剧史。目前，英国开设戏剧教育的大学比较著名的有曼彻斯特大学、埃克赛特大学、拉夫堡大学等。

1. 曼彻斯特大学

曼彻斯特大学为一所综合性大学，位于曼城的市中心的大学村内，曼彻斯特大学在国际一直有着很高的声誉。2013—2014 年度世界排名三十二位，其中戏剧专业名列英国第四位，开设的优势课程有应用戏剧，即主修剧院和性能的途径。

2. 埃克赛特大学

埃克赛特大学于 1955 年正式通过英国皇家特许委员会认证，其历史可追溯到 1855 年成立的艺术学院，是英国著名的传统大学之一。埃克赛特大学优势专业有创造性艺术和设计与传媒学，学制为三学年。通过该专业的学习，学生能够练习表演技巧，了解不同的戏剧中不同的表演形式，例如：对历史剧、情景剧等进行深入地了解。同时，学校该专业向学生提供表演、导演、剧评、剧本写作、艺术等方面的专业知识，理论教学与实际表演相结合，旨在培养学生的表现力、创造力、组织、沟通能力。

3. 拉夫堡大学

拉夫堡大学创建于 1909 年，是一所具有国际影响的大学。拉夫堡大学戏剧系在 2007 年全英国学生调查中居全英第五位。拉夫堡大学戏剧系独特的教学模式使其培养出的学生在竞争激烈的英国就业市场中脱颖而出，将多元智能理论应用到英国大学戏剧教学中也成了拉夫堡大学独有的优势。

多元智能理论的代表人物是美国著名的教育心理学家霍华德·加德纳。加德纳在 1983 年出版的《智力的结构》一书中提出关于智力的定义，即智力是在某种社会和文化环境的价值标准下，个体用以解决自己的真正难题或生产及创造出有效产品所需要的能力。根据这一定义，加德纳提出了关于智力结构的新理论——多元智能理论。他认为，支撑多元智能理论的是个体身上相对独立存在着的、与特定的认知领域和知识领域相联系的八种智能：语言智能、音乐—节奏智能、数理—逻辑智能、空间智能、身体—动觉智能、自省智能、人际交往智能和自然观察智能。

多元智能理论尊重教育的公平性，形成有教无类的教育观念；尊重儿童的差异性，重视因材施教；帮助学生将优势智能领域的特点迁移到其他智能领域；注重儿童创造能力的发展；摒弃传统的、单一的、只重视语言能力和数理逻辑能力的教学理念的界限，更加深入地剖析了人类智能的本质。

拉夫堡大学戏剧系利用戏剧表演的形式，根据每个学生在各种智能发展程度上的不同来制定并开发了新型的多元智能化的教学模式和方法。在修习过程中，学生可以根据自己兴趣爱好来开发不同的智能，选修不同模块的课程。

拉夫堡大学戏剧系的多元化教学特色主要表现在以下几个方面。

（1）学校利用现有的地理位置和社会文化来培养学生的自然观察智能。

拉夫堡大学位于英格兰中部，与英国著名的戏剧家威廉·莎士比亚的故乡斯特拉特福德镇紧邻，拉夫堡大学的戏剧课程就此有了浓郁的文化气息。例如，学校每学期会定期组织学生去莎士比亚故居地观看演出，为以后的理论学习打下心理基础。

（2）注重不同的智能发展下学生的个性化培养。

戏剧课程中更多强调的是音乐—节奏智能和身体—动觉智能。其中音乐—节奏智能是指感受、辨别、记忆、改变和表达音乐的能力，具体表现为个人对音乐美感反映出的包含节奏、音准、音色和旋律在内的感知度，以及通过作曲、演奏和歌唱等表达音乐的能力。身体—动觉智能是指所有体育运动员，世界奥运冠军们必须具备的一项智能。运用四肢和躯干的能力，表现为能够较好地控制自己的身体，对事件能够做出恰当的身体反应，以及善于利用身体语言表达自己的思想和情感的能力。拉夫堡大学针对这两种智能，进行针对性的智能开发训练，这种戏剧课程的设置深受学生喜欢，使得学生在剧情发展、文化底蕴、技术等方面均表现出杰出的才能。

（3）在戏剧课程中培养学生的人际交往智能。

戏剧在充分表现学生个性化的同时，也强调学生的团队合作精神，这就需要学生发展自身的人际交往智能。拉夫堡大学的老师在进行戏剧教育时特别注重团队协作，学生入学后，都是按照不同的专业被划分为小组，以小组的形式进行学习。例如，在课前老师会交给小组关于某个戏剧的主题，学生们就必须以小组的形式对历史、文化、地理、事件等方面进行研讨。这个方法使学生在与同伴交流的过程中，树立了团队合作精神和集体意识，并且还在一定程度上发展了学生的批判性思维。

拉夫堡大学戏剧系正是通过对学生们多元智能的开发，戏剧静态的学习与动态的实践结合在了一起，让英国大学戏剧课程的发展有了新的变革。

在英国，所开设的戏剧课程具有优势性的大学并不是只有以上三所，还有更多的大学将戏剧教育进行的各具特色。但就英国戏剧专业最终的就业形势而言，在英国大学学习戏剧的优势是明显的，是其他国家的大学无法比拟的。

总之，无论从英国戏剧教育的发展史看，还是对当代英国大学戏剧课程实践状况的探究，英国戏剧教育的发展至今一直走在世界前列。

三、国外大学学前戏剧课程实践的思考

纵观美国、英国儿童戏剧的发展过程及其大学中有关戏剧教育的开展状况，不难看出，以美、英两国为代表的国外大学都十分重视戏剧教育，相关的戏剧课程无论在学制、目标、内容还是实施方面已基本探索出了一条适合自己的道路。

这与我国师范大学校园的戏剧教育形成了鲜明的对比。例如在戏剧课程的内容方面，我国的大多数师范院校的戏剧教育都以学生自己的生活、学习、工作为主要内容，而在美国大学的戏剧课程中，多数涉及的是社会生活或者成人的家庭生活，其中特别关注的是日常生活中最具有戏剧性的一瞬间来加以表现，重点挖掘这里面蕴藏的性格冲突和心理内涵。就在戏剧课程所选择的内容这一点上，国外大学戏剧课程就彰显出了大学学生在剧目选择上的自主性，换句话说，国外大学学生在参与戏剧教育活动时他们能够真正选择适合自己并且喜爱的剧目。同时国外大学教授在策划戏剧演出方面，他们以策划大型演出剧目为主，这些大型的演出剧目大多数是反应社会问题或者名著改编。戏剧舞美方面的设计强调简洁并富有现代性，剧场的设计或具体或抽象，但是都会动用大规模的舞台设计力量精心策划，包括对不同表演区域的划分。因此，在国外大学的戏剧课程实践环节，他们所开展的大型剧目无论在戏剧设计、演员演出、舞台调度和剧情演绎等方面都已经达到了相当高的艺术水准，对其他地区的戏剧教育影响力也越来越大。

再从另一个角度思考，以美、英两国为代表的西方戏剧课程还有我们值

得借鉴的地方，就是他们在戏剧教育中不断地探索教育与娱乐的平衡，而且在这方面也已经取得了一些进步。目前，有很多学者对戏剧教育提出了全新的理念，他们认为，“戏剧既可以作为教师教的媒介，也可以作为儿童学的媒介，这就是戏剧作为教学媒介的两个层面的内涵”①。这种戏剧教育方式的具体操作步骤是：由教师把儿童置身于某个生活情境之中，儿童可以在此情境中进行各种角色扮演。整个过程关注的是儿童的自我探索、社会互动以及对现有生活的反思，更强调的是儿童参与其中的亲身表演，从而创造趣味性。最终以此来增强儿童的戏剧理念，提升儿童的戏剧文化素养。

可以说，以美、英为代表的西方戏剧课程的发展已经相当成熟。我国在结合自身特点探索中国本土化戏剧课程的同时，也应关注西方戏剧课程发展的新趋势。

第三节　关于师范大学学前戏剧课程开发的建议

一、发挥政府的引导与监督作用

到目前为止，我国已经出台了不少关于艺术教育开展的文化教育政策和相关文件，政府相关部门正在努力推进戏剧教育的发展以及戏剧课程的开发。这些政策、文件对于师范大学学前戏剧课程的开发提供了政策支持。为了更好地推进师范大学儿童戏剧教育的发展，在政府方面也应该进一步提升对儿童戏剧教育的重视与支持力。

（一）加强儿童戏剧教育课程的独立性

政府的教育部门应该将儿童戏剧教育课程作为一门独立的课程加入到素质教育课程中，而且不能仅仅停留在书面文件上，要设置与戏剧课程相关的配套措施，以保障课程的顺利开展。

政府应该督促相应部门去构建有关国内师范大学学前戏剧课程的课程开

---

① 张金梅：《戏剧能给儿童教育带来什么——透视西方儿童戏剧教育》，《学前教育研究》2004年Z1期。

发体系，培养专门的国内师范大学学前戏剧课程的课程开发人员，并且成立一些儿童戏剧剧场辅以研究，为研究提供现实素材与实践经验。同时，现阶段已经有许多幼儿园、中小学在开设有关儿童戏剧课程的园本活动、校本课程，这也是国内师范大学学前戏剧课程开发的一种重要资源。因此，政府应该重视这种资源的作用，给这些课程开发和活动更大的支持。让孩子们从幼儿园到中小学，都能够通过戏剧教育得到民族戏剧文化的熏陶，在创作性戏剧教育中，发展个体获得戏剧课程带来的快乐体验，最终促进各方面全面协调发展。在这方面，我国已有幼儿园做出尝试，但是被关注被重视的力度却远远不够。例如泉州市刺桐幼儿园开展的“幼儿木偶教育校本课程”是一项省级课题，经过十年的探索，获得了相当大的成功，但是至今了解它的人却极少，就更不用提推广一事了。还有厦门第九幼儿园“闽南文化的传承”是属于国家级的课题，历经五年研究也是成果丰硕，但是却缺乏转化为社会效应的机会。[①] 从这些都可以看出，政府相关部门的推动力对于戏剧教育的发展、戏剧课程的开发与应用有多么大的作用。

（二）大力推广戏剧教育

政府应该全力调动所属的教育部门、文化部门的相关单位支持戏剧教育课程的开发。文化馆、艺术馆、科技中心、教育数据馆等，都应该配合相应的文化教育政策中有关艺术教育、戏剧教育的相关政策，建立起国内师范大学学前戏剧课程开发网络，以支持推广艺术教育、戏剧教育。例如：推广教育戏剧、创造性戏剧、教育剧场、儿童剧场、故事剧场等，此外，还要持续举办戏剧教育工作研究中心，出版相应的书籍报刊、影音资料和参考资料。政府如果能推动这个课程开发网络的建立，不仅仅能够推动国内师范大学学前戏剧课程的开发、推动戏剧教育发展，更能够使得广大戏剧教育工作者和儿童受益。

（三）保证发展儿童戏剧教育的物质基础

政府要从源头加大对学前戏剧课程开发以及戏剧活动的投资力度，让儿童戏剧教育的发展有最基本的物质保证。建立合法机制去鼓励并奖励为儿童

---

① 参见陈世明等《儿童戏剧的多元透视》，第 10 页，复旦大学出版社 2014 年版。

戏剧教育事业做出贡献的社会各界及企业。

（四）着力推动学校戏剧教育的分级分段

目前国内有地区戏剧教育，把戏剧课程分为了五个阶段，分别是：第一阶段为幼儿园，第二阶段为小学一至三年级，第三阶段为小学四至六年级，第四阶段为初中三年，第五阶段为高中三年，一共十五年一贯的戏剧教育课程体系。同时，针对相应阶段戏剧教育也有不同的目标：第一阶段的目标是培养幼儿对戏剧艺术表演的兴趣、开发幼儿的想象力与创造力。第二阶段和第三阶段的目标是以教育戏剧活动为主，在开展教育戏剧的同时，培养学生的艺术表现力、想象力和创造力。在这两个阶段，还要接受传统戏剧文化的教育，发展良好个性。第四阶段和第五阶段，戏剧活动就转到以音乐、美术和戏剧表演、阅读和戏剧表演、文理科创作性戏剧教育等活动。学生在戏剧课程与其他学科整合的活动中，灵活地把握知识，培养创新性思维，提高综合素质。

因此，国内师范大学学前戏剧课程的开发同样需要得到政府行政部门的重视和支持。只有得到政府足够的重视和强大的支持，相应文化教育部门的推动，配套设施的保证，才能让戏剧教育课程的开发顺利进行。

二、发挥社会各界及企业的支持与帮扶作用

在《学校艺术教育工作规程》以及相关的文件中，都对社会各界、企业提出了相关的愿望，希望在加强对学校艺术教育关注的同时，社会各界能够参与进来。但从实际情况来看，全国各地的落实状况并不均衡。再次回归到谁为儿童剧演出买单这个问题，至今仍没有得到解决。例如某地政府对儿童文化系列活动的投资就只有几万元，最终分到儿童剧演出这方面的投入就几乎为零了。因此，由于没有政府的资金支持，即使一些优秀的、经典的儿童剧，也很少甚至没有机会登上舞台。儿童剧的演出存在这个问题，那国内师范大学学前戏剧课程的开发亦然。课程的开发不仅仅需要人力，也同样需要资金的保障与支持。政府应增拨关于高校课程开发的经费，更重要的其实是要吸收社会各界、企业的力量。

国内师范大学学前戏剧课程应该打破校园研发的禁锢，要冲破学校这道

围墙走出去，走进社会、社区、博物馆等，把儿童戏剧的理念与氛围带到其中，这样才会引起关注，让更多人看到儿童戏剧课程所带给儿童的重要作用。在走出去的同时，还可以邀请剧团、艺术家、儿童戏剧研究学者及其他相关人员走进校园，不仅能带来丰富的实践经验，还可以让他们参与到学前戏剧课程的开发当中。在整合儿童戏剧艺术家、专业的剧团、学校教师及科研人员的情况下，能够深化国内师范大学学前戏剧课程的建设。

三、发挥校方及管理者的贯彻与落实作用

学校在学前戏剧课程的开发上起着至关重要的作用。学校首先要做到的是贯彻落实艺术教育政策。戏剧教育的实施并不是仅仅依靠政府单方面作为，学校应该在依赖于政府的政策、规定上，切实贯彻落实。这一点的重要性在目前中小学甚至幼儿园有很大体现，现在还是有不少学校、幼儿园仍在艺术教育方面走着老路。例如有学校为了争取艺术比赛项目的奖项而在艺术教育中违背艺术教育的原则，有时候为了搞小部分艺术尖子生的培养而忽略大多数学生，或者校方愿意将一大笔资金投入到某个比赛活动中，却不愿意将经费投入到平时的艺术教育、戏剧教育中。可见，一项课程的开发、实施质量的高低，校领导的重视及对政策的贯彻程度起着很重要的作用，这些不是仅仅通过几次文艺比赛、戏剧展演就能够做到的，而是应该在戏剧课程开发时首先做到解读政策、了解政策，进而真正贯彻落实。

师范大学学前戏剧课程在开发时，还应该根据我国教育纲要的整合教育思想，构建整合式的学前戏剧教育课程。借鉴国外一些学校将戏剧性的表演纳入到各科教学中，让戏剧成为学习各科或整合各科的工具。这一成功案例告诉我们，学前儿童戏剧教育本就不是单纯地培养专业的戏剧人才，而是要利用戏剧，让戏剧这个教育工具为各门学科的教学服务。

戏剧课程本身就具有整合性，它常常与语文、英语、音乐、舞蹈、美术、社会、数学、科学等学科相结合，因此师范大学在开发学前戏剧课程时要时刻注意它的整合性，让所开发出的课程能在将来的实施中为儿童搭建一个科学平台。

师范大学学前戏剧课程在开发时，应该组织专业的人员组成学前戏剧教

育课程开发组，编写学前戏剧教育大纲。在课程开发时应该在现有艺术教育的大目标下，拟制学前戏剧课程目标，组织专业人员编写教材、教学大纲、具体的教育目标、内容和实施方法，并且要注重分级分段设置课程，也要关注儿童戏剧的不同类型。还要注意吸纳目前已经成型的一些关于儿童戏剧的教育课程研究成果。

从英美等国家儿童戏剧教育的发展来看，学前戏剧课程的培养目标也是从单纯的表演技巧向戏剧素养的培养方向上转变。张晓华教授在这方面得出了一些研究成果，其中认为关于儿童戏剧教育目标在个人发展方面走的主轴线应该是以下几个方面。

（1）在美学方面：传统的剧场艺术与技术基础上的美感吸收和训练。

（2）在表现方面：挖掘个人潜质，尤其培养创造力。

（3）在社会方面：发展社会认知、道德良知、团体信任与人际关系。

（4）在教育学方面：注重课程主题教学，包括世界性教育概念，如洞察力、同理心、个人核心价值与审美趣味。

戏剧教育目标侧重于学习者的技能、情感与理解方面发展，在学习上有以下四个层面。

（1）个人资源内在与外在之发展。

（2）以艺术上的合作来创作戏剧。

（3）戏剧剧场与家庭、社会的关联。

（4）建立审美上的判断能力。①

总之，在对学前戏剧课程目标的设置方面，一定要以一切为了孩子的发展为中心，在此基础上才能更科学高效地开发学前戏剧课程。

四、加强学校学前戏剧课程教师队伍的建设

我国师范大学学前戏剧课程的开发，首先要解决的是师资问题，建立一支能够胜任学前戏剧课程开发的教师队伍。在解读新课改的过程中我们了解到，在新课改中课程的设置更加注重知识与能力、过程与方法、情感态度与

---

① 参见陈世明等《儿童戏剧的多元透视》，第 10 页，复旦大学出版社 2014 年版。

价值观。这对于现在的教师来说，他们更适应原来的课程设置与实施模式，接受新的变化具有挑战性。因此这就需要教师重新定位自己的角色，能够完成自己的新旧角色转换。这不仅仅是教师，还有相关管理者也要做到。这一点可以通过教师职前培训以及在职进修的形式来进行，去改变教师传统的教学观念、教学行为模式，让他们从传授知识者转化为学生学习的促进者、合作者、引导者、参与者，最终顺利完成教育目标。

同时，师范大学开展学前戏剧课程开发的教师应该积极投身于有关学前戏剧教育的各项学术研讨、教育研究中。例如，可以像台湾地区一样，有一支强大的儿童戏剧理论研究队伍，定期开展关于儿童戏剧教育的现场观摩研讨会以及其他的相关研究，并且及时地推广富有特色的优秀研究成果。这样的学前戏剧课程开发才会拥有更多的理论力量。

最后，师范大学进行学前戏剧课程开发的教师还应该重视传承优秀民族文化。在这方面，高校教师可以与民间的专业艺术团体以及研究民族传统文化的学者进行交流、学习。例如，可以由民间专业的艺术团体人员参与到学前戏剧课程的开发之中，对高校教师进行相关的指导，协助其甄选适合儿童接受富于民族特色的剧目、活动；也可以聘请此方面的研究学者进校园，定期到校进行现场观摩研讨活动，对老师们进行技术上的引领等。这对课程的开发以及开发的教师起到很好的帮助作用，也有利于优秀传统文化的传承与发展。

五、提高师范大学学前教育专业在读学生的参与积极性

我国师范大学学前戏剧课程在开发时，学前教育专业的在读学生在其中也起着非常重要的作用。一方面，学生可以在课程开发之前走出校园，搜集课程开发的相关资料。例如，学生在幼儿园见习、实习的过程中，可以对该幼儿园戏剧教育的开展状况进行实时观摩，并且要做好记录，整理素材后以便开发课程之需。另一方面，学前教育专业的在读学生可以利用试讲、小组研讨、实习等活动中对已经开发出的学前戏剧课程进行预实验，在一段时间后思考、总结出该课程的优点与不足之处，以供学前戏剧课程开发的改进。